创商

大学生创新创业理论与实践

蒋竹君/主编

知识产权出版社
全国百佳图书出版单位
—北京—

图书在版编目（CIP）数据

创商：大学生创新创业理论与实践/蒋竹君主编．—北京：知识产权出版社，2024.5
ISBN 978-7-5130-9216-6

Ⅰ.①创… Ⅱ.①蒋… Ⅲ.①大学生—创业 Ⅳ.①G647.38

中国国家版本馆 CIP 数据核字（2024）第 010353 号

责任编辑：刘　江　邓　莹　　　　责任校对：谷　洋
封面设计：杨杨工作室·张冀　　　责任印制：刘译文

创　商

——大学生创新创业理论与实践

蒋竹君　主编

出版发行：知识产权出版社有限责任公司	网　址：http://www.ipph.cn
社　址：北京市海淀区气象路 50 号院	邮　编：100081
责编电话：010-82000860 转 8344	责编邮箱：liujiang@cnipr.com
发行电话：010-82000860 转 8101/8102	发行传真：010-82000893/82005070/82000270
印　刷：三河市国英印务有限公司	经　销：新华书店、各大网上书店及相关专业书店
开　本：720mm×1000mm　1/16	印　张：18.25
版　次：2024 年 5 月第 1 版	印　次：2024 年 5 月第 1 次印刷
字　数：272 千字	定　价：88.00 元

ISBN 978-7-5130-9216-6

编　委　会

主　编　蒋竹君

编　委　晋媛媛　赵　艳　李春佳
　　　　刘霄鹤　廖满媛　胡　庚
　　　　赵　宁

前　言

根据《国务院关于推动创新创业高质量发展 打造“双创”升级版的意见》（国发〔2018〕32 号）、《国务院办公厅关于进一步支持大学生创新创业的指导意见》（国办发〔2021〕35 号）等文件精神，在教育部、地方政府和高校“双创”教育同人的积极推动下，高校纷纷通过各种形式开设多种内容的创新创业课程，在大学生创业教育课程建设方面进行了一些理论研究和实践探索，形成一些共识，积累得到了一些经验。

顺应时代潮流所倡导的创新创业教育，应该有别于传统的知识传授教育，更加强调激发学生的学习兴趣和培养学生的创新精神、实践能力和创业意识，深刻把握创新创业教育的核心内涵，是高校转变教育理念、深化教育教学改革的重要抓手，对促进高校把握现代教育改革的新趋势、提升人才培养质量具有重要意义。我国已进入全面深化高校创新创业教育改革的新阶段，以习近平新时代中国特色社会主义思想为指导，深入贯彻落实党的二十大精神，全面贯彻党的教育方针，落实立德树人根本任务，立足新发展阶段、贯彻新发展理念、构建新发展格局，坚持创新引领创业、创业带动就业，支持在校大学生提升创新创业能力，支持高校毕业生创业就业，提升人力资源素质，促进大学生全面发展，实现大学生更加充分更高质量就业。

创商是创造力商数的简称，也称作“CQ”，即英语“Creativity Quotient”的简称；它是一个人的能力智商，具体而言就是一个人的思维能力、开放能力、创新能力和创造能力。与智商（IQ）和情商（EQ）一起构成人类的三大商数。本教材以培养大学生的“创商”为目的，结合高校开设的创业基础课程的实际情况，在梳理筛选经典知识理论的基础上，尽可能收集创新创业的最新认知理念和实践方法，以贴近时代，满足未来发展趋势。在案例的甄选上，尽可能贴近创业行业的新发展和新模式。考虑到创业基础课程的“实践性”特征，加大了实训环节和案例分析，让学生模拟创业实践，通过课堂实训活动内化知识技能。

本教材在编写过程中借鉴、参考了国内外大量创业指导与创业教育研究方面的文献资料，以及一些专家学者的理论和观点，书中引用的案例与材料部分来自期刊、网络和创业学生提供的资料，在此一并表示感谢。

由于编者水平有限，真诚欢迎广大读者提出宝贵建议和意见，以便更好地修订和完善。

编　者

2023 年 10 月

目　　录

第一章　创新意识与创造性思维……1
【学习目标】……1
【导入案例】恒温绘蜡笔……1
第一节　初步认识创新……2
第二节　提升创新能力……9
【课堂活动】……20
【创业榜样】元亨易创……22
【实践拓展】寻找创新人物……23
【课后思考】……23
第二章　创新方法与创新工具……24
【学习目标】……24
【导入案例】“生命吸管”……24
第一节　创新工具……25
第二节　创新方法……39
【课堂活动】……57
【创业榜样】从创客到创业……58
【实践拓展】废旧物品的艺术化再利用……59
【课后思考】……59
第三章　创业基础与人生发展……60
【学习目标】……60

【导入案例】赶考网 …… 60
第一节 初步了解创业 …… 62
第二节 创业改变人生 …… 70
【课堂活动】 …… 77
【创业榜样】创业改变人生 …… 79
【实践拓展】创业企业考察及青年创业者调研 …… 80
【课后思考】 …… 82
第四章 创业机会与创业风险 …… 83
【学习目标】 …… 83
【导入案例】帆薯科技 …… 83
第一节 创业机会来源 …… 85
第二节 认识创业风险 …… 91
【课堂活动】 …… 101
【创业榜样】中国跨境电商独角兽公司 …… 102
【实践拓展】寻找并评估自己的创业机会 …… 104
【课后思考】 …… 104
第五章 创业团队组建与管理 …… 106
【学习目标】 …… 106
【导入案例】凿山人 …… 106
第一节 构建创业团队 …… 108
第二节 创业团队管理 …… 117
【课堂活动】 …… 131
【创业榜样】团队合作创佳绩 …… 133
【实践拓展】团队组建与评估 …… 135
【课后思考】 …… 137
第六章 创业资源与创业融资 …… 138
【学习目标】 …… 138
【导入案例】壹贰设计 …… 138

第一节　创业资源整合…… 140
第二节　创业融资…… 153
【课堂活动】…… 169
【创业榜样】整合资源获取第一桶金…… 170
【实践拓展】挑战“白手起家”…… 171
【课后思考】…… 171
第七章　商业模式及其设计论证…… 172
【学习目标】…… 172
【导入案例】跨境电商，年入百万…… 172
第一节　设计商业模式…… 173
第二节　降低创业试错成本…… 184
【课堂活动】…… 191
【创业榜样】人人湘：一碗米粉的精益创业之路…… 193
【实践拓展】商业模式设计、完善、检验与评价…… 196
【课后思考】…… 197
第八章　创业计划与创业路演…… 198
【学习目标】…… 198
【导入案例】第七届“互联网＋”大赛全国季军路演拆解…… 198
第一节　认识创业计划…… 200
第二节　了解创业路演…… 217
【课堂活动】…… 225
【创业榜样】某参赛团队制作项目 PPT 的过程…… 227
【实践拓展】撰写简要创业计划书并路演…… 228
【课后思考】…… 230
第九章　新企业创办与初创管理…… 231
【学习目标】…… 231
【导入案例】坎坷但稳健发展的创业路…… 231
第一节　创办自己的企业…… 233

第二节　初创企业管理…………………………………………… 246
【课堂活动】 ………………………………………………………… 258
【创业榜样】落地实践创赛项目 ………………………………… 259
【实践拓展】创业体验反思与感悟 ……………………………… 261
【课后思考】 ………………………………………………………… 261
第十章　创业道德伦理与法律法规…………………………………… 262
【学习目标】 ………………………………………………………… 262
【导入案例】坦桑尼亚唱响“青年集结号” ………………………… 262
第一节　创业伦理………………………………………………… 265
第二节　创业法规………………………………………………… 266
【课堂活动】 ………………………………………………………… 274
【创业榜样】桃醉井冈的项目亮点 ……………………………… 276
【实践拓展】践行社会责任　大学生在行动 …………………… 277
【课后思考】 ………………………………………………………… 278
参考文献………………………………………………………………… 279

第一章　创新意识与创造性思维

学习目标

1. 了解创新的内涵与常见类型；
2. 理解并掌握创新的六项原则；
3. 了解创新对大学生成长的积极意义；
4. 了解大学生创新素质培养的途径与方法；
5. 了解创新意识的内涵、特征及其作用；
6. 了解创造性思维的内涵与主要表现形式；
7. 掌握创造性思维训练的主要方法。

导入案例

恒温绘蜡笔

创新和传统文化相遇，会碰撞出怎样的火花？蜡染，既是中国古代的传统印花技艺，也是少数民族的传统手工艺，有其独特的社会价值和艺术价值。然而，传统蜡染工具功能单一、工效低缓，阻碍了蜡染手工艺的发展和提升。在工业自动化飞速发展的今天，蜡染这项费工费时的手工艺日渐衰落。

北京工业大学艺术设计学院工艺美术系陈艺冰在大二的印染专业课上接触了蜡染这门传统手工艺，出于对专业的热爱，赴云南少数民族地区学习传统印染手工艺，进行文献收集法调研，实地调查、访谈和参与式观察，并对蜡染工具、染料、工艺流程，以及在新的市场环境中的传承现状、交易特点和推广方式，进行科学分析和数据的总结。陈艺冰发现了蜡染技艺在当今社会传播和发展中面临的困境，并萌生了创新蜡染工具以提高效率的想法。团队通过将传统工具与现代科技有机结合，把传统民间手工艺与当今的时尚潮流元素相结合，在传统工具基础上创新出一款用于蜡染的新型绘蜡工具“恒温绘蜡笔”，填补了目前蜡染工具行业的市场空白。

在研发新型工具的道路上，“蜡笔小新”团队做了大量市场调研，不断升级改进内部结构，在多次实验中选择最优方案。2019 年 9 月，“恒温绘蜡笔”样机问世。经过极致的打磨，一轮轮使用测试，目前的“恒温绘蜡笔”成品更加便于操作、美观舒适。

启示

大学生参与社会调查和实践活动，有助于了解社会发展新趋势、新要求，理解和把握新问题，发现现有理论与成果的不足，更好地找到创新课题与创新点的衔接。陈艺冰赴云南的实践经历让她发现了蜡染工艺在当今社会的发展困境和主要制约因素。基于自己对蜡染的热爱，结合自己的专业知识和能力，陈艺冰在创新意识的驱动下，通过运用创造性思维，从制作工具角度进行创新，极大提升了蜡染制作的效率，为蜡染工艺发展受阻问题提供了解决方案。陈艺冰的创业项目为蜡染这项古老的手工艺赋予了新的生命力，让更多的人有机会了解蜡染文化、体验蜡染制作，感受国家非物质文化遗产的魅力。

第一节　初步认识创新

一、创新的内涵与原则

“创新”一词，最早见于《魏书》：“革弊创新者，先皇之志也。”（《魏书》卷六十二）后世古籍中又数次出现“创新”一词，都大抵与“革新”

同义，主要是指改革制度。《辞海》里讲“创”是“始造之也”，首创、创始之义；“新”是“初次出现，与旧相对”，才、刚之义。“创新”有三层含义：一是舍弃旧的、创造新的；二是在现有的基础上改进更新；三是指创造性、新的想法。

美国经济学家熊彼特于1912年最先在德文版《经济发展理论》一书中提出“创新理论”，成为创新理论研究的鼻祖。他认为：“所谓创新，就是建立一种新的函数，也就是把一种从来没有过的关于生产要素和生产条件的组合引入生产系统。”❶ 从以上定义可以看出，熊彼特主要从经济发展视角阐述创新在生产中的重要作用，但是创新概念的提出为学者进一步研究“创新”奠定了基础。“现代管理学之父”彼得·德鲁克在《创新与企业家精神》一书中提出，创新是一个过程，是一项“有组织、有系统且富有理性的工作；创新是企业家展现其创业精神的特定工具，是赋予资源一种新的能力使之成为创造财富的活动，创新本身就创造了资源”❷。对于创新的定义，德鲁克认为应该强调创新的效果及意义，创新应该对现有的资源进行改变。

国际社会认同的特指“创新”的英文是“innovation”，有别于“创造”（creation）和“发明”（invention）。当前国际社会对于“创新”的定义比较权威的有两个：一是2000年经合组织在《学习型经济中的城市与区域发展》报告中提出的：“创新的含义比发明创造更为深刻，它必须考虑在经济上的运用，实现其潜在的经济价值”；二是2004年美国国家竞争力委员会向美国政府提交的《创新美国》计划中提出的：“创新是将新的技术和理念融入原有的资源中，以促进经济的增长和人们生活质量的提高，为生活创造出全新的产品和体验。”❸

我国学者对于“创新”一词的定义主要有以下四个观点：一是认为创

❶ 约瑟夫·熊彼特. 财富增长论［M］. 李默，译. 西安：陕西师范大学出版社，2007：88.

❷ 彼得·德鲁克. 创新与企业家精神（珍藏版）［M］. 蔡文燕，译. 北京：机械工业出版社，2009：27－33.

❸ U. S. Counci on Competitiveness innovate America，National Innovation Initiative［R］. Innovationtaskforce. org，2004. 12.

新应该是一种舍旧创新、推陈出新、勇于探索、积极改变自己、改变环境的意识和行为；二是创新的目的应该是推进人类的生存与发展，对客体关系的处理要有推陈出新的意识和胆识；❶ 三是创新的内涵应该是人们在生活中要不断地反思进取，改变自身，共同推进社会的发展与进步；❷ 四是创新的发展概念应该是人们对社会发展与进步的本质性把握，是人们跟随时代进步、社会发展步伐的必然结果。❸

创新的原则是指人们在创新活动过程中，必须遵循的思考与行为准则。

（一）创新要遵循科学技术的基本原理

创新过程中首先要遵循科学技术的基本原理，而不能违背科学发展的基本规律，否则创新就会"南辕北辙"，徒劳无功。比如，有人试图发明一种既不消耗能量、又可源源不断对外做功的"永动机"，结果不言而喻。这种创新失败的原因就在于违背"能量守恒"的基本原理。

为使创新取得好的结果，在创新过程中，必须对其进行科学合理性的验证与检查。首先，创新设想提出后，应对其进行科学原理相容性的检查。如果与科学原理不相容，则该创新设想应尽早被否定并放弃。其次，要对创新设想进行技术方法可行性的检查。如果提出的创新设想，现有的技术方法不可能满足其所需要的条件，则可将该设想看作空想。最后，要对创新设想的功能价值性进行合理性推断与验证。如果该设想只具有新奇性，而没有带来节约成本、优化流程等价值增值的话，则该创新设想是没有价值的，应予以排除。

（二）创新要接受市场的检验评价

创新设想的价值最终要靠市场的实践检验。创新设想接受市场检验，

---

❶ 中央教育科学研究所. 创新教育：面向21世纪我国教育改革与发展的抉择［M］. 北京：教育科学出版社，1999：153.

❷ 孙景涛. 对创新的哲学思考［J］. 南京政治学院学报，2003（4）：36.

❸ 许玉乾. 关于创新概念的几点新思考［J］. 淮阴师范学院学报，2006（4）：258.

主要考察其未来商品化和市场化的商业前景，而其最基本的要点则是看该创新产生的实际价值能否高于其当前的销售价格。判断创新设想能否被市场接受，可从以下几个方面进行评价：

（1）是否能解决用户/顾客迫切需要改善的问题；

（2）是否能显著优化现有产品/服务的功能结构；

（3）是否能有效提升现有产品操作使用的可靠性；

（4）是否能增强产品维修、维护与保养的便捷性；

（5）是否可提升产品服务的用户美誉度和口碑。

（三）创新要依循相对较优的方案选择

创新设想一开始不可能做到十全十美。在创新过程中，一般不可能做到最优和最佳状态。这要求我们在创新时要遵循“相对较优”的原则，对创新设想进行择优判断。首先，从技术方案的先进性方面进行分析比较，选择相对领先和具有前瞻性的创新方案。其次，从创新设想实现的经济合理性方面进行比较选择，尽可能选择相对经济合理和科学有效降低成本的方案。最后，要从技术先进性与经济合理性两个方面进行综合分析，选择整体上相对较优的方案。

（四）创新要避免烦琐复杂的机理

有的创新设想会把简单问题复杂化，从而造成创新的结果抵不上为此所付出的代价，创新的方案在实现上远超出合理的范畴。如果创新设想在结构上明显复杂，功能上冗余，实际使用时更加烦琐，这意味着该创新设想在技术实现上并不可取。在创新过程中，我们要避免复杂而尽可能贯彻机理方面的简单实用。为使创新设想及其结果符合机理相对简单的原则，可对创新设想进行如下论证：

（1）创新设想所依据的原理是否繁复，超出其应用范围；

（2）创新设想所设计的结构是否复杂，超出其应有程度；

（3）创新设想所涉及的功能是否冗余，超出其应有数量。

（五）创新要新颖独特

创新构想在本质上必然要求具有“开创”“新颖”等特征，即要打破既有规则和常规做法，而不是简单“替换”和“拷贝”，创新贵在独特。在创新活动中，评价创新构思是否新颖独特，可从以下几点来考察：

（1）创新构思是否具有真正的新颖性，是否是“井底之蛙”；

（2）创新构思是否具有引领的开创性，是否是“早已存在”；

（3）创新构思是否具有创新的独特性，是否是“与众不同”。

（六）创新要积极鼓励忌轻易简单否定

在看待创新构想时，应注意避免不做深入的科学实践论证而犯轻易否定的主观判断错误，或用有限的甚至错误的“理论”进行简单分析推论。不恰当的否定有时是源于否定者运用了错误的“理论”，有时是因其自身主观武断，简单地用常规思维来推断其“不可能”实现，而忽略了技术进步或方案改进带来的“可能”结果。

为避免轻易否定带来的“误判”，要注意不能在事物之间进行简单随意的比较。对待创新，特别是相近的创新，主观上不能以简单的“认为”来下片面的结论，而应以客观实验来验证分析其可能性。

一般来说，否定与批评一个创新构想比产生一个创新构想要难得多。因此，我们要尽量积极看待一切创新构思，尽可能避免盲目否定别人的创意和构想。

二、创新对于大学生的意义

创新能力是当前社会高新技术人才必须要具备的基础能力，当前我国的大学生在一定程度上缺乏创新能力，一些毕业后的大学生因为缺乏创新能力而不具备市场竞争能力，从而无法实现自我价值。因此，培养大学生的创新能力是我国高校最重要的工作之一。

创新教育在高校大学生教育和培养的工作中十分重要，它可以激发大学生的内在创新潜能，激励大学生向着更高层次的人生发展。创新能力的教育和培养不仅是我国高校大学生素质教育的重点，更是我国经济和社会发展的基础和前提。

（一）创新促进大学生高效构建知识能力

在知识经济时代，如何对知识进行选择、整合、转化、运用，这比单纯的知识学习更为重要。大学生最需要掌握的是那些涉及学科交叉、概括程度高、迁移程度高的“核心”知识，而这些知识的学习不能仅仅靠教师的言语讲授获得，而应通过学生发挥主观能动性，提升创新能力，通过自身“构建”和“再创造”获得。

（二）创新促进大学生提升终身学习能力

随着我国高校招生人数的不断增多，高校教育模式开始从阶段教育向着终身教育的理念发展，随着知识信息丰富和知识更新周期的缩短，大学生的社会职业更加多元化。毕业后的大学生要根据自身和外部条件，运用创新思维，不断完善知识和能力结构，提升自己的学习能力，完善自我，为终身教育积攒能力。

（三）创新促进大学生取得实现职业人生的成功

创新能力是一个人综合能力的重要体现，它是以丰富的文化沉淀、高度综合化的知识、个性化的思维和奋斗的精神状态为基础的。一个人是否具备创新思维将会直接影响其职业发展，创新能力的高低将影响个人的事业成就。古往今来，那些取得成就、获得成功的人，大都具备很强的创新思维和创新能力，可见创新思维和创新能力的重要性。大学生在校时就应该学习和培养自己的创新思维及创新能力，以便为毕业后的创业奠定基础。

三、创新意识的特征与作用

创新意识是指人们为了满足社会和个人发展需要，产生创造新事物的想法或动机，并在创造性活动中表达意图、愿望和想法，体现了人类意识活动与社会发展的有机结合。创新意识是创新的前提，是人们创造性活动的出发点和内在动机。

（一）创新意识的特征

创新意识具有以下几个特征：

（1）新颖性。创新意识是以新的意识和方式来满足原有社会的需要，是对新的意识和方式的追求。

（2）社会历史性。创新意识是为了满足当前社会人类的进步和发展，每个历史阶段的创新意识都有着不同的出发点，这个出发点与历史背景及社会背景有很大的关联。比如，在阶级社会时期，创新者的创新意识就会受到所处的阶级水平的影响，所以说，创新意识的激发必须考虑和结合当前所处的社会历史条件。

（3）个体差异性。人的创新意识来源于其社会地位、文化素质、兴趣特长、情感倾向等，这些因素都对创新起着重要的作用。然而，每个人的因素是不同的。因此，对于创新意识来说，创新者的社会背景、文化素养、兴趣动机都不尽相同。

（二）创新意识的作用

创新意识是由创造的动机、兴趣、情感和意志四个方面组成的。其中创造动机是激发人们进行创新创造性活动的原动力；创造兴趣是人们在创新活动中对新鲜事物探索的一种心理倾向；创造情感是推进创新创造活动成功的关键性心理因素；创造意志是人们克服在创新创造活动中出现的阻碍的重要心理因素。

第二节　提升创新能力

一、创造性思维的内涵与形式

因为不同学科的出发点和研究方向不同，所以创造性思维的内涵在不同学科的定义也是不尽相同的。比如，心理学研究的侧重点是创新者创新性思维的心理机制，研究分析对象是创新者的心理过程。从广义和狭义的角度来看创造性思维，广义的创造性思维是指人们在发现问题并解决问题的过程中，能够起到重要作用的思维活动；狭义的创造性思维是指人们在创新活动中直接形成创新成果的思维活动。

创新是创造性思维的核心，根据思维是否具有创新性可以分为重复思维和创新思维两种。重复思维是一种普通的思维方式，是对已接收的信息进行重复和再现，只使用大脑的记忆和存储功能，这种思维方式比较稳定；而创新思维是根据需求，对存储的信息进行创新性的处理。因此，在理解和把握创造性思维的内涵时，应将创造性思维与重复思维区分开来，突出创造性思维的核心地位。

常见的创造性思维主要有逆向思维、侧向思维、求异思维、类比思维、综合（集中）思维、发散（扩散）思维等。

（一）逆向思维

逆向思维是指在思考问题的时候要打破常规的思维模式，往往会采用与常规思维习惯相反的方向来思考和解决问题。简而言之，逆向思维就是反过来想问题。

人尽皆知的“司马光砸缸”，把落入水缸中的孩子救出来，常规的思维就是把小孩拉出水缸，但是这种救人方式对少年的司马光来说是非常困难的，还有可能被对方拉下水。司马光这种通过砸破水缸救出小孩的行为，运用的就是逆向思维。常规的想法是，把人从水中捞出来，而司马光想的是把水放出来，也能救人。

（二）侧向思维

侧向思维与逆向思维一样，都是从常规思维的反方向去思考并解决问题。二者的主要区别是，在大多数情况下，逆向思维只是与人们常规思维的方向不同，而其轨迹是相同的；侧向思维不仅与人们常规思维的方向不同，其轨迹也不相同。

人们日常生活在思考问题时的左思右想、旁敲侧击属于侧向思维的一种形式。侧向思维常用于以下两种情况：第一种情况是实现目标的方式是非常清楚的，旧的思维方式、思想和方法同样也可以实现的原设目标，但由于思维的惰性，常常因循守旧，在这种情况下，积极寻找新途径、新方法。

在第二种情况下，横向思维更为通用。在解决问题时，如果根据传统方法并不完美，可以试着调整想法，转换思路，从其他方面入手，找到相关解决方案，吸引外脑的参与，或许可以很容易地解决问题。比如鲁班发明锯，摩尔斯发明电报就是这种思维模式。

侧向思维与横向思维相比更具有创新性，从问题的另外一个角度观察、思考和分析，利用自己已有的技术来解决问题。

（三）求异思维

世界上的发明家都有一个共同点——标新立异，这些人都有求异的思维。对于同样一件事物或者一个问题，他们在熟知常人常用的方式和方法的前提下，善于创新，标新立异。求异思维的关键是要在思想上不受常规框架及模式的束缚，突破传统的理念，从不同的角度思考问题，用新的方式和方法解决问题。人们常说的出奇制胜其实就是求异思维的一种体现。比如，在智能手机普及的时代，手机的发展速度越来越快，手机屏幕增大、功能增强的同时，手机成本也在不断增加，人们购买一部好的手机所需要的费用也在不断提高，有的厂家就认识到这一点，昂贵的新生代手机并不是每个人都愿意使用的，因此他们推出了一部分功能不是很多，价格却很低廉的手机，这就运用了求异思维。

求异思维运用的关键在于对比联想。对比联想常与客观事物的对比以及语言中的反义词有关。比如人们常说的大与小、长与短、方与圆、多与少、金属与非金属、直流与交流等一些反义词都是求异思维的体现。

（四）类比思维

类比思维是指人们通过对已有事物的比较，运用已有的知识和经验对需要解决的问题与以往已经解决的类似问题进行类比并解决问题。其中比较常见的类比方式有：形式类比、功能类比和幻想类比。

1. 形式类比

形式类比主要包括结构特征、形象特征和运动特征等方面的类比，无论是哪一个方面的类别都可以把创造目标与某一装置或者客体进行类比关联。比如人类根据鸟飞行的特点，模拟它们的外形制造了飞机。

2. 功能类比

功能类比主要是人类根据大自然某一种动植物的特点创造出一种具有近似功能的新事物或者设备。这种类比方法主要运用在人类对仿生学的研究上，常见的鳄鱼夹、机械手等都是功能类比的产物。

3. 幻想类比

人们通过幻想某些形象、某些功能、某项技术，进行发明创造，即幻想类比。例如《海底两万里》的作者幻想了一种能长时间在海底活动的潜艇，经过几十年的努力后制成的现代潜艇即是这种幻想的实施。当然，也有一些发明创造是以上多种类比方式的综合，比如现代机器人的发明就是多种类比思维的结合产物。

培根说过："类比联想支配发明。"他将类比思维与联想紧密联系在一起，类比需要联想，无论是寻找创造性目标还是寻找解决方案。运用类比思维的重要条件是提高联想能力，尤其是掌握相似联想。

（五）综合思维

物理学知识告诉我们，不同方向的力能够产生合力。综合思维，又称集中思维，是指在发明创造时，不同的思路可以融合和补充，来解决问题或完成一项工作。

综合思维就是各种方法相结合，把原理、设计和结构合理地改进、互补和整合，达到预期的目标。近年来普遍使用的“头脑风暴法”和常说的“三个臭皮匠、抵个诸葛亮”等就是这种思维的具体应用。

运用综合思维有以下几种情况，例如：几个设想并没有联系，分属不同单元，只需简单组合即可；几个设想集中在同一单元，各有优缺点，这就必须结合各自的优缺点进行整合，取长补短，达到预期效果。

（六）发散思维

发散思维是指在思考解决问题的时候，打破常规思维的束缚，从多个方向去思考探索，寻找解决问题的可能性，是一个点发散到多个点的思维方式。人们通常考虑问题，总是由提出问题的起点到解决问题的终点，喜欢按一条思路进行，走不通止步不前。如果换个角度去考虑就很容易解决问题。思维扩散的范围越广，产生的设想越多，解决问题的可能性就越大。创新者结合新方法、新技术、新规则、新产品、新现象，考虑是否有其他更多的功能，创造新的事物。

常见的发散思维用途有两个方面：一是材料发散，二是功能扩散。材料发散是指以某个物品为“材料”，以其为发散点，设想它的多种用途，比如纸不仅可以用来写字，还可以擦手、引火、包装礼物等；功能扩散是指从一件产品的主要功能出发，设想该产品功能的其他多种用途的可能性。

与综合思维不同，发散思维是从一点扩散到多点，运用发散思维，首先要找到合适的发散源，把握发散源的科学原理和技术基础，寻求新的应用领域，创造、发明、制造社会所需的新产品。

二、创造性思维的训练方法

（一）转换思维视角，克服思维定式

“思维定式”是心理学概念，指的是人们在从事某一项活动过程中的心理状态，是人们在长期的生活中积累的一种思维方向。具体来讲，人们在长期的对事物处理过程中形成一种类似条件反射的思维方式，这种思维方式较为固化。思维是人类创新的源泉，而思维定式对人类创新活动会起到一定的干扰作用，所以，必须要先打破思维定式，才能有创新的思维。

在创新过程中，要尽量打破思维定式的束缚，以下几种方法可以有效地打破思维定式的束缚。

1. 排除“以往经验”的束缚

人们在日常生活、学习和工作时，随着时间的推移，会积累很多经验。这些经验可以帮助人们很容易地解决一些问题。依靠经验已成为解决问题的一种习惯，这种习惯对于那些从事创造性活动的人来讲是束缚性的，会使人处于一种“有经验可循，不必多思”的僵化状态，解决问题时止步不前，难得其解。

经验丰富固然重要，但是利用经验来解决问题时要与时间、条件、地点等具体情况相结合，若想当然地凭经验生搬硬套，势必无法达到预期效果，甚至还可能会犯错误，这样一来经验就阻碍了问题的解决。因此，大学生在解决问题时可以利用“以往经验”，但是在思考和解决问题时切不可被“以往经验”束缚。

2. 不要受学术权威“结论”的束缚

大学生在日常学习生活中，如果发现其中某一个问题已有专家的定论，往往就会终止探讨，而以专家的结论为准。然而，这样做是不符合科学精神的。因为专家的某些结论也不一定正确。大学生要想成为创新人才，就要养成敢于思考、敢于做、敢于说的品格，不让自己的思维被学术权威的

“结论”所束缚，用尊重的态度对待权威，而非盲目迷信。

3. 用“搁置法”摆脱习惯性思维的束缚

习惯性思维的形成和影响都有时间性。一些有经验的科学家完成论文后，会把它搁置一段时间，再去读。把自己当成带有怀疑、挑剔眼光的读者，往往会发现新问题。实验证明，习惯性思维的痕迹就像记忆的痕迹，时间一长就会慢慢消失。人们常常认为，成功在于不懈地思考，在于一直坚持。事实上，从思维定式的观点出发，把问题放一放，有助于消除习惯思维痕迹的影响，有利于获得新的思路和新的方法。

4. 依靠别人帮助摆脱习惯性思维影响

团队合作可以相互补充、互相帮助，也有助于克服习惯性思维的影响。科学研究植根于讨论，因为讨论可以打破思考的习惯，通过了解他人的想法，可以从中获得灵感、启发。讨论不仅可以找熟悉本行业的人，也可以找非本行业的人。之所以要和非专业人士讨论，是因为他们的思维方式和想法肯定异于自己，越大的差异，越有助于克服思维习惯，并能帮助自己在遗漏的地方发现问题。非专业人士提出的问题和建议可以打乱习惯性思维，找到解决问题的新途径，或者看到两个或两个以上的现象或设想之间的新联系。

（二）相对收敛思维，拓展发散思维

收敛思维是指人们在思考解决问题的过程中，把需要解决的问题尽可能地延伸到自己已知的知识信息中，结合自己积累的知识和经验从而得到一个较为满意的解决方案。比如“一题多解”“一物多用”。发散思维与收敛思维不同，发散思维是指在思考解决问题的时候，打破常规思维的束缚，从多个方向去思考探索，寻找解决问题的可能性，是一个点发散到多个点的思维方式。

在实际解决问题过程中，无论是收敛思维还是发散思维，都需要结合其他的思维方式，吸取其他思维方式的优点，找到一个相对完善的解决方案。

（三）相对正向思维，开发逆向思维

逆向思维是与正向思维相对而言的，正向思维是指人们积累下来的常规思维方式，是被大多数人所认可的思维方式；而逆向思维恰好相反，是相对大多数人所认可思维方式的反向思考。任何事物都有多种属性，我们在对一件事物进行观察分析时，很容易只看到事物的单方面属性而忽略其他方面的属性，逆向思维可以在观察分析事物时克服该障碍，从事物的多方面属性考虑，会有意想不到的结果。

逆向思维的形式有很多，主要包括原理逆向、结构逆向和属性逆向等。

原理逆向是指从事物本身原理的反方向进行思考。例如，伽利略发明温度计，他发现水的体积会因为温度的变化而变化，反过来，水的温度变化也会因为水的体积变化而变化。

结构逆向是指从事物本身的结构出发，思考事物结构的反方向，将事物结构进行颠倒重置。例如，有位家庭主妇发现在煎牛排时，牛排总是容易粘在锅底，经常会出现煎煳的情况。她想到在锅盖上装电热丝，不在锅底加热而在锅上面加热，这样牛排就不再会被煎糊了。

属性逆向是从事物属性的相反方向所进行的思考。例如，布鲁尔发明了利用中空材料代替固体实心材料制造家具的想法，从而成为新建筑师和产品设计师的杰出代表。

（四）相对纵向思维，培养横向思维

横向思维是指人们的思维方式可以有横向或者广泛发展的特征。逻辑思维对问题的思考一般都是垂直的，而横向思维可以从问题的多个角度切入，甚至可以从问题的终点向起点思考。有这种想法的人的思维不会太狭窄，且善于举一反三。就像一条河流，当遇到一个宽阔的区域时，它就会自然地漫延开来。

横向思维是将思维进行扩展，打破传统逻辑的束缚，主要特点是不受到任何条件的限制，打破逻辑思维的局限，创造出更多的思想和思维。

（五）相对抽象思维，唤醒形象思维

形象思维是指在对世界的认识过程中，人们会对事物的表象进行选择分析，从而以视觉形象来解决问题。

形象思维具有以下特性：

（1）形象性。作为形象思维的基本特征，形象性反映的是事物的形象，思维形式是意向、直感、想象等形象性的观念。思维的形象性使事物的形象展现得更为具体和生动。

（2）非逻辑性。与逻辑思维、抽象思维不同，形象思维可以通过将多种信息进行整合，形成一个全新的形象，也可以从一个形象跳转到另一个形象。形象思维对问题的处理不像逻辑思维那样逻辑衔接，更多的是采用平行处理的方式，可以使思维主体迅速地从整体上把握问题。

（3）粗略性。形象思维可以笼统地判断和反映问题，可以定性或半定量地分析问题。而抽象思维大多数情况下是精确的数量关系。因此，在实际解决问题的过程中，我们可以将形象思维与抽象思维结合使用。

（4）想象性。想象是思维主体利用现有图像形成新形象的过程。形象思维多是从现有图像出发，对现有图像进一步处理和加工，从而获得新图像的输出。想象性使形象思维具有创造性的优点。

（六）弥补海绵式思维，锻炼批判性思维

海绵式思维方式类似于海绵与水之间的相互作用，海绵式思维方式的主要优点在于：吸收的知识信息越多，就越有利于思考和解决复杂问题；只需要知识信息的记忆和积累，不需要艰苦复杂的心理再造过程。

海绵式思维也有缺点。比如，海绵式思维不会判断信息和观点的科学与否。如果仅依赖海绵式思维，那么这意味着做出的决定并非谨慎思考判断的结果，而只是一个偶然的想法。

批判性思维可以弥补海绵式思维的不足，帮助人们反思自己的决定。批判性思维是自我否定与质疑、自我检验和修正的一种思维方式。批判性

思维往往是批判性的和理性的，有助于人们提高思考品格和理性科学的决策能力。

三、大学生创新素质培养方法

大学生是我国社会和经济发展的重要支柱，每年全国各地的高校都会为社会输送许多人才。大学生创新思维和能力的培养也受到社会和学校很大的重视，教育部为此制订了“面向 21 世纪教育振兴行动计划”，规定全国各高校要将大学生在校期间的创新思维和能力的培养放在教育的重要位置，这一规定在客观上为我国大学生创新思维及能力的培养提供了支持。但是从主观上来说，大学生创新思维和能力的培养最重要的是大学生自身要积极主动去学习，大学生可以从以下几个方面来培养自己的创新思维与创新能力。

（一）培养创新的个性品质

人格是指一个人在后天的活动中逐渐形成的习惯和行为，包括一个人的处事原则、态度和活动方式三个基本要素。创造性人格是一个人对事物的态度，具有创新活动所必需的正常、健康的心理。

创新型人才应具备的素质：（1）有高度的自主性和独立性，不守旧；（2）充满幻想，敢于大胆假设，敢于冒险，善于抓住机遇；（3）思维灵活、敏捷；（4）对知识有强烈的渴望和好奇心，兴趣广泛等。

大学生可以从以下方面努力培养自己的创新个性：

（1）激发创新的动力。每一位大学生都应该心怀为国家和社会作贡献的人生理想，而理想的实现离不开创新，因此，大学生树立远大理想以激发自己学习创新思维，提高创新能力。

（2）提升创新的自信。培养创新能力的首要心理条件是充分相信自己有创新的潜力。建立自信将帮助大学生增强不屈不挠的进取精神和克服困难的顽强意志，促进创新思维能力和创造的想象力。

（3）树立创新的意识。大学生对新事物的好奇心和敏锐的观察力，勤于动脑，善于思考，多问了一些“为什么”，及时发现新事物发展方向，并抓住创新的机会。

（4）培养创新的思维。一个不能独立思考问题并独立解决问题的大学生是没有创新的思想和能力的。大学生在校学习期间，要将培养自己独立思考以及独立判断的能力放在首要位置，而不是专业知识。独立思考能力是大学生能否具备创新思维和创新能力的前提。

（5）塑造创新的心态。大学生应该在日常学习生活中积极参与竞争，在竞争中进行自我激励。

（二）突破创新的思维障碍

大学生创新思维发展的障碍包括传统观念的束缚、不批判的学习和过于突出自我主见，这些都是大学生需要克服和消除的。

人们的思维常常被传统的理论、思想和方法束缚。大学生在思考问题时总是过于依赖教科书，迷信学术权威的观点，不能有效辨别，这阻碍了他们创造性思维的养成。因此，在探索活动中，大学生应该突破传统观念的束缚，挑战传统的学术观点。

任何创新都是基于继承，源于继承。虽然拥有丰富的知识基础可以促进人们的创新思维活动，然而在学习过程中，如果只是机械地复制他人的知识，就会极大地阻碍创造性思维的发展。因此，大学生应该保持批判性思维，批判性地继承前人的知识，这也就意味着创新活动的真正开始。

大学生应努力克服固执、偏见、过分依赖、谨慎、自卑等心理，这些因素在一定程度上会阻碍大学生创造性思维的发展。

（三）构建创新的知识结构

知识是一个人可以独立思考和独立想象的基础，丰富的想象力和完善的思考能力离不开强大的知识体系支撑，虽然具备知识的丰富程度与创新能力之间没有直接关系，但是创新产品离不开相关知识的储备。

任何创新都是对原来的层次、理论、方法、规范的突破，如果一个人不能很好地继承知识、技能，达到精通，进行创新是很难有所突破的，更不会提出新思想、新观点、新方法。正如著名生理学家巴甫洛夫对青年人所说——你们要在攀登科学顶峰之前，把科学的初步知识研究透彻。作为大学生，应该更加注重知识结构的构建和优化。具体的优化方法可以参考以下几个方面：

（1）努力学习和掌握渊博的基础理论知识，学会融会贯通、化知为创、知为创用。

（2）在拓宽知识基础的同时，加强知识的系统性和整体效果。大学生除学习专业知识外，还要了解社会、经济、政治、文化、管理等知识，掌握专业知识和技术要点，注重交叉、渗透、综合的跨学科知识。

（3）保持丰富的新知识储备。大学生应该关注前沿的理论、技术和信息，不断完善新知识，努力把握社会、文化、科技的发展趋势。

（四）掌握创新的科学方法

大学生创能思维和创新能力的培养十分重要，而培养的关键就是大学生对创新理论和方法的学习与掌握。

大学生一方面要把握辩证唯物主义世界观和方法论，遵循辩证唯物主义的认识路径，正确运用认识论指导实践，有效提升创新活动的成功率；另一方面要了解创新的原则、内部机制、基本过程、发展方向和内容，掌握如何进行跨学科研究及其规律，提高科研能力。此外，还应学会运用发散思维、收敛思维、逆向思维、联想思维和类比思维等创新思维方法。此外，大学生必须学会掌握科学的创新技术，如奥斯本检核表法、5W1H 方法等。

（五）参与创新的实践活动

社会实践是指人类能动地改造自然和社会的全部活动。所有创新的内容都源于社会生活和社会需求。大学生要认识到参与社会实践活动的重要性，积极主动地参与社会实践活动。

大学生参与社会调查活动，有助于了解社会发展新趋势、新要求，理解和把握新问题；参加社会实践，有助于学生发现现有理论与成果的不足，更好地找到创新课题与创新点的衔接；参与科学研究，将有助于加深学生对整体知识的认知，完善科学技术知识，促进科学研究和创新能力。

二维码链接

“开花结果”的书——创意瓜果书

课堂活动

活动一　创新意识训练

（一）规则和程序

训练目的：增强大学生的创新、创造意识。

训练指导：以下训练题，重在日常生活中坚持实践和锻炼。

训练内容：

1. 日行“一创”。要求自己能够在未来的每一天至少提出一个问题，或者有一个新的发现，或者解释一个问题等。

2. 随身携带记录本。要求自己随身携带记录本，方便记录自己所提出的问题、新的发现和对问题的解释等。

3. 经常发问。遇到问题要主动发问，向专家、内行人士请教，但是不能完全听信于专家或者权威，要结合自己的思考寻求答案。

4. 确定属于自己的创新节。可以设立一周一天或者一个月一两天，在创新节当天整合自己之前的每一天所提出的问题和解决的方案。

5. 建立自己的创新课题。从小做起，每一位同学都可以提出自己的创新课题，锻炼自己发现问题和解决问题的能力。

（二）相关讨论

1. 你是否每天都能够有新的发现？你是否依然保持着对所有事情的好奇，渴望自己的想法得到验证？

2. 当你遇到问题时，你首先想到的是应该如何去做，现在回想一下，是否还有更好的方法呢？

活动二 “人工降雨”活动

1. 讨论：如果同学们想马上在教室中降雨，该如何实现呢？

2. 当没有更多创意时，教师带领学生“人工降雨”：

要求学生在教室里围成一圈（肩并肩）并宣布：“我们要作为一个群体来共同降雨。你右边的人做什么你就做什么，你右边的人开始后你才能开始。”在连续7轮后，“雨”就降下来了。教师在每轮开始时先带头，然后左边的人严格按照教师的做法来做。这样，每圈就连贯下来了；在“降雨”过程中，不要有任何间歇。

第一轮：搓揉双手。教师首先掌心搓掌心，左边的人立刻模仿。最终，整个小组都在搓掌心。当搓手动作到达右边紧挨教师的那个人后，就开始第二轮。

第二轮：捻指头。当每个人仍在搓双手时，教师开始捻双手上的指头作响。左边的人立即模仿。最终，整个小组都会从揉搓双手转换到捻指头。当捻指头动作达到右边紧挨着教师的那个人后，就开始第三轮。

第三轮：用手拍东西。重复前面几轮的模式。当拍手动作到达右边紧挨教师的那个人后，就进入第四轮。

第四轮：用手拍东西的同时跺脚。气氛在本轮到达顶点。重复前面几轮的模式。

第五轮：重新回到用手拍东西。重复前面几轮的模式。

第六轮：重新回到捻手指，高潮开始褪去。重复前面几轮的模式。

第七轮：揉搓双手，“小雨”开始回来，然后结束。重复前面几轮的模式。

3. 总结：同学们“降雨”成功并创造了暴风雨，现在讨论以下问题：

（1）为什么一开始，大家没有考虑到“声音”或其他降雨方式？

（2）对于如何思考机会创造，这意味着什么？对于问题解决呢？

（3）当被要求围成一圈时，大家的反应是什么？

在练习之前、之中和之后，大家的感觉分别是什么？

创业榜样

元亨易创

王宇琛是北京工业大学工业设计专业的一名大一新生，2016年春天，最初并没有创业想法的他本着学以致用的心态，决定利用空闲时间投身市场从事各类设计工作，为未来的就业打下基础。但是王宇琛渐渐发现自己从事的这种设计在市场上比比皆是，自己的产品在竞争中不具备优势。他对此并不满意，认为做任何工作都需要有创新意识，这样才能逐渐在市场中获得话语权。

随后他通过学校渠道做了很多乡村方面的工作，发现乡村地区存在的一些问题，如种植设施落后，生产无法与现代化农业技术、设备和资源有效整合，乡镇规划缺乏差异化和可实现性等，这些问题直接导致很多村镇生产落后。于是他产生了一个想法：如果结合科技来做工业设计并应用于农业会不会打开一个新的市场？为了让自己的想法快速落地，他咨询了当时教授职业规划课程的教师，逐渐厘清了自己的创业思路，积极参与高校科研成果转化与自主研发以及各项大学生创新创业的比赛，取得多项专利，形成针对农村地区状况的产品体系，也在比赛中积累了人脉，逐渐吸纳志同道合的创业伙伴加入团队。

2016年2月，一家专注于智能农业设施产品研发生产的公司正式创立，结合“互联网+”等高新科技设计研发了现代化智能温室设施，推动并帮助20余个乡镇和30余个自然村打造特色现代农业小镇等多个项目，累计获得发明专利6项，实用新型专利9项。

创业的成功是意识上长期准备的结果，事业的成功始终留给有创业思想、创业意识的人。王宇琛正是从自己早先的经历认识到创新的重要性。在之后的创业过程中，他结合自己所学的专业和社会实践经历，提出将工业设计与科技相结合并应用于农业的创新设想，来解决农村地区生产落后的问题。想法产生后，他能够快速投入行动，梳理创业思路，通过科研成果转化和竞赛实践来提高自己的创新能力，形成自己的创新产品体系，最后取得成功。在王宇琛的身上能够看到许多创新型人才所具备的个人品质，如敢于大胆假设、敢于抓住机会、高度的创新自信和创新意识等。凭借自身具备的这些创新素质，王宇琛在过去的创新创业道路上能够披荆斩棘，在未来也将乘风破浪。

实践拓展

寻找创新人物

借助自己的人际圈子或网络，找到一名自己佩服的偶像，分析其成就和经历，总结其个人创新特质有哪些比较突出的方面，并用事实或数据加以佐证。与小组同学互相分享，看看他们的反应与反馈如何。与此同时，深入思考其他同学分享的案例并积极回应组内其他同学的分享，表达自己的看法，仔细思考给自己带来什么启发。

结合自身实际，思考要成为创新型人才，自己还需要做哪些努力，然后，有针对性地制订一份属于自己的创新能力提升计划。

课后思考

1. 什么是创新？创新有哪些类型？
2. 创新的原则包括哪些？
3. 什么是创造性思维？创造性思维有哪些主要表现形式？
4. 训练创造性思维主要从哪几个方面进行？

第二章　创新方法与创新工具

学习目标

1. 了解头脑风暴、思维导图、六顶思考帽和 TRIZ 等创新方法与工具的内涵、作用与特点；

2. 掌握头脑风暴法运用的原则、步骤和要点；

3. 掌握思维导图绘制的方法和步骤，掌握绘制思维导图的要领和技巧；

4. 掌握六顶思考帽的规则和方法，掌握六顶思考帽的主要应用技巧；

5. 掌握 TRIZ 的基本观点和基本流程，掌握 TRIZ 的发明创造原理。

导入案例

生命吸管*

在一些发展中国家和落后地区，饮水卫生问题突出，常出现因饮水不清洁而发生传染病的现象。瑞士的 Vestergaard 公司开发了一款成本低廉、简单便携、有效解决关乎生命安全的饮水产品——生命吸管（Life Straw）产品。

生命吸管采用中空纤维膜的滤水技术，可滤除水中的致病菌和寄生虫，经其过滤后的水质符合美国 EPA 标准。一支生命吸管可过滤约 1000 升的水量，基本满足 1 个人 1 年的饮水需求。

生命吸管 2005 年一经问世，就被评为全球最佳发明医疗保健项目。生

---

* 裴晓敏．创造方法学［M］．成都：西南交通大学出版社，2015：143．

命吸管不仅广泛应用于饮水安全无法保证的落后地区，而且可用于解决地震等自然灾害发生后受灾人群的应急饮水问题（汶川地震用了6000支）。生命吸管还被称为“户外饮水神器”，为户外活动和探险者提供了可随身携带的简易净水装置。

生命吸管经过创新设计，现在已经有针对婴幼儿、学生和一般用水人群的类似细分产品，比如生命水壶等。

启示

创新推动科技进步和人类社会发展。创新要遵循“以人为本”的理念，创新的目的是让我们的生活更美好，这是创新的起点和终极目标。生命吸管的创新发明就是典型的例子。创新的过程本质是解决问题的过程，问题得到解决就意味着实现了创新。生命吸管就是解决了饮水安全的问题，实现了产品的创新。创新是有规律和方法的，掌握创新的方法和工具有助于提升创新的效率和质量，更容易找到问题的最优解决方案，从而实现创新的目标和价值。生命吸管的诞生和发展演变过程中，在问题界定、创意产生、方案设计、产品原型和产品优化改进等阶段，均利用了诸如设计思考、头脑风暴、思维导图、六顶思考帽和TRIZ等创新方法和工具，这些创新方法和工具引导、推动着创新过程的发展与创新目标的实现。

第一节　创新工具

一、头脑风暴

（一）头脑风暴法简介

头脑风暴（Brain Storming）一词源于精神病理学，原是描述精神病人的精神与思维错乱状态的用语，现在演绎为自由联想与讨论的代名词，目的是产生新想法、新观念和新思路。头脑风暴是一种有效的就特定主题或问题，集中注意力、集合团队智慧进行创造性沟通与解决问题的常用方式。

头脑风暴法（又称智力激励法、BS 法、自由思考法或脑力激荡法），是由创造学和创造工程之父亚历克斯·奥斯本（Alex Osborn）提出的一种激发创新思维、创造性解决问题的方法。在《韦氏词曲》中，“头脑风暴法”的概念解释是：一组人员通过开会方式对某一特定问题出谋献策，群策群力解决问题。头脑风暴法本质上是一种基于问题，通过集思广益快速大量产生创意、灵感与构想提升问题解决质量的工作方法，也是一种培养发散性创新思维、掌握创新技法与提升创造力的有效训练方法。

头脑风暴法具有迅速激发灵感并产生大量观点或可选方案，打破惯性思维发挥集体创造力，有效提高问题解决的有效性与创造性，提升策划方案质量或决策质量等方面的优势和作用。因此，头脑风暴法被广泛应用于创意方案设计、问题解决、管理决策、技术创新、产品设计、教育教学等社会各领域。头脑风暴法之所以具有创造力，是源于参与头脑风暴的团体可相互影响、相互感染启发，在自由宽松而竞相表现自我的氛围中产生联想的良性连锁反应。

头脑风暴法在应用过程中，不断得到实践和完善发展，又衍生出教学式头脑风暴法、默写式头脑风暴法和卡片式智力激励法等操作模式与方法。教学式头脑风暴法，又称戈登法或隐含法（由美国麻省理工学院教授威廉·戈登提出），其过程完全由主持人主导，参与者不直接讨论问题本身，而只在主持人的引导下讨论问题的某一局部或某一侧面或与问题相似的另一问题或把问题抽象后的主题，主持人从参与者给出的信息中提炼出解决问题的方案。戈登法对主持人过程引导的经验要求甚高，其效果完全依赖主持人对该方法及讨论问题的认知水平。默写式头脑风暴法（又称“635”法、默写式智力激励法），其要求 6 个人围成一圈参与，每人在 5 分钟内在各自卡片上写出 3 个想法，然后传递给相邻的人，接到卡片者同样在 5 分钟内再续写 3 个与已写出想法不同的设想，以此方法依次传递 6 次，半小时左右即可产生 108 个不同的想法。然后，参与者一起讨论、分析归纳出可行的较优方案。“635”法具有可避免参与者心理压力或不善表达等造成参与度不高的优点，也有相对缺乏集体相互启发影响和激励的缺点。卡片式智力激励法（简称卡片法），是参与者将事先写在卡片上的个人创想分享解说给其他人并接受质询，在此过程中参与者如有新设想随时记录在备用卡片上，依此方法逐一分享、质询并将类似设想归类，最后集体讨论取舍并作出决策。

另外，头脑风暴法从对提出的设想是否进行质疑分析可分为直接头脑风暴法（通常简称为头脑风暴法）和质疑头脑风暴法（也称反头脑风暴法）；从是否规定每个参与者轮流参与的实施程式，可分为非结构化头脑风暴法和结构化头脑风暴法。

（二）头脑风暴的基本原则

为创设良好的头脑风暴氛围，充分激发参与者的积极性与创造性，产生更多更好的灵感或想法，提升头脑风暴的效率效果，在运用头脑风暴法组织头脑风暴活动时，要遵守以下几个基本原则。

1. 打破常规，自由畅想

要达到头脑风暴的目的与效果，通过头脑风暴产生出尽可能多的、高质量的设想最为关键。在组织头脑风暴活动前，宜鼓励参与者敞开思想，不受任何已知条件、熟知的常识和已知真理、规律的束缚，从多个角度或相反的角度来考虑问题；鼓励大家以开放和独立的思想畅所欲言，敢于提出看似荒诞甚至异想天开的想法。为打开思路，组织者可以做一些启动感性思维和灵感思维、开阔视野、打开思路的准备活动。需要注意的是，虽然鼓励天马行空的自由畅想，但切记要聚焦讨论的主题而不能偏离主题。

2. 鼓励创新，延迟评判

头脑风暴的主持人或组织者，要宣布对参与者在头脑风暴过程中提出的任何设想不做理性分析与评判的规则，分析评判会在头脑风暴后进行。对参与者提出的想法进行过早的判断和评价是非常有害的，这样会影响参与者的参与热情，产生思维限制的负面效应。一方面，创新性的想法往往源于“不靠谱”的设想，看似不符合逻辑或不可实现的观点，在特定情况下也许是可行的。另一方面，头脑风暴需要靠一个想法来激发参与者产生更多的想法，过早地评判会消灭由此可能带来的更多、更好的想法。一般来说，延迟评判可以为头脑风暴多产生 90% 的想象。因此，过早的判断是创造力的克星。头脑风暴过程中要规定鼓励创新，禁止对他人的设想评头论足，避免有冷漠、摇头、皱眉、叹气甚至直接质疑否定的表现。

3. 多多益善，以量求质

头脑风暴的效果主要有赖于参与者在活动中产生新设想的数量。高质量设想的获得是建立在足够数量基础上的，通常情况下，数量越多才可能得到更多创造性的设想。也就是说，头脑风暴首要的目标是尽可能多地产生新想法，多多益善。至于设想的质量问题，可以在头脑风暴后的综合归纳与分析阶段来关注。头脑风暴的组织者要遵循这一原则，在活动的前期准备、活动进行过程中尽量建立宽松氛围和激励机制，以取得尽可能多的新设想。在头脑风暴活动后，如果没有找到理想的、高质量的解决方案，有可能是数量不够，还需再次组织头脑风暴活动，直到问题得到圆满解决。

4. 借题发挥，善用联想

头脑风暴活动之所以能产生多于个人设想数量的简单加和，主要是因为头脑风暴是基于团队结构化思维互补基础上，通过他人想法和思路可有效激发、启迪个人想法的产生。头脑风暴产生的新想法，除了来源于参与者个人独立思考提出的，还来源于借助他人想法或思路而产生的。因此，头脑风暴过程中，组织者或主持人告知并鼓励参与者多关注、多借鉴他人想法与思路，充分运用联想思维，在他人思路观点上进行补充、拓展、叠加、综合、发挥等方式思考，以贡献更多的想法。有时候，参与者巧妙利用他人设想，会产生思维火花与灵感，产生更多、更具创造性的想法，甚至将风暴引向出人意料的方向。

5. 质疑评价，平行思考

头脑风暴的最终根本目的是产生新的、可行的创意或解决方案。运用头脑风暴法解决问题时，不能只停留在产生很多想法的直接头脑风暴阶段，还必须进行头脑风暴的质疑和评价步骤。头脑风暴产生出许多新设想后，通过对提出的各个设想逐一质疑（如限制性因素），进行系统、全面的分析评论，得出肯定或否定的意见并形成意见一览表。在一览表的基础上，对肯定的设想进行深入分析、综合，形成最终较完善的解决方案。在此步骤中，为提高分析的深入性和全面性，经常采用平行思考法。平行思考法最常用的工具是“六顶思考帽”，相关内容将在第二节作详细介绍。

（三）头脑风暴实施步骤及要点

头脑风暴活动的实施操作可大致分为三个阶段：头脑风暴前、头脑风暴中和头脑风暴后。下面按照这三个阶段详细介绍其操作步骤及要点，便于组织并提升头脑风暴的效果。

1. 头脑风暴前

（1）明确头脑风暴主题与目标。头脑风暴实施前，首先要明确中心主题、通过头脑风暴要解决的问题、要实现的目标和结果。然后，通知或与参与者当面沟通，准确告知主题和目标，以使参与者做好相应准备。

（2）确定头脑风暴的方式。基于要解决的问题和达成的目标，充分考虑参与者的人员结构及其特点，分析影响头脑风暴氛围的因素，组织者要选择最恰当的头脑风暴形式。比如，有领导或权威专家参与，参与者性格多偏内向、不善表达，卡片法应是较优选择。

（3）选择合适的参与者。首先，头脑风暴活动参与者以 6 ~ 8 人为宜。其次，在角色结构上，一般要有主持人、专家、行外人士和记录员等参与者。在人员的专业或能力要求方面，所有参与者都应拥有较高的联想思维能力，同时最好选择具有对风暴主题有深刻理解者（设想产生与分析）、方法论者（主持）和逻辑思维者（演绎）等特长的人员。

（4）充分准备相关资料。头脑风暴组织者，要注意收集整理与风暴主题相关的信息和资料，并提前把这些材料发送给参与者。相关性资料越多越好，方便参与者理解主题并做好提前思考。同时，要注意给参与者充足的时间理解、把握相关信息，以免头脑风暴时偏离主题或脱离活动目标。另外，还应准备好饮品、零食、纸笔（彩笔）、电脑、投影仪等相关物品。

（5）确定合适的场地。头脑风暴的场地环境选择也很重要，活动场地会影响参与者的心态和思维活跃度，间接影响头脑风暴活动的组织效率与结果质量。一般来说，宜选择具有相对封闭、远离干扰、宽敞明亮、轻松温馨氛围并备有白板、纸张、网络等工具条件的场地。

2. 头脑风暴中

（1）宣布规则。头脑风暴活动开始的第一步是主持人或组织者，将本次活动采用的方式及规则、流程、时长、分工和注意事项向参与者介绍清楚，便于活动的顺利高效开展。特别是要强调头脑风暴的基本原则，比如鼓励疯狂和借题发挥、重数量轻质量和延迟评判等注意事项，提醒并激励参与者积极参与，营造良好的氛围。

（2）暖场热身。为使参与者尽快进入状态并打开思路，适当开展短时间的破冰、创新思维小游戏等暖场活动往往是必要的。破冰活动可以采用“相识有创造力的我”等类似的小游戏，不仅可以增进相互了解，还可以激发创造性思维，营造自由、默契、放松的氛围，使参与者尽快进入无拘无束、自由想象、相互启发的状态。为打开思路，也可以采用创新思维训练的小游戏（如故事接龙），在轻松有趣的氛围中活跃大家的思维。

（3）调动控制。在头脑风暴开始阶段，为引导参与者积极发言，组织者可以事先安排好第一个发言者，也可以自己带头抛砖引玉，使活动尽快打开局面并进入“风暴”状态。如果头脑风暴开局不理想，主持人或组织者也可以采取询问、指定发言（较活跃的人）和自己先抛出观点想法等方式，激励参与者踊跃发言。

头脑风暴进入“风暴”的良性状态后，组织者只需要根据现场情况，依据“头脑风暴”的原则来进行适当的提醒、梳理、控制和总结即可，引导平等参与，避免形成少数派“独角戏”局面，保证讨论不偏离主题，层层推进。需要指出的是，头脑风暴过程中不要担心冲突，积极的冲突是必要的（对事不对人），有时候还可以适当、主动地制造些许冲突，以激发参与者进入积极的心理状态。当头脑风暴过程中出现冷场情况，组织者要重新表述主题并引导反思是否需要调整问题及讨论的思路，也可以通过中场休息等形式调整节奏，打破停滞状态。另外，有时候还需要注意控制时间与节奏，避免没完没了的细节讨论、“原地打转”或因拖沓而浪费时间。

（4）做好记录。每个人的想法都很珍贵，参与者中的“记录员”一方面要做到不遗漏，另一方面尽量运用图表、不同颜色标识关键词等方法，做到层次分明、逻辑清晰而直观地表达出来，以方便参与者理解并引发新的想法。另外，头脑风暴过程中，如果受到他人启发，要尽量记录下来，以免错过突发灵感。

3. 头脑风暴后

（1）梳理筛选。头脑风暴产生创意想法后，首先要将产生的诸多设想进行梳理，按一定标准形成分类。对同类别的设想通过核实，进一步表达准确，对重复的进行删减。然后，对各类别的设想进行初步定性筛选，形成较优创意设想清单。

（2）分析综合。按照较优创意设想清单，逐一进行重新表述，运用质疑头脑风暴法或平行思考法等方式深入分析其影响因素及可行性，做出取舍。然后，将深入讨论分析后的创意设想尝试进行不同逻辑、不同方式的排序与组合，综合大家意见整理成若干方案，再根据问题解决或头脑风暴目标实现程度的评价标准，如创新性、可执行性等标准进行方案的优先排序。方案排序再经过反复比较和筛选，最后确定 1 ~ 3 个优胜方案。

（3）形成结果。头脑风暴形成的优胜方案，还不是最终的结果。头脑风暴组织者一般会将方案交由专家（或领导）评审指导，整合专家（或领导）意见后形成最终结果。有时候，对方案的最终评审也可采用由头脑风暴参与者再次举行专题决策会议的方式，做出对方案的评价与处理。形成最终结果后，组织者要将结果分享给每位参与者并致感谢。

二、思维导图

（一）思维导图简介

思维导图（the mind map），又称心智图、心智地图、脑图、思维地图等，是由英国托尼·博赞（Tony Buzan）提出的一种辅助思考并以图像化表达的工具和方法，也指利用思维导图法进行思考所产生结果的图形化记录内容。思维导图的思考方式是思考者围绕一个中心关键词或主题，综合运用发散思维和逻辑思维，通过联想、构造、分类梳理等思维过程产生想法的一种模式，其结果用中心关键词或主题以辐射线条连接所有关联内容的图形呈现出来。

通过思维导图的架构与图像、线条、颜色和文字等视觉化呈现，可将原本杂乱的思绪和信息做条理化整理，形象、简洁地表达出基于中心主题的各个点之间的内在逻辑联系以及各子关键词的重要性及其层级关系。在此基础上，可重新检视想法与信息是否有遗漏或新的想法。因此，思维导图在思维模式方面具有聚焦性、发散性、逻辑性和系统性的特点，在呈现方式方面具有形象化、结构化、视觉化和简洁化等特点。思维导图有助于使用者突破思维限制、提升创新思维和逻辑思维能力及其效率、提高分析与归纳总结能力、增强记忆力和提升工作效率。具体如图 2－1 所示。

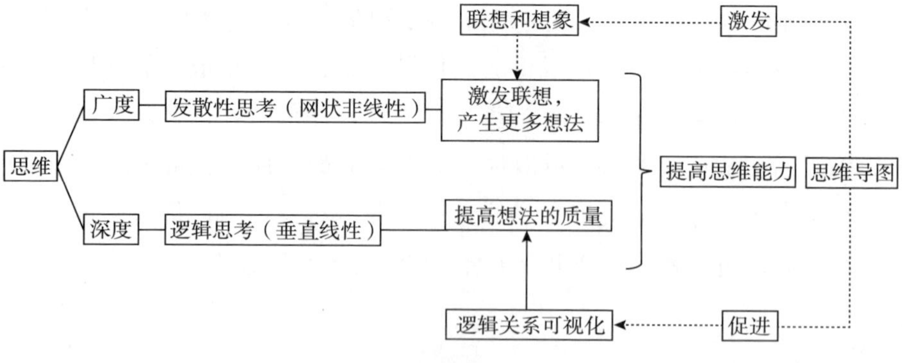

图 2－1　思维导图的特点与作用

理论上讲，思维导图可以应用于生活、学习和工作的任何领域。思维导图应用最多的领域是厘清思路、策划活动、准备演讲或演示、做学习笔记、分析解决问题、管理工作计划与任务、做决策、管理知识信息、开发新产品、管理项目和创意写作。对于个人来说，思维导图可用于厘清计划、做好项目管理、提高沟通效率、改进组织工作和分析解决问题等方面。对学习者而言，思维导图可用于记忆学习内容、做笔记、撰写报告和论文、演讲准备、思考分析问题和集中注意力等方面。职场人士在制订工作计划、沟通他人、管理项目、举行会议、实施培训、参与谈判、面试、评估工作和组织头脑风暴等工作过程中运用思维导图来提高工作的效率。

思维导图可同时调动人脑的水平思维（发散性联想）和垂直思维（逻辑推理）两种思维模式，结合图形化表现形式，因此在产生创意方面具有独特优势。在创业过程中，思维导图经常用于产生创业想法、分析市场信息、细分客户、设计与开发产品和梳理创业思路与计划等方面。图 2－2 是一个在估算市场规模时的应用案例。

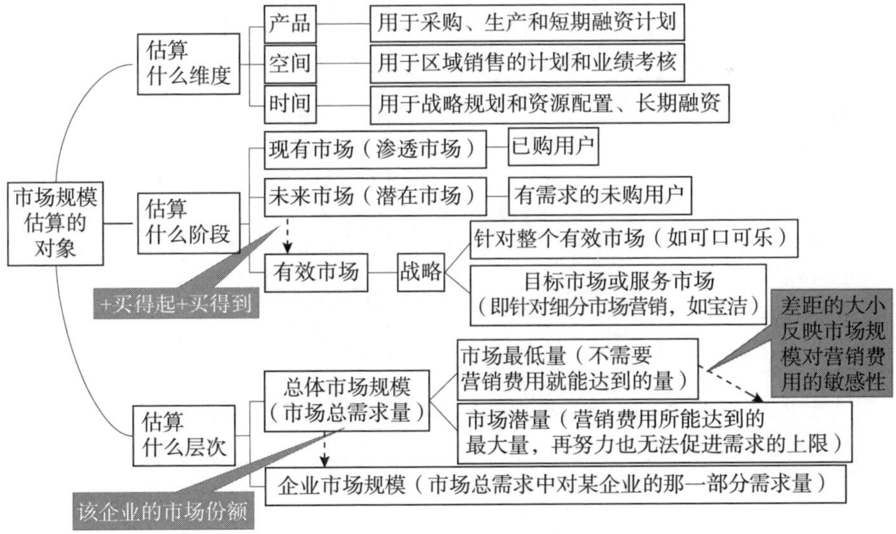

图 2－2　市场规模估算的思维导图

（二）思维导图的绘制方法与步骤

绘制思维导图有两种方法：一是利用电脑或手机端的专门思维导图工具软件来绘制；二是传统的在纸张上用笔绘制的手绘方法。目前，思维导图工具软件很多，比如百度脑图、MindManager、亿图、XMind、Mindmap、FreeMind、MindMapper、MindNode 和 MindJet 等。工具软件的选择，依个人习惯和运行的平台来确定即可。利用工具软件绘制思维导图，软件本身就有使用帮助，互联网上也有简单教程，很容易上手。无论是利用工具软件绘制，还是采用手绘方式，其绘制的基本步骤、规则和方法是相通的。图 2－3 是手绘思维导图的基本工具、技巧和要点。

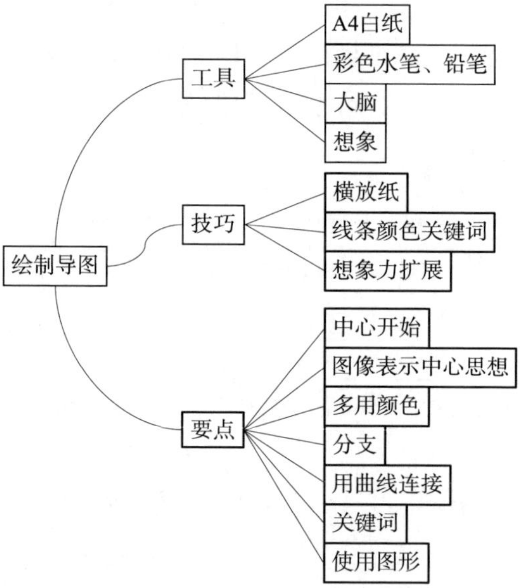

图 2－3　手绘思维导图的基本工具、技巧和要点

绘制思维导图一般有以下七个步骤。

1. 明确主题（中心关键词）并画出中心图

无论绘制什么样的思维导图，还是用什么工具来绘制，第一步都必须明确绘制的中心主题是什么，这是思考问题和绘制思维导图的“原点”。

明确中心主题之后，需要思考用什么关键词可表达出主题的核心要点，还可以考虑结合关键词，用什么样的图像或图形做直观、具体的形象化展示。需要注意的是，中心图不一定要特别“漂亮”，能简洁表达出主题即可。

2. 围绕主题收集信息或深入思考

确定主题和中心图之后，绘制者需要围绕主题收集相关信息与内容，或者通过发散性思维全方位、系统思考与主题相关的想法。这一步骤是最重要的，因为必须有足够丰富的内容信息或想法才能达成目的，而后才能绘制出令人满意、有价值的思维导图，切忌仓促略过。因此，这一步骤应多花费时间和精力，尽可能地做到位。如有必要，可借助互联网搜索引擎或头脑风暴等方法，提高信息内容或设想的准确性和丰富性。

3. 对信息或想法进行梳理归类

收集到足够的信息或产生足够多的想法后，绘制者需要对这些信息内容进行系统梳理，按一定逻辑层次梳理并进行“分层”和“排序”。此处的分层与排序，不一定按严格意义上的标准化进行分类。绘制者可根据自己的经验或想法，设定好维度和依据，做简单的分类与排序即可。如果有不合适归类或某些分类信息过多的话，也可以自行设定层次及顺序，可适当调整分类层次和排序标准。在此过程中，如果有新的信息或想法，可以直接在各层各级直接添加。

4. 绘制主干线条及其分支线条

完成第三步的信息归类后，就可以按照分类的层级，从中心图出发绘制主干线条及其分支线条。一级分类为主干线条，二级分类为主干线条后的枝干线条，依次类推。需要注意的是，在绘制线条时可根据各级分类信息的多寡，合理分配空间布局，给分支多的线条留出足够的空间。一般来说，主干线条要粗于分支线条，线条多采用曲线而非直线，线条的长度主要参考分类关键词或图形图像的实际需要而定。

5. 为线条添加关键词和颜色

前面的步骤完成后，这一步就非常简单了。按照既定的思路和分层排序信息，斟酌每个线条的“关键词”，力求简洁精练准确。关键词的提炼需要绘制者具有较高的概括、探求本质和表达能力。线条关键词一般写在线条的上面，不宜超出线条的长度，且最好留出后期绘制图形图像的空间。然后，根据信息的类别，可为线条添加不同的颜色以作醒目区分，同时提高思维导图的美观程度。

6. 图形化（图像化）润色

通过前五个步骤，其实思维导图已经被初步绘制出来了。为打开我们的想象力，提升思维导图的视觉化和降低记忆、理解难度，绘制者还可以对上述呈现出来的思维导图进行图形化润色，更好地发挥思维导图的特点和作用。根据个人需求和能力，绘制者可在每个线条的关键词旁绘制小幅能够反映并丰富其含义的图形图像。一般来说，思维导图中的图形并不要求“美术”层次的绘画水平，用一些图示、图例、箭头记号等简图，也是可行的。

7. 梳理完善内容与思路并补绘

为使绘制的思维导图更完善，思路或解决方案更合理，有必要对初步绘成的思维导图进行重新梳理和检查，看看图中哪些地方层次可以更合理，哪些信息内容可以调整和补充，哪些细节需要进一步思考和修改。这个重新梳理和完善的步骤，可以在前面步骤绘制完成后立即进行，也可以搁置一段时间，或通过实践检验后再进行。最后，把这些调整和优化完善的内容补绘到思维导图中，就可以得到一幅相对“完美”的思维导图。

（三）绘制思维导图的要领与技巧

绘制一幅好的思维导图，除了要掌握绘制的基本方法和步骤，还要掌握一些基本要领和技巧。绘制思维导图的要领和技巧如图 2－4 所示。

图 2－4　绘制思维导图的要领和技巧

1. 绘制思维导图的要领

绘制思维导图的要领主要有：可视化、发散性思维、关键词和逻辑与分类。思维导图使用者是否能有效运用思维导图，取决于这几个要领的熟练应用程度。

（1）可视化。思维导图分为三种：文字型、全图型与图文结合型。思维导图的优势和特点，在于其直观清晰的结构化、图形化表达。因此，线条、颜色、图标和图像等可增强思维导图可视化效果的元素，需要统筹、灵活运用，做出脉络清晰、“颜值”较高的思维导图来。需要注意的是，思维导图是思维优先、“颜值”加分，也就是说颜色、图标等的绘制是第二位的，是服务于思维逻辑的表达和展示的形式。使用者绘制出图文结合、逻辑清晰和重点突出的思维导图就可以，图的美观和精细程度适可而止，切忌造成混乱和负担。可视化的要领是：线条按层次粗细有别，颜色按模块内容区分，图标图像适当形象。

（2）发散性思维。有人说，思维导图的真正精髓在于训练发散性思维、增强发散性思维的效果。思维导图的一个重要应用是产生创意或提出问题的解决方案。通过思维导图的绘制可引发新的发散性思维，同时通过思维导图的图文信息有利于启发思维，产生更多的想法。反过来说，发散性思维是绘制思维导图的前提和基础，必须打开思路并产生足够的想法和信息，才能将思维导图绘制出来。发散性思维的要领是：结合头脑风暴法产生足够多的内容信息，充分联想。

（3）关键词。关键词是思维导图的核心内容与思路表达的关键。好的关键词可准确、系统、清晰地表达内容的主旨，同时有助于思维的梳理记忆和思维联想。关键词一般具有概括性、目标性和内涵性等特点，关键词组合起来往往具有层次性、系统性和逻辑性等特点。因此，关键词的选择就是思维梳理的过程，是对内容消化理解和问题分析的过程。写关键词的要领是：尽量用名词或动词概括核心意思，选取使人印象深刻的词语，照顾各级关键词的逻辑关系。

（4）逻辑与分类。思维导图本身就是对思维与信息的逻辑及分类的直观表达。如果逻辑不清，分类不明确，思维导图是很难绘制出来的。因此，思维导图在绘制前就需要将思路与信息的逻辑与分类梳理清楚。一般来说，可从思维导图的逻辑中心进行系统性、整体性思考，运用事务流程、事物描述、比较对照、常规分类、因果关系、整体局部、类比等方法，结合内容信息的实际进行统筹安排逻辑与分类。逻辑与分类，没有现成的模式，绘制者可根据自己的需要和经验进行自主定义。逻辑与分类并不是一成不变的，也没有标准答案，有可能会出现思考不周全而需要修改、调整和增删的现象，绘制者可根据情况进行灵活调整。逻辑与分类的要领是：符合绘制者的逻辑，分类有基本依据，逻辑清晰，层次分明。

2. 绘制思维导图的技巧

《博赞脑力训练手册之思维导图》[1] 一书的第四章讲解了思维导图基本技巧规则的四个方面：突出重点、运用联想、清晰简要和形成个人风格。

（1）突出重点。思维导图的绘制首先要做到重点突出。为便于记忆释读，思维导图要以核心主题（图像）为中心，通过线条的粗细程度及其填涂的颜色，关键词与图像大小等清晰标识出其层次等级和重要程度。一般来说，距离核心主题（图像）越近、线条越粗、颜色越重，则表明其越重

[1] 东尼·博赞. 博赞脑力训练手册之思维导图［M］. 北京：北京联合出版公司，2016.

要，层次也越高。

（2）运用联想。运用思维导图产生创意或解决问题时，需要运用联想进行发散性思维，以产生较多、较好的想法。联想通常可以采用接近联想、类比联想、对比联想、相似联想、相关联想和因果联想等方式，建立与核心主题及各级关键词的联系，达到迅速扩展思维的效果。在思维导图绘制过程中，通过色彩描绘、关键词提炼等操作，也会激发绘制者的思维灵感，进而引发出系列联想。多训练并充分发挥联想思维的作用，是思维导图绘制的关键技巧之一。

（3）清晰简要。思维导图切忌混乱复杂。各级线条要节点清楚，不能交叉；每个条线上只能有一个关键词，而不是描述性句子。图标图像也要对应线条与关键词，不能太多、太乱。绘制者可使用层次结构和数字顺序，以绘制出清晰简要的思维导图。总之，如何清晰表达出内容的层次与逻辑，用简要的文字和图像直观表达出内容的核心信息，亦是思维导图绘制的关键能力之一。

（4）形成个人风格。思维导图会因使用者的思维方式、行为习惯和使用目的不同而有不同的表现形式。不同风格、不同表现形式的思维导图，并无高低、好坏之分。我们鼓励思维导图使用者通过不断实践，结合个人特质与需求，逐渐形成个人风格。思维导图使用者形成个人风格与习惯，有助于提高思维导图的绘制效率和使用效果。

第二节　创新方法

一、六顶思考帽

（一）六顶思考帽简介

“六顶思考帽”是用六顶不同颜色的帽子来比喻六种不同的思维方式与模式。图 2 – 5 是六顶思考帽的思维方式及其特点的思维导图。

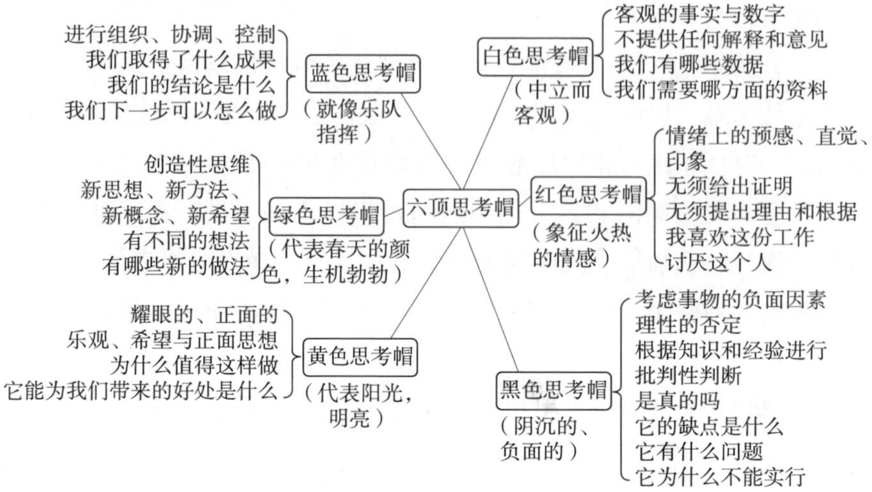

图 2-5　六顶思考帽的思维方式及其特点

运用六顶思考帽进行思考和分析问题时，要求使用者在一定时间内只扮演一种角色、使用一种思维方式（只戴一顶帽子）来考虑问题，按此规则依次使用不同思维方式对同一问题进行多方位的思考，以克服主观情绪的影响，破除思维障碍与混乱状态，避免片面观点和自负心理，建立起集中、有序、具体、积极而全面的思维模式，从而找到创新、可行、更优的解决方案或创意。对团体使用者而言，六顶思考帽有助于避免参与者之间的思维与情感对抗，能够有序地引导并激发大家产生更多的想法和观点，使问题的分析与思考更全面、更清晰、更具有创造性，大大提高团队协作效率与思维质量。实践证明，六顶思考帽是一个简单可行的思维管理工具，无论对个人还是对团队都极其有效。六顶思考帽现已广泛应用于思维训练、问题解决、科学决策、沟通谈判、创意策划、创新创造等领域。

（二）六顶思考帽的规则

1. 白色思考帽

（1）白色思考帽的含义与特征。

白色思考帽（以下简称“白帽”）是使用者以“中立而客观”的立场

与角度进行思考，努力寻求并展示出与问题（或观点）相关的客观信息、事实和数据为目标的思维方式。白帽思维的根本特征是中立。白帽只关注客观现实的信息，使用时要尽力排除主观的直觉印象、未加验证的经验推论或判断的观点，只保留确凿的事实信息。白帽的使用者要像“法官”对待案件证据一样尊重事实，并持中立的立场。白帽的典型表达方式是用数据信息陈述事实，比如“停车场里停了 287 辆车”“合同的有效期还余 35 天”等。

（2）白帽的运用原则与方法。

① 紧紧围绕主题收集信息。在运用白帽时，要求使用者将注意力聚焦于主题，切忌脱离主题。使用者要紧紧围绕这几个问题进行思考与呈现：目前有哪些事实与信息；还缺少哪些信息；如何获得这些信息。为避免被过多冗余信息干扰，通过以上问题，对相关信息进行相关性与准确性评估，可做到对所需信息进行集中筛选与优化梳理。

② 摒除主观，做到中立而客观。在运用白帽时，使用者要把自己想象成无情感的计算机或网络，通过“输入”主题关键词或问题，即可“输出”相关的数据或事实信息，而非基于个人知识经验做出的推理或预测。列出这些事实与数据，不需要任何解释，只需标明出处，这样才能消除主观影响，做到中立而客观。

信息根据真实性与客观性可分为两类：未经检验核实的事实信息和已经检验核实的事实信息。为做到中立而客观，使用者在收集、提出事实与数据时，一方面要树立信任事实与检验事实的思维方式，另一方面要时刻注意区分客观事实和主观推论。既可通过“这是谁的事实”“这是事实还是可能性”“这是事实还是看法”等问题进行澄清，也可通过明确弥合事实与推论两者差距所需的支持行为的方式，有效避免将推论当作事实。当使用者提供的信息不一致甚至产生冲突时，只需将这些信息列举出来即可。如果信息确实冲突且非常重要，可通过调研等方式进行验证，以确定准确而客观的信息。

③ 有效运用信息收集与分析工具。为保证所提出的事实信息客观、真

实，避免主观推理判断与认知偏差，做到对事实与数据的“镜像”反映，使用者可采取一些必要的收集、分析信息的工具做辅助，如调查问卷、网络搜索引擎、数据库等。通过有效运用这些工具，一方面可以保证信息对称、事半功倍；另一方面可以增强信息的客观真实性与准确性。

（3）白帽的作用与价值。

白色代表中性或不偏不倚。白帽的思维本质是一种思考问题的规则和方向，它让使用者在思考时排除主观干扰并提高效率，提供信息时更为中立而客观。一方面，白帽的主要目的是集中精力寻求并展示关于主题的事实信息，即根本目标是获得纯粹的、客观的、确凿的事实与数据，为科学有效地决策提供准确依据；另一方面，白帽有助于定位思考的方向，通过澄清已有、缺乏、所需和遗漏的信息，提高思考的效率和效果。

（4）白帽的运用难点。

① 两类事实的采用。事实可分为未被验证的事实（主观认定的事实）和被验证的事实两类，两者有很大差别。在运用白帽时，主要采信被验证的事实，但未被验证的事实也可以采信，只不过在利用这些事实做决策时需要检验，属于次级事实。白帽思维的首要法则是界定清楚两类事实的层次，不能任意提高任一事实的层次。未被验证的事实也是必要而有用的，它们往往提供了思考的框架，是实验性、假设性思考的基础。在采用未被验证的事实时，使用者的中立态度是关键。使用者要没有任何“私心偏见”，只是将这些次级事实如实地列举出来。在特别重要的时候，可以将次级事实当作验证事实来处理。

② 事实的真实性分析。事实的真实性是相对的。通常情况下，一项事实的真实性程度的表达有以下方式：总是为真；通常为真；一般为真；整体来说为真；大多情况为真；半数为真；经常为真；有时为真；偶尔为真；曾经为真；从不为真；不可能为真（矛盾）等。

一般来说，“总是”“通常”“一般”“整体来说”“大多情况”是需要采信的。白帽使用者要尽可能地了解事实本身及接近事实的信息。需要指出的是，白帽使用者要澄清以上事实真实程度存在的差别，基于事实信息的可使用性，特别是该差别有可能是问题关键的情况下，要尽可能清晰地界定其对思考与决策的影响，以决定是否采信。事实信息的真实性，要根据具体情况进行具体分析。

2. 红色思考帽

（1）红色思考帽的含义与特征。

红色思考帽（以下简称“红帽”）是使用者从个人情绪、感觉和非理性的主观立场与角度出发，直接表达对问题或观点的主观直觉、感受、看法、预感等信息的思维方式。与白帽的中立而客观、不带个人感情色彩恰恰相反，红帽是直接表达个人情绪与直觉判断。红帽思维的主要目的是发挥个体的情绪情感、经验直觉、个性特征，以及其他非理性、非逻辑性预测在看待问题与思考问题方面的特殊作用，以达到意料之外甚至创造奇迹的效果，可弥补传统思维刻意排除或回避个人因素干扰思考的不足。红帽的使用者需要从个人角度出发，以强烈的情感色彩给出结论或表达观点，而此时无须解释和证明，也不必给出原因、根源和回答“为什么”，不在意是否合乎逻辑。红帽的典型表达方式是用情绪化方式清晰地给出个人观点，如“我认为他是这个岗位的最佳人选”“我感觉这个方案不可行”“我喜欢这个创意”“我不喜欢甚至讨厌它”等。

（2）红帽的运用原则与方法。

① 非理性思考，不必合乎逻辑。人是情感动物，红帽的思考方式是人运用情绪感觉进行非理性层面的一种思考，完全没有分析与逻辑推理的过程。红色代表激情与感性，红帽的使用者不仅要以非理性的方式进行思考与表达，还要从“我现在的感觉是什么”“我的直觉判断是什么”“我的第一直觉反应是什么”等方面来进行思考，给出带有个人感情色彩的认识。在表达这些认识时，无须考虑是否理性、是否合乎逻辑。

② 直觉思考，不必论证或解释。红帽的思维方式是把个人的情绪、情感作为提升思维质量的积极因素，并将其作为一种思考角度和工具加以利用。在运用红帽时，使用者可以利用个人直觉进行思考。在思考与表达过程中，使用者不需要考虑观点是否正确、是否经得起论证，也无须证明和

对观点进行解释说明。总之，将自己的直觉或感受清晰地表达出来即可。

③ 限定时间表达，合理决策运用。在运用红帽时，为了避免理性思维的干扰，使用者需要在短时间内（一般将时间限定在30秒以内）立即表达出感性判断或直觉预感。由于红帽的使用者给出的是情绪反应，感觉都是有价值的，而直觉未必都是正确的。虽然我们认可预感的价值，但不能凭此就做出最终决定。因此，运用红帽思考方式产生的感觉信息，仅可作为最终决策的参考，往往用在做出决定之后使用，即用非理性的直觉思维来验证决策的合理性。也就是说，红帽是决策思考的组成部分，常用于决策思考的修正、补充与非逻辑检验等环节。在决策思考时，要尽量避免过度使用红帽。

（3）红帽的作用与价值。

① 提供情绪表达渠道。人的思考会受环境与个人情绪情感的影响。在思考时，如果不能表达个人情绪情感，它们依然客观存在，并且会影响思考，如愤怒、怀疑、憎恶、热爱等情感，甚至会左右人的思考。因此，认清情绪情感对思维的影响，有利于思考者将隐藏的情绪以婉转的形式表达出来。不管是纯粹的情绪，还是自我感觉或某种预感，红帽都为其提供了正式表达的渠道。该渠道还可以起到情绪转换的作用，戴上红帽后尽量做到婉转地表达情绪情感，避免让人觉得受到攻击，减少争辩甚至争吵，让参与思考者不用猜测，直截了当地了解其主观反应，创造出良好的思考环境。同时，合理利用情绪情感表达，可以引导思维朝积极、全面的方向发展。

② 有效发挥情感的作用。一方面，人的情感复杂，如直觉、价值观、个性特质、美感、不易证明或表达的模糊感觉等，都是思考过程中的客观存在。在运用红帽思考方式时，需要发挥其作用与价值；另一方面，红帽思考方式有利于参与思考者之间的情感沟通，加深对自我和他人优缺点的深入认知，达到相互启发、认同甚至产生意想不到的积极作用。另外，从思维决策的角度来看，红帽思考方式有利于产生情感化、人性化的思考决策，可让思维决策更具情感价值。因为每个决策都有其价值基础，而人对

价值的反应是情绪情感化的，所以任何思考后的优良决策都会掺杂并诉诸人的情感。

③ 有效发挥直觉的作用。直觉有两种含义：第一，表示个体突然间产生的顿悟、洞察力或对某一事物的全新认知。这种直觉非常具有创造力，往往会导致新的创造、发明甚至重大发现等。第二，对某情境状况的即刻认识。这种直觉是建立在个体已有知识经验基础上的模糊判断，可发展为预感（预感是直觉基础之上的假设）。直觉往往会让我们的思维更具有创新性和迅捷性。当然，直觉有时也会有错觉，会误导人们的思维。因此，在运用红帽思考方式时，要注意避免和排除。

（4）红帽的运用难点。

① 认可情绪和感觉在思考中的地位。传统观点认为，情感对思考过程是不利的，会干扰思维过程甚至产生思维混乱或主观偏见。但我们应该认识到，情感是大脑思考所必需的一部分，能使思考符合个人需要和特定场景，而非单纯的负面干扰。因为人是社会化的情感动物，其思考行为大部分是社会学行为，而非单纯的自然科学行为。在很多情况下，人的非理性情感会对思考起到重要而积极的作用。我们要掌握并利用思维中情感的合理性部分，以提高思维效率和质量。认可情绪和感觉在思考中的地位，是有效运用红帽的前提。

② 合理利用红帽辅助思考。在运用红帽时，往往是在特定情境下，如在会议中收集对某项建议的各种看法时，或者在权衡复杂判断及微妙情感观点时，适合让参与者“戴上红帽”进行思考与表达。需要注意的是，在运用红帽时，思考者不能随意改变发表的直觉意见，因为人的情绪与感觉会随环境、时间、场景等的变化而变化。

运用红帽的目的是让人真实表达个人感觉而不是下结论。因此，在运用红帽时，要注意某些场合不宜先使用红帽，如领导直接表达个人情绪倾向而给思考定调、设置障碍与局限等，以避免影响思考进程和结果。另外，还要注意避免过度使用红帽。

3. 黄色思考帽

（1）黄色思考帽的含义与特征。

黄色思考帽（以下简称“黄帽”）是使用者从正向、积极的方面出发，尽力寻求、产生并论证问题或观点所包含的充满希望、积极乐观、有建设性与价值贡献观点的一种正面思考方式。黄帽思维的主要目的是引导使用者乐观专注地去正面思考并挖掘事物积极有利的方面，尽力寻求可为未来带来建设性的、可实现的利益或价值。黄帽使用者在积极乐观思考时，需要由理想主义过渡到现实主义，即不能盲目乐观和简单预估，需要提供合乎逻辑的可行性理由与证据。黄帽思维具有前瞻性，探求各种可能的机会与价值，具有远见、希望与梦想的特征，同时还具有逻辑合理性，专注于如何操作、实现并取得效果。黄帽经常采用的问题思考方式有“这会有或可能有什么利益（价值）”“这有哪些积极有利的因素”“存在哪些有价值或积极的方面”“为什么可做或尝试做这件事”“这样会带来哪些积极正面的影响或结果”，等等。

（2）黄帽的运用原则与方法。

黄色代表明亮的阳光。黄帽思维具有积极乐观、正向肯定和推测价值实现的建设性思维特征。

① 以积极乐观、最好的方面思考。任何事物都有积极与消极两个方面的特征。即使那些看上去没有任何积极价值、负面特征的事物，如果从积极的方面进行思考，也能找到有利的价值点。用充满希望的眼光和追求成功的积极态度去看待事物，往往会发现其从未想到过的价值。在运用黄帽时，要求使用者以积极乐观的态度去思考。

② 以建设性、最理想的前景层面思考。有些事物或问题观点，从当前或短期利益来看，可能是没有积极价值和可实现性。但黄帽思维更侧重未来利益，而不是仅局限于当前现实。黄帽思维要求使用者着眼于长远发展，从长期建设性和理想价值层面进行思考与推理。

③ 以逻辑性、可实现的条件理由论证。黄帽的思考方式本质上是一种理性的逻辑性思维。因此，要避免没有实现可能性的“胡思乱想”，而要思

考获得积极价值与结果的可能性有多大，实现它需要哪些条件。黄帽思维要求使用者对正向判断和积极想法提供理由证据和可行的逻辑证明。

（3）黄帽的作用与价值。

① 有利于培养积极正面的思维。人的大脑具有天然的“避险”思考机制，因此，大部分人比较擅长批判性思维，即习惯于“挑刺”和否定。黄帽思维是以好奇心、尽力促成好结果等强烈愿望为态度基础，有利于使用者克服消极、负面思维。为了解决问题和达成目标，我们更需要培养和发展“价值发现”的积极思维。黄帽就是强制我们以正面、乐观的方式去看待和思考问题，有助于我们养成“价值敏感”的优良思维习惯。戴上黄帽，使用者需要专注地去思考并寻求事物的积极且有利的价值信息，有时会出现并不可行的建议，但会发现积极方面竟然有意想不到的价值。

② 有利于达成具有建设性且可行的目标。黄帽思维方式的核心目标是通过努力探求事物的优点，然后分析实现的条件和影响因素，并找到理由和证据证明是可行的，从而达成目标与最优结果。也就是说，黄帽不仅要思考并提出“白日梦”，还需证明其价值及现实可行性。因此，黄帽思维有利于提升实现目标的能力。

（4）黄帽的运用难点。

在运用黄帽进行思考时，首先要求使用者具备一定的创造性思维和运用创新方法的能力，才能发现事物的积极方面，提出较多有价值的建议和想法；其次要求使用者不能盲目乐观和异想天开，还需对产生的想法深思熟虑，并作逻辑分析和证明，厘清实现的条件，找到可行的路径。一般来说，想到事物的优点和价值不太难，难的是为这些有价值的想法找到实现的方法和路径。

4. 黑色思考帽

（1）黑色思考帽的含义与特征。

黑色思考帽（以下简称“黑帽”）是使用者以小心谨慎、警惕、审视的态度，对事物或观点进行质疑反思和分析，力求找出错误和问题、分析风险与困难的一种批判性辩证思考方式。黑帽思维着重于思考事物存在的矛盾、危险、障碍、困难或问题，提出应避免的、无效的、行不通的、不符合的及是否确凿等负面内容，分析资源条件限制、政策法规、战略目标、价值规范等是否符合，以避免犯错。黑帽思维的本质特征是理性的否定。黑帽经常采用的问题思考方式有“基于提供的证据，能够得出这样的结论吗？这是唯一可能的结论吗”“这么想有个错误”“我们应该采用这个方案吗”“我们需要克服的缺点或困难有哪些”“如果我们这么做，可能有什么风险”“符合我们的实际情况吗”，等等。

（2）黑帽的运用原则与方法。

① 逻辑地否定与纠错。在运用黑帽进行思考时，使用者是以否定的眼光去看待一切，尽力发现各种错误和可能存在的问题。具体思考时，可以采用先假定是否成立，然后寻求证据或理由，通过逻辑分析与检验是否能证明假定是成立的。如果可以轻易证明假定成立，则说明原结论存在错误或严重问题；如果很难证明假定成立，则说明原结论基本没有问题。需要注意的是，否定建立在严谨的逻辑分析基础之上，不能凭空断言。黑帽思维的主要价值之一是通过逻辑否定的分析过程，发现错误与问题并进行纠正。

② 理性地批判与质疑。黑帽是运用消极、负面和批判的方式去思考问题。黑帽使用者总是思考最坏的结果是什么，存在哪些风险与困难，质疑可行性与确定性程度，发表各种负面反向的意见。需要注意的是，这种批判与质疑不应是有情绪的偏见或成见，而应是无情感色彩的理性、客观的思考与分析。

③ 谨慎地推理与论证。黑帽思维的原则是大胆地进行否定假设，严谨系统地进行求实论证。黑帽使用者提出的怀疑与否定，是建立在一定知识经验基础上的逻辑判断，可大胆假设想象，但不能是毫无边际、毫无根据的。提出质疑和问题后，需要全面思考这种质疑是否有足够的理由和逻辑证明其成立，并分析这些问题出现的可能性及其条件，以证明质疑或否定的合理性与正确性。

（3）黑帽的作用与价值。

① 避免错误，规避风险。简单地说，黑帽思维就是“鸡蛋里挑骨头”，

总是充分思考并分析最坏的情形。黑帽思维方式有利于我们发现隐藏的思考错误，找到可能的风险、缺陷与困难障碍，从而有效发挥避免错误、规避风险的作用。一般地，人们通常善于发现自己的优点和别人的缺点，而黑帽思维有利于发挥“看别人缺点”的这种心理，找出问题，完善优化思维结构。

② 深入严谨，求实检验。黑帽思维是以否定、质疑的方式，促使我们对事物或问题的思考与判断更深入、更全面，让我们的分析与推理论证更充分、更严谨。黑帽思维是运用谨慎、悲观的态度，引导我们的思考尽可能地贴近现实、逻辑正确并取得验证，从而让我们的思考做到全面且正确。

（4）黑帽的运用难点。

① 否定容易贡献难。在运用黑帽时，提出否定观点并证明其存在的问题或风险，一般是比较容易做到的。只做到这一步还不够，还需要“有破有立”，做到否定的同时，可贡献出新的、可行的、更好的建议，但实现这一点是比较困难的。

② 理性逻辑地批判。在运用黑帽进行思考时，要求思考者不受个人情绪的影响，理性地分析与批判问题。但现实情况是，批判者容易产生批判别人的满足感，而建议的提出者可能不会轻易“认错”或“认输”，接受批评或批判时也很难做到情绪不波动。因此，很容易出现争论、冲突甚至攻击的情形，黑帽思考者的情绪被带动后，就不容易做到理性逻辑地批判。

另外，大多数人擅长提出批判，但未必擅长逻辑地批判。黑帽思考者要在提出相左意见或质疑观点时，尽量做到有理有据、逻辑严谨。

5. 绿色思考帽

（1）绿色思考帽的含义与特征。

绿色思考帽（以下简称“绿帽”）是使用者运用创造性思维和创新方法，不拘泥于现实情况，针对改变现实情况而提出新的想法、观点，列举并排列可能实现的新选项，以改变、修正和完善既有的思考，找到解决问题的新途径和新思路。

绿色象征着生机和成长，寓意创造和想象。绿帽思考的主要特征是

“新”与“变”。绿帽思考的方式方法主要是运用假设或假想、发散思维、侧向与逆向思维等方式进行创新探索性的思考。绿帽常采用的问题思考方式有“还有其他可选或可能方案吗”“还有哪些更具创造性的想法与建议”“假想或假设在某种情况下，还有哪些新办法解决该问题”“有哪些新的或可变通的方法可以克服黑帽提出的问题与困难”，等等。

（2）绿帽的运用原则与方法。

① 寻求更新、更优的选择。在运用绿帽进行思考时，要求使用者往两个方向进行集中思考：第一，思考产生全新的创意或方案来替代现有的、旧的创意或方案；第二，思考产生更好、更现实可行的创意来进一步拓展、优化现有的创意或方案。因此，绿帽使用的首要原则是产生更多、更新、更优、更可行的创意或方案。

② 以假设诱发假想。运用绿帽寻求更新、更多的可能性方案时，往往需要利用假设和假想来激发创新思维。假设是对可能的选项定义一个假定的设想，以由此产生诸多创意。例如，假设智能手机作为手表的一部分，就可以产生哪些创意或解决哪些问题，由此可拓展创新的想象空间和产生诸多全新联想。假想是在假设的情景下产生的多种可能结果，是具体的场景。总之，为了产生创新想法，需要利用各种假设诱发各种假想，以此调动思维的想象力。

③ 以发展取代判断。一般来说，我们的思维习惯于判断，运用已有知识经验检验想法或观点是否与之相符。例如，这个想法好不好、可行不可行，就是运用思维判断力。在运用绿帽时，需要以发展的思维来代替判断思维。也就是说，在运用绿帽进行思考时，暂时不考虑想法的是非优劣，而着重思考由此能否发展出有价值的想法，能带来哪些进步效应。因此，绿帽运用的一个原则是，不能对想法进行评论或负面判断或直接否定，而是要在想法的基础上进行发展，以得出新的想法。

（3）绿帽的作用与价值。

① 发挥思考的“进步效应”。绿帽思考问题的重点是下一步还可以怎么做、做什么，如何用进一步的思路与方法来改变现状或获得更好的解决方

案，最终形成有创造力的修改意见。绿帽既有利于发挥思考的“进步效应”，也有利于思考者集中精力去发展并产生新的想法。

② 营造创造性思考机制。绿帽的关键价值在于让思考者或参与讨论的团队集中精神进行创造性思考，进而营造出一个审慎创造的思考方式与机制。通过运用绿帽思考，充分发挥思考者的创新思维，产生更多、更好的创意想法，寻找创造性的、更优的解决方案。因此，绿帽具有创造性思考、头脑风暴、求异思维等基本特点与功能。

（4）运用绿帽的难点。

运用绿帽的难点是要提出新的、更好的、更可能的想法选项，这要求使用者具有一定的创造力。绿帽思考方式是提供思考的方向和机制，但不能提升使用者的创造力。绿帽使用者需要熟练应用创新方法，如坐标交叉法、角色转换法、随意畅想法、加减法等创新方法和工具，以取得更好的效果。

6. 蓝色思考帽

（1）蓝色思考帽的含义与特征。

蓝色思考帽（以下简称“蓝帽”）是一种对思考的思考，也是对思考过程的控制，通过对思考的总体管理与控制，让思考过程更有序、更有效。蓝帽就像“乐队指挥”，一方面要定义思考主题，明确思考的目标与任务，将思考过程集中于核心主题与目标；另一方面要整体组织安排思考过程及程序，根据思考任务设计其他思考帽的运用时机和顺序，并在思考过程中观察、评论、整理结论等，实时控制与监督思考过程。

蓝色是广袤天空的颜色，象征着总揽全局。蓝帽思维的本质特征是对思考自身的系统指挥、控制与管理，其重点是流程控制、时间控制与争论控制。蓝帽经常采用的问题思考方式有“我们的主题是什么”“我们此次的任务目标是什么”“议程安排如何”“我们这一步做什么，下一步做什么”“该谁戴上何种颜色的帽子了”“我们都同意这个结论吗”，等等。

（2）蓝帽的运用原则与方法。

① 准确定义问题并围绕问题思考。在运用蓝帽时，首先要厘清问题的背景及相关信息，明确要解决和思考问题的关键，清晰表达并给出问题的

准确而具体的定义。其次要紧紧围绕定义的问题进行思考，指挥并注意集中参与者的思维，引导大家问正确且与主题相关的问题，切忌思维过于发散跑偏。

② 系统组织并控制思考过程。蓝帽的主要作用是让思考更有序、更高效。设定思考工作，就要知道什么问题、什么时候、用何种思维可以解决，第一步应该用哪种思考法，第二步用哪种思考法。例如，要解决手表在黑暗的情况下也能看清的问题，蓝帽就可以根据具体情况、具体问题，掌握在什么时候小组的成员应该用什么样的思维思考这一问题。

③ 实时总结归纳并形成结果。在所有的思维过程中，不仅要提出想法，还要提出实现想法的可能性。这需要做很多总结归纳工作，也是蓝帽的一个重要责任。因此，在运用蓝帽时，要根据思考过程，尽量把各种想法与观点准确记录，并适时进行总结归纳，以保证整个思考达成目标和期望的结果。

（3）蓝帽的作用与价值。

① 统一思想，达成目标。蓝帽是思考过程的组织者与协调者，合理运用蓝帽有利于统一思想，明确目标，引导思考围绕主题和目的高效地进行，使得思考有序、不偏离主题，进而让各种想法服务于问题解决和目标达成。

② 控制调节，系统推进。蓝帽是思考过程的控制者、主持者和推进者，合理运用蓝帽有利于控制思考和讨论的流程、进度、节奏和场面，适时调节、引导参与者的思考方向和情绪状态，整体推进思考与讨论活动，使思考与讨论有序、高效地进行。

（4）蓝帽的运用难点。

① 实时观察记录与合理引导。蓝帽是基于整个思考过程的宏观把握与具体掌控，需要在整体框架与目标的指引下，做好实时观察与记录、归纳与评论，即实时地让蓝帽使用者清晰认识并掌握自己的思考过程，以保证思考的有效性。因此，需要蓝帽使用者具备一定的宏观把握与实时组织、引导的应变能力，这是一个应用难点。

② 准确聚焦概括与形成结论。蓝帽的基本角色职能是使思考与讨论达成目标的结果。在达成目标的过程中，蓝帽必须引导参与者遵守规则、聚

焦问题和打断争论，全面、准确地概括出参与者产生的各种想法和建议，形成合理结论。因此，需要蓝帽使用者具备一定的分析、整理和归纳总结能力，这是另一个应用难点。

（三）六顶思考帽的运用

1. 六顶思考帽的运用场景和规则

（1）六顶思考帽的运用场景。

在以下三种情况下，运用六顶思考帽可以提高问题思考与解决的效率效果：①参与思考与讨论者固执己见、互不相让的情况下；②思考与讨论过程过于冗长，偏离问题，无法达成目标和清晰结论的情况下；③思考与讨论过程时间有限，需要快速做出决断的情况下。

（2）六顶思考帽的使用规则。

在运用六顶思考帽进行思考和解决问题时，需要明确以下几点规则：①没有绝对的使用组合及顺序，可根据待解决的问题和达成的目标灵活安排使用顺序，可以单独、组合或多次使用各颜色的帽子，也可以不使用某种颜色的帽子；②尽量选择有助于问题解决和推进思考的某种颜色的帽子，尽量选择简单、少量帽子的组合，充分发挥某种颜色帽子的优势与特点，做到简洁高效；③六顶思考帽不是对思考者的分类，而是对思考方式的分类与暂时限定，每个思考者都应该掌握所有颜色帽子的使用规则和技巧，具体运用时不需提醒该颜色帽子的功能和注意事项；④尽量避免滥用、无限制运用某一颜色的帽子，以免思考和问题讨论偏离主题，避免陷入“思考极端”。

2. 六顶思考帽的单独运用

（1）单独使用白帽的时机与情形。

在以下几种场景中，可单独使用白帽：①客观评价出现的新情况或新问题；②需要做出理性、符合客观实际的决策或决定；③打消或排除一些不切合实际的想法与念头；④需要事先做好信息收集与梳理，做好规划设计的准备；⑤当出现意见难统一、观点有争执的情况下；⑥在谈判与沟通时，需列举客观事实与数据，以增强说服力的情况下。

（2）单独使用红帽的时机与情形。

在以下几种场景中，可单独使用红帽：①征求各自意见，需要参与者发表个人主观看法时；②需探索或挖掘参与者个人内心的直觉情感与真实想法时；③需要快速排除选项并排序，对决策或意见进行投票时；④预测并验证某一想法或建议或决议的可接受性时。

（3）单独使用黑帽的时机与情形。

在以下几种场景中，可单独使用黑帽：①需避免决策错误、判断失误时；②需对变化评估其后果、风险时；③需检查建议或想法是否可实施时；④需评估谈判底线和实施承诺风险时。

（4）单独使用黄帽的时机与情形。

在以下几种场景中，可单独使用黄帽：①需探寻、发掘新的观点、建议与想法时；②需对观点进行评估其价值、优势时；③需减少想法或方案的负面影响时；④需处理或讨论重大变化带来的积极影响时；⑤需检查、重新审视想法或建议可能被忽略的价值时。

（5）单独使用绿帽的时机与情形。

在以下几种场景中，可单独使用绿帽：①需向现状挑战、鼓励创新时；②需寻求改进完善的方案，进一步发展现有想法时；③需探寻更多、更优的新方法和新思路时；④需打破固有思维和现状束缚，摆脱条件限制时。

（6）单独使用蓝帽的时机与情形。

在以下几种场景中，可单独使用蓝帽：①需明确思考或讨论的目标与主题时；②需解决争论、引导思考方向、提供思考程序时；③需记录思考过程、保留思考轨迹时；④需达成思考和讨论的目标、形成明确结果、提高思考效率时。

3. 六顶思考帽的系统使用

（1）思考或讨论形成初步的简单方案。

一般按蓝帽、白帽和绿帽的顺序组织思考或讨论过程，进行组合使用。

具体步骤如下：①运用蓝帽思考并讨论出中心问题、任务和目标是什么；②运用白帽思考并列举出对此问题或情况有哪些客观事实与信息数据；③运用绿帽思考并对此能想出或引申出哪些新的想法和建议。

（2）快速评估某个想法或方案。

一般按黄帽、黑帽和蓝帽的顺序组织思考与评价，进行组合使用。具体步骤如下：①运用黄帽思考并评价，给出该想法或方案的优点与价值有哪些；②运用黑帽思考并评价，列出该想法或方案有哪些缺点、不足或负面影响；③运用蓝帽思考并综合分析与总结以上想法的优缺点，形成结论。

（3）研究改进现有方案或状况。

一般按黑帽和绿帽的顺序组织思考与分析讨论，进行两者的组合使用。具体步骤如下：①运用黑帽思考现有方案或状况存在哪些缺点与问题；②运用绿帽思考分析如何改进或有哪些新的思路，克服以上缺点或不足。

（4）设计研发新产品或新方案。

一般按蓝帽、绿帽和红帽的顺序组织思考与研究设计，进行组合使用。具体步骤如下：①运用蓝帽思考并分析研究，明确设计研发的任务目标与具体需求；②运用绿帽思考并分析研究，满足需求的可能设计方案有哪些；③运用红帽思考并给出直觉判断，对以上各种设计方案进行感性思考。

（5）探索机会与发展方向。

一般按白帽和黄帽的顺序组织思考与分析讨论，进行两者的组合使用。具体步骤如下：①运用白帽思考并分析当前状况如何，有哪些现象问题与事实信息；②运用黄帽思考并分析当前状况有哪些有利条件，可产生哪些积极的价值或影响。

（6）风险预防与保持谨慎。

一般按白帽、黑帽和蓝帽的顺序组织思考与分析研究，进行组合使用。具体步骤如下：①运用白帽思考并分析研究现有状况或方案有哪些事实信息；②运用黑帽思考并分析研究当前状况或方案有哪些风险、不足和不利影响；③运用蓝帽思考并综合分析以上信息，形成结论。

（7）做出选择与决策。

一般按黄帽、黑帽和红帽的顺序组织思考与分析，进行组合使用。具体步骤如下：①运用黄帽思考并分析，列举出当前选项与方案的优点、价值和有利方面；②运用黑帽思考并分析，列举出当前选项与方案的缺点、不足和不良后果；③运用红帽对以上优缺点进行感性思考，给出个人直觉判断与选择。

二、设计思维

设计思维是一种结构完整的思维模式，为各种问题寻求创新解决方案，并创造更多的可能性。其核心精神是以人为本，所以也称以用户为中心的设计。

设计咨询公司 IDEO 是第一家将设计思维应用于商业问题解决的企业。

1997 年，IDEO 接到了来自阿西乐（Acela）公司的改造火车车厢以提升乘客搭乘率的要求。他们没有一上来就研究车厢，而是做了大量的用户行为研究，基于这些研究发现，搭乘率低的根本原因是订票、取票和搭乘整个过程过于繁杂，影响了乘客的乘车意愿。于是他们重新设计了购票系统，真正改善整个乘坐体验。

IDEO 的创始人大卫·凯利（David Kelley），后来又在美国斯坦福大学创建了著名的斯坦福设计学院。

如今，设计思维已发展成一个可以学习的创新设计模式，透过不同专业的人，以不同的角度，共同产生创意，然后设计出一个创新的产品或服务。

设计思维的一般流程（见图 2－6）是一个由彼此重叠的空间构成的体系，而不是一串秩序井然的步骤。设计思维会经历三个过程：启发（或者称为灵感）、构思和实施。启发是指激发人们寻找解决方案的问题或机遇，也就是从某些现象、问题和挑战中发现一些需要解决的问题。构思是产生、发展和测试创意的过程。实施则是将想法从项目阶段推向人们生活的途径。启发包括对某些现象的理解，然后是观察，获得第一手或者第二手资料，发现在产品、服务或者流程等方面客户的需求和存在的问题，最后是对于问题的总结，即分享、讨论、展示，将获得的信息进行分类总结。构思包括在设计过程中利用头脑风暴，获得大家各种想法，对想法进行分类，列出优先级，然后对想法进行原型设计和测试，再将各个好的想法进行整合，利用循环这一过程慢慢获得完善的原型。实施就是通过团队、用户、客户的沟通，实现设计产品的生产和推广。

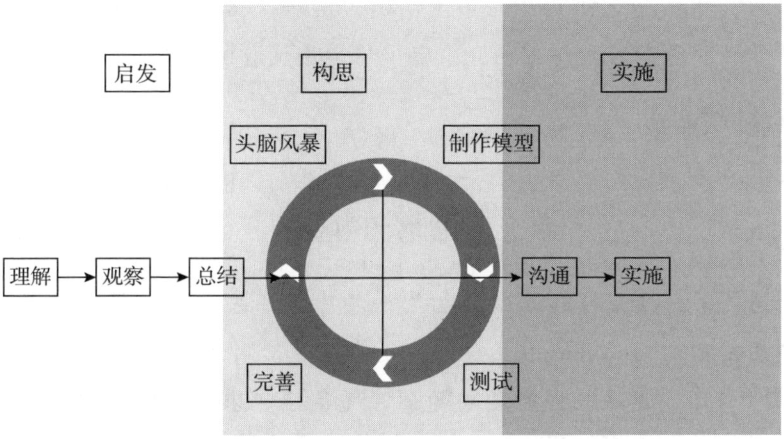

图 2－6　设计思维的一般流程

IDEO 公司的创新设计思维不但适合于产品的设计，还适合于战略、流程、服务等的设计，设计师由一个团队组成，其中的成员来自各个不同的领域，在想法收集阶段严格要求不允许批评、不允许说你错了、不允许说不可能、不允许解释、不允许辩论。另外，在这里一个非常重要的武器就是贴便签。

课堂活动

活动一　绘制六顶思考帽的思维导图

1. 准备一张白纸和几种彩笔。
2. 对六顶思考帽的相关知识进行梳理。

3. 在纸上绘制出六顶思考帽的思维导图。

4. 与其他同学进行分享对比，看看哪些方面可以借鉴完善。

活动二　中国大学生缺乏创造力吗？

有人说，中国大学生缺乏创造力。你认同这个观点吗？如果认同，请运用头脑风暴、六顶思考帽和思维导图等创新工具与方法，分析缺乏创造力的根源，思考并制订提升大学生创造力的解决方案。如果不认同，请运用本章学过的创新工具与方法，拟定一份辩论反驳的方案。

创业榜样

从创客到创业

小高是某科技公司创始人，也是一名曾经在某大学学设计的学生。他是典型的创客，2017 年还在上学时，小高就开始制作一些有意思的小作品。

2019 年小高毕业，当时国内的创客气氛非常浓烈，他决定去深圳的一家创客空间去发展。这家创客空间给创客提供具备一定功能、开放的模块，省去了创客跟元器件供应商打交道的麻烦，并且还提供小批量的生产。

小高在创客空间做的第一个产品是智能健康设备，这种设备不但能够搜集用户的运动状态，还能通过手机 App 远程监控，非常适合子女不在身边的老年人使用。

产品投放市场后获得的反馈并不太好，为了改进产品，小高决定组织一个头脑风暴会议。他邀请了团队中的每个人，包括工程师、设计师、用户等一起参与这次创新会议。

在会议中，大家积极地分享自己的想法和观点。他们从用户需求、技术限制、市场趋势等方面展开讨论，希望能够找到一个独特而又创新的解决方案。经过几轮激烈讨论，团队成功地提出了几个新的创意。

小高和他的团队决定将其中一个创意付诸实践。他们对产品进行了重新设计和改进，加入了更多的功能和智能化的元素。通过与工厂密切合作，他们迅速将这个创意转化为现实，并最终成功推出了一款颇具创新性的智能健康设备。

通过头脑风暴法，小高和他的团队成功地激发了创新思维，为产品注入了更多创新的元素。这个案例充分展示了创客如何通过合作与创新，将想法变成具有实际价值的产品。

实践拓展

废旧物品的艺术化再利用

我们身边有很多废旧物品，如淘汰的手机、IPAD、笔记本电脑等电子产品，还有旧衣服、用过的纸张、饮料瓶等。世界上没有绝对的废弃物，只有放错地方的资源。现在，让我们以创新资源利用的角度，收集身边的废弃物，充分利用本章创新方法与工具，通过艺术化设计与再创造，看看如何将这些废旧物品再循环利用，可产生哪些意想不到的、新的物品。

建议以小组来完成该项实践任务，完成后，展示、分享各组的“作品”，通过交流与反思，看看你又收获了什么？

课后思考

1. 什么是头脑风暴？进行头脑风暴要遵循哪些基本原则？组织头脑风暴的步骤及要点有哪些？

2. 什么是思维导图？绘制思维导图的基本方法与步骤有哪些？绘制思维导图有哪些技巧？

3. 什么是六顶思考帽？每种颜色的思考帽应用规则是什么？每种思考帽的思维特征及其作用是什么？

4. 什么是 TRIZ？TRIZ 理论体系和方法工具体系有哪些内容？TRIZ 通过问题解决进行创新的系统流程是什么？

5. 设计思维流程是什么？为什么设计思维适合用于寻找解决方案？

第三章　创业基础与人生发展

学习目标

1. 了解创业的内涵与特征；
2. 掌握创业的要素及其相互关系；
3. 理解创业精神的主要表现及特征；
4. 理解创业者应具备的素质与能力；
5. 理解创业动机对创业的影响和作用；
6. 理解创业与人生发展的内在关系。

导入案例

赶考网[*]

顾兆勇出生在沂蒙革命老区的一个普通农村家庭，通过努力成功考上了北京工业大学研究生，也正是在读研那一年他突遭家庭变故。在那段艰难的时期，多亏了乡亲们的积极帮助，顾兆勇的求学生涯才得以继续，也正是当时来到北京读研这个契机改变了顾兆勇的一生。

顾兆勇在读研期间做过很多兼职，如去做家教、去中关村卖电脑、在学校附近出租房子，等等。而这么做的主要原因就是要为自己的创业打下基础，为回馈乡亲们做好铺垫。他在大学期间组织了多次沂蒙革命老区支

---

* 于军．创业 充电 再创新——记生命学院 2018 届毕业生顾兆勇［N］．北京工大报，2018－07－10．有删改．

教活动，在带领支教团的几年里，他资助了很多穷困的孩子，不仅照顾他们的日常生活，还让他们接受到比较优质的教育，看着孩子们的成长，顾兆勇总会想起自己的求学经历，他逐渐意识到，教育可以改变一个人的未来，也许这些孩子以后也可以像自己一样，走出大山，去大城市接受更高阶的教育。他说优质的教育就是在为未来种下一颗颗种子，为孩子们打造一个美好的未来。这种热情促使顾兆勇期待自己走上教育行业创业之路。研究生毕业后，他并没有直接投入创业，而是去了中国核电工程有限公司上班，在工作三年后，他毅然决定辞去这份体面又符合自己专业的工作，投入自己期待已久的教育行业的创业生涯中，而后，就诞生了现在的赶考网。“研究生毕业后我工作了五年，但是感觉自己的能力还是有限，想再进一步地提升自己的能力与知识水平，于是选择回到北京工业大学继续读博士。”顾兆勇谈到自己读博经历的时候这样说道：“在北工大我不仅享受到了优质的教学平台，还获得了很多创业资源。”“创业后我就更有能力去帮助孩子们了。”这是顾兆勇经常说的一句话，他从圆自己的回甘之心到逐渐回报社会，再到现在成为未来的建设者，顾兆勇和他的赶考网正在一步步实现着他们的目标，帮助更多的人。2018 年博士毕业后，顾兆勇又可以展开手脚做赶考网了。在他的眼中，赶考网不仅是他的创业项目，更是他要坚持、要传承的一种精神。

目前赶考网从北京海淀的总部扩张到了济南、青岛、上海、广州、武汉五家分部，将来估计全国将有上百家分部。至于赶考网名字的由来，顾兆勇说：“当年毛泽东离开西柏坡的时候，说我们要进京赶考，一定要考出好成绩，于是成立了中华人民共和国。习近平总书记也常说，不忘初心，牢记使命，这其实也是一种赶考精神。”

启示

顾兆勇的亲身经历诠释了创业与人生发展的融合。早期的成长经历和求学经历，让顾兆勇感受到了来自社会的温暖，也认识到了教育对于人生发展的重要意义。感恩于心，回报于行，在校期间顾兆勇就热衷公益，积极组织开展支教活动。毕业工作三年后，怀揣教育梦想的他毅然选择创业，让更多的孩子享受到优质的教育资源，解决社会教育资源不平衡的问题。

创业的激情并不是头脑一时的冲动，而是对所创事业长久的坚持与追求。顾兆勇很早就树立了创业意识，并为此做了长期准备。包括重返校园继续读博深造，也是为了能够提升自己的专业能力和知识水平，为更好地开创事业而奠定基础。创业者创业不能只追求财富，还要担当必要的社会责任，为他人和社会奉献应有的价值，要有“济天下”的情怀和梦想。在顾兆勇身上，有远大抱负，有社会情怀，强烈的社会责任感和使命感驱动他不断前行，实现了个人价值和社会价值的有机统一。

第一节　初步了解创业

一、创业的内涵与特征

（一）创业的内涵

创业的内涵有广义和狭义之分。广义上，创业概念多是从社会学角度解读与引申，是指有开拓性、创新性和价值性的社会活动，可包含人类所有事业的创新和创造活动。《现代汉语词典》中“创业”一词的解释是创办事业，而《辞海》中将“创业”阐释为创立基业。

狭义上，创业概念源于“entrepreneur”一词，多从经济学和创业学的视角来解读。创业研究与教育的开拓者杰弗里·A. 蒂蒙斯教授认为：“创业是一种思考、推理和行为方式，这种行为方式是机会驱动、注重方法和与领导相平衡。创业导致价值的产生、增加、实现和更新，不只是为所有者，也为所有参与者和利益相关者。”[1] 李志能、郁义鸿在《创业学》一书中给出的定义是：“创业是一个发现和捕捉机会并由此创造出新颖的产品或

[1] 杰弗里·A. 蒂蒙斯，小斯蒂芬·斯皮内利. 创业学［M］. 6版. 北京：人民邮电出版社，2005.

服务，实现其潜在价值的过程。”❶ 该书将创业主要界定在狭义层面，特指个人或团队自主创办企业的行为与过程。本书采用的定义则为：创业者（个人或创业团队）不拘泥于当前资源约束，寻找和把握各种商业机会，投入已有的知识、技能和社会资本，调动并配置相关资源，创建新企业，为消费者提供产品或服务，以创造经济价值和社会价值为目的的行为过程。

创业作为一个复杂的行为过程，可从以下三个方面理解其概念的内涵。

1. 创业是突破资源约束、创造新的运营系统的过程

创业活动一般是创业者在资源有限与高度约束的情况下进行的，通常是“从无到有”“从零到一”和“白手起家”的创新和价值创造过程。面对创业初期甚至创业全程都会经历的资源束缚情况，创业者需要创新性地整合并利用各种创业资源，发挥个体创造力，通过对技术、产品服务、市场营销、销售渠道和商业模式等方面的创新实现资源优化配置，进而创造出新的可持续赢利的商业运营系统，最终达成创业目标。因此，创业无论起步还是发展，都需要创业者充分发挥聪明才智，寻求突破资源约束的新机制和新方法，才能推动创业活动的持续开展。

2. 创业是识别把握机会、开发商业机会的过程

商业机会是创业活动产生的基础前提和根本动力，绝大多数创业活动都依赖有价值商业机会的出现。一般来说，商业机会是无处不在、无时不在的。创业者能否识别出适合自己的、有效的、有开发利用价值的机会，是创业者开启创业之旅的重要条件。因此，创业活动有赖于创业者利用“慧眼”发现并识别出机会，再通过人才、资金和技术等要素资源的有效整合与系统组织进行机会的价值创造或开发，才有创业成功的可能。

3. 创业是更好满足需求、实现价值创造的过程

创业的根本目的和基本特征是创造新的价值。创业活动可看作人类的一种具有创新性的劳动方式。一方面，这种劳动方式会自然产生劳动价值；

---

❶ 李志能，郁义鸿，罗博特·D. 希斯瑞克. 创业学［M］. 上海：复旦大学出版社，2006.

另一方面，创业产生或创造的新价值需要满足消费者需求，消费者购买新价值之后才能实现价值的创造、转移和实现的价值循环。因此，创业活动不仅要求创造价值，还要求创造消费者认可并购买的价值。创业者必须通过创新更好地满足消费者需求，创造更具优势的价值，才能实现价值回报。从这一点上讲，创业活动需要创业者付出更多的努力，承担相应的风险。当然，成功的创业活动也会给创业者带来相应的成就、成长和回报。

对于大学生群体的创业行为而言，其创业内涵可表述为：在校或毕业5年内的大学生或其团队，顺应经济和社会发展潮流，充分利用我国对大学生创新创业的扶持政策和学校有利环境，运用所掌握的知识和技能，积极发现并捕捉商业机会，研究开发新产品或新服务，通过整合和创造性地配置、利用各种资源，创造经济价值和社会价值，获得经济回报和自我成长的行为过程。简单地说，大学生创业是大学生主动探索并实践创业活动，尝试开展创业项目运营或开办企业，开创未来事业的行为活动。大学生创业，既具有创业的实践特征，又具有经验积累与自我成长的学习特征。

现代管理学大师彼得·德鲁克认为，创业是“一种可以组织，并且是需要组织的系统性的工作”。[1] 也可以将大学生创业看作就业的一种特殊形式，属于自我雇用并创造一定就业岗位的高级就业方式。

（二）创业的特征

根据以上创业的内涵，创业具有以下特征。

1. 目的性

创业，对于创业者而言都有其特定诉求和明确目的。有的创业者选择创业是迫于生存压力，为了解决生计；有的创业者是为了赚取更多的物质财富，过上更好的生活；有的创业者是为了实现“当老板”的梦想，证明自己的价值，追求成就感；有的创业者是为了解决某个社会问题，为他人创造更好的生活……不管是出于哪种或哪些目的，创业者的创业活动都有

---

[1] 彼得·德鲁克．创新与创业精神［M］．张炜，译．上海：上海人民出版社，2002．

其目的性，具有目的性特征。

2. 自主性

创业的主体是创业者，任何创业活动都是由创业者完成的。创什么业、靠什么创以及如何创都是创业者的自主选择和独立决策。原则上，只要不违反相关法律法规，任何组织或个人都不得强迫、阻挠或干扰创业者的行为和决策，这是创业者的基本权利。从这个意义上说，创业具有自主性的特征。

3. 创新性

创新是创业的基础和关键，创业过程就是一个不断创新的过程。创业有赖于技术、产品、服务、资源配置和商业模式等方面的创新，才能将创意和机会转化为市场优势，才能构建创业活动的竞争力。只有不断创新，创业才会有生命力，才能持续成功。因此，创业天然具有并必然要求具有一定的创新性，具有创新性的特征。

4. 实践性

创业是创业者寻求机会、组织资源、创造价值等一系列复杂的行为活动。创业不能仅靠想法和计划，需要靠实践行动去推动。面对未来与创业环境的不确定性，创业活动是一个动态、不断试错的实践过程。通过实践，创业者需要根据实际情况和各方反馈，适时地调整思路和决策，不断优化行动方案，从而保证创业活动的顺利进行。因此，创业具有鲜明的实践性特征。

5. 风险性

创业是基于机会的开发和利用。任何机会都伴随或包含着一定的风险。创业活动受制于各种主客观环境与条件的限制，资源、团队、技术、政策和市场等诸方面都做不到绝对可控，具有一定的不确定性和风险性。创业是一项复杂的系统工程，任何不利因素都可能导致创业的失败。当然，风险与收益是成正比的。创业者必须承担创业风险，才能获得预期的回报。因此，创业具有风险性的特征。

6. 价值性

创业是价值创造的过程。一方面，创业会为创业者带来价值利益的回报；另一方面，创业也为消费者和创业活动相关者创造价值。创业所产生的价值利益，驱动创业者担着风险去创业，同时驱动着创业活动的可持续开展。所以，创业具有价值性的特征。

7. 广泛性

一方面，从创业主体来说，创业不受性别、年龄、职业、社会阶层、文化程度、民族、地域和政治面貌等影响或限制，人人都可以创业。另一方面，创业活动不仅可以在商业领域或产业领域开展，也可以在教育、科技、文化创意、社会服务等各领域开展。创业机会无处不在，在社会各个领域和各行各业中都存在各种创业活动。创业者可广泛挖掘并开发创业机会。因而，创业具有广泛性的特征。

二、创业的要素及其相互关系

创业学发展至今，对创业要素的分析和概括中，人们比较公认的是美国百森商学院杰弗里·蒂蒙斯教授在其《新企业的创建》（*New Venture Creation*）一书中提出的创业管理模型（创业要素及其关系模型）（见图 3－1）。该模型提出创业活动至少需要三个关键要素：机会（商机）、团队（创业者）和资源。一般认为，创业机会是创业活动的核心驱动力，创业的核心是发现、识别与开发商业机会，利用机会去实施创业。创业机会具有不确定性，往往需要创业者或其团队发挥其创造力去识别、分析评估机会，进而开发创业机会。如果创业者没有找到适合的创业机会，创业活动就不会发生或无法有效推进。反过来，如果具备了好的创业机会，机会将驱动创业者将想法付诸行动，从而推动创业活动的开展。创业者有了可把握、可开发利用的创业机会之后，创业活动还需要具备必要的资源（如资金、技术、场地、设备等）才能进行。创业资源是开发创业机会的必要保证，是创业活动的支撑要素。创业者（团队）是三个要素中唯一能动的组织要素，需要发挥其主观能动性，才能进行创业机会的发掘与开发，才能寻求、整合开发创业机会所必需的资源。

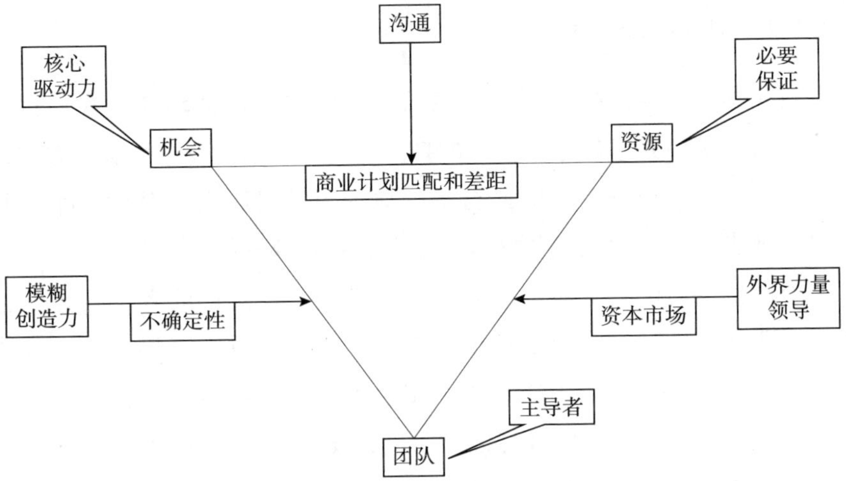

图 3－1　创业要素及其关系的蒂蒙斯模型

蒂蒙斯认为，创业过程是三个要素之间相互作用、相互影响，由不平衡向平衡方向发展的动态过程。成功的创业活动必须对机会、团队和资源三者进行最适当的匹配，并且还要随着创业阶段的发展变化而做出动态调整。

在蒂蒙斯模型中，机会、资源和创业团队这三个创业要素构成一个"倒立的三角形"，创业团队位于三角形的支撑点。在创业初始阶段，创业机会尚待开发，与开发机会所需的资源相比，创业资源相对缺乏，于是"三角形"会向左倾斜，呈现机会与资源的不平衡状态；在创业后期阶段，创业机会则被充分开发利用，创业者拥有并可支配的资源不断积累，此阶段"三角形"将向右倾斜，代表机会与资源不平衡的一种状态。此时，创业者需要寻求更大的商业机会，去合理使用资源，以保证创业活动的持续开展。创业的过程，就是创业者发挥主导作用、平衡并实现三要素间动态平衡关系的过程。

三、创业动机的内涵与分类

（一）创业动机的含义

动机是指由特定需要所引导、激发和维持的个体活动的内在心理过程或内部动力，是想要满足这种需要的特殊心理状态和意愿。❶ 动机通常是行为的基础，是为实现特定目的而行动的原因。动机激发并驱动着个体行为向着目标前进。产生动机的条件有内在需要和外部诱因。

创业动机是动机的一种，是指引发并激励、维持创业者进行创业活动的内在需要和内部动力。简单地说，创业动机就是创业者愿冒风险去创业的需求和动力，是创业者顶着压力、担负责任去坚持创业的激励因素。创业动机为创业者选择创业提供理由和目的，支撑创业者不懈追求创业成功。创业动机既来源于内在需要，也受外部环境因素的激励和影响。

（二）创业动机的分类

1. 创业动机的一般分类

不同的创业者选择创业会有不同的理由。某咨询机构对我国各类创业者调查统计后，归纳出十个方面的动因：（1）为生计所迫；（2）把创业当工作；（3）碰到了好的创业机会；（4）为了赚大钱；（5）为了独立自由；（6）受家族或身边人的影响；（7）为证明自己的能力；（8）为了实现梦想；（9）社会责任感与使命感的驱使；（10）为了出人头地。

以上创业理由和原因各异，概括起来，创业动机主要分为三种：成就需求、生存需要和环境驱使。成就需求主要包括获得认可和成就事业、实现理想抱负与自我价值、扩大个人影响力、提升社会地位和生活品质、实现自由独立等方面。生存需求主要包括解决生计、提高收入、获得安全感、实现就业等方面。环境驱使主要包括家族要求或影响、环境或机遇驱使、

❶ 林崇德，杨治良，黄希庭．心理学大辞典［M］．上海：上海教育出版社，2003：223.

朋友圈影响和政策利好等方面。

2. 大学生的创业动机

由于大学生群体接受了高等教育，其具有相对较高的社会责任感、专业知识技能和综合素质，其创业动机有自己的特点。大学生的创业动机主要有以下几种类型。

（1）赚取学习生活费用。大学生已经成年，有了独立自主和承担责任的意识。很多学生为了分担或缓解学业和生活方面所需给家庭带来的经济压力，通过兼职工作或小生意赚钱。在此过程中，一些具有商业头脑的学生，勇于尝试，逐渐走上了创业道路。这类大学生创业者通常是兼职创业，学业仍然是其主要目标和任务，通过创业赚取一定学习生活费是其主要创业动机。

（2）成长成才的“踏板”。创业实践是最好的学习途径。大学生通过创业活动，可获得快速成长，打造个人核心竞争力。认识到创业对自己成长成才有重要价值和作用的大学生，为了增加实践经验和丰富社会阅历，积累资源、奠定未来发展的良好基础，积极进行创业实践和尝试。这类大学生创业者的主要创业动机是锻炼能力、积累经验与资源，将创业作为个人成长成才的“踏板”，通常不会将创业作为长远目标。

（3）成就自我与梦想。当代青年大学生一般都有一定物质基础，生活窘迫者极少。大学生正值青春年华，朝气蓬勃，极富创新精神和创造力，充满对未来美好生活与事业的憧憬。一部分大学生为了成就梦想，展现自我价值，挑战自我，勇敢地选择了创业。另外，大学生思维活跃、视野开阔，掌握一定的专业知识与技能，更易发现有价值的创业机会。比如，有的大学生通过参与科学研究取得了可转化为市场价值的成果或掌握了某方面的核心技术，抓住机会，开启了自己的创业生涯。这类大学生具有明显的创业倾向，通过外部环境激发，一旦遇到合适机会（如参加创业比赛找到了合适的项目和团队），就会选择创业，甚至休学创业。

（4）生活方式的选择。新时代大学生好奇心强，易于接受新生事物，具有较强的市场观念，个性张扬，追求独立自由。有些大学生不喜欢朝九晚五的程式化生活，追求时间管理自由，有些大学生不喜欢受管理约束而追求自由自在，有些大学毕业生没有找到令自己满意的工作，他们宁愿选择相对自由的自主创业。这类大学生创业者将创业视为“自由职业”，以自我雇用的方式让自己有事做，而不是渴望追求财富自由、成就事业和实现远大理想而创业。

（5）担当社会责任。当代大学生受过良好的教育，具有一定的社会责任感，部分大学生具有奉献爱心、济世情怀和热衷公益的价值追求。这类大学生经常参加或组织开展支教、支医、赡老、环保、救助帮扶弱势群体等公益服务活动。近几年出现的很多大学生公益创业项目与社会公益创业组织，已经成为创业潮流中一道亮丽的风景。这类大学生受社会责任感和公益价值观的驱使，不断探索解决社会问题的新路径和新模式，在条件成熟时会成立社会公益企业，开展公益创业。

第二节　创业改变人生

一、创业与人生发展

（一）人生就是一场创业

孟加拉国经济学家、格莱珉银行（Grameen Bank）创始人、2006 年诺贝尔和平奖得主穆罕默德·尤努斯曾说过：人人都是创业家！我们的先祖——原始人类在“洞穴”生活时代，完全是自给自足，都是自己的“自营业主”。随着社会文明和科技发展，人们往往忘却了自己就是创业者，压抑或忽略了自己的创业天赋和能力，大多把自己定位为普通就业者。

人生与创业具有相似的逻辑、阶段、特征和发展要求。人生发展的整个过程，是面向未来的不确定性，不满足于现状，在一定资源条件的约束下寻求发展机会，努力整合资源，通过创造价值实现人生理想与目标的过程。即人生发展的过程与创业的过程在逻辑上是完全相通的。人生发展与创业过程，都会经历探索、准备、起步、发展、成熟、衰退和退出等阶段，具有相似的发展历程。人生与创业都具有社会性、发展性、实践性、曲折性、价值性和风险性等共同特征。在发展要求方面来看，人生与创业都需要主体发挥其积极性、主动性和创造性，需要依靠个体的精神动力、优势能力、社会资源、经验积累和努力付出，去捕捉机会，创造价值，成就属于自己的事业。

（二）精彩人生需要创业

一方面，新时代对劳动者的要求，不仅需要劳动者具有必需的就业与职业素质能力，还需要具备一定的创业素质和能力，才能适应并保持岗位的发展要求，从而获得良好的职业生涯发展。劳动者需要具有就业与创业的双重素质能力，是经济发展、社会进步对劳动者的基本要求，也是人们获得良好自身发展的必然要求。

另一方面，需要充分发挥个人的创业精神去开拓进取，需要运用创业思维去对待工作和思考人生，需要以创业的行为方式去主动奋斗和参与竞争，才能博得人生的精彩与成功，赢得精彩而有价值的人生。360 公司创始人周鸿祎曾经说过，人生就是一场创业，需要颠覆自我、拒绝平庸，才能突破阶层固化，实现“草根”的野蛮成长。新东方创始人、董事长俞敏洪认为，人一辈子一定要有一次创业，否则人生会有缺憾！

（三）以创业来经营人生

成功的人生与创业一样，是需要经营的。我们可以把人生当作新创企业一样来经营，而且借鉴和利用创业的思维理念，可以更好地经营自己的人生。无论我们的职业是医生、律师、教师还是工程师、公务员，为适应新时代的职业发展要求，我们要把自己当成真正执掌新创事业的创业者，运用创业者的思维与行动方式，发挥创业潜能，不断推进事业发展，而这个“事业”就是自己的职业生涯。我们还要把自己当成创业企业的“测试版产品”，面对发展机遇和挑战，需要承认并认识到自己的“缺陷”，迫使自己不断学习和成长，以获得持续的进步、完善和优化。

因应人生发展的不确定性、环境变化和限制，仅靠创业思维还不够，还需要掌握经营人生的方法、工具和技巧，以有效积累并利用人脉资源和发展机会，获得并保持人生发展的竞争优势。比如，创业规划中的商业模式画布，可用来设计人生的发展规划。[1] 在人生规划的“商业模式”中，核心资源是指我们自己的兴趣、技能、个性以及掌握的资源（我是谁，我拥有什么），关键业务是我们为他人或社会贡献价值的活动与方式（我要做什么），客户群体是指我们的服务对象（我能帮助谁），价值服务是指我们如何提供个人价值（我怎样帮助他人），渠道通路是指如何让别人认同并获得我们的价值（怎样宣传自己和交付服务），客户关系是指如何维护并扩大个人价值的服务对象（怎样和对方打交道），重要合作伙伴是指支持人生发展的人脉（谁可以帮我），收入来源是指个人收益或收获（我能得到什么），成本结构是指个人付出（我要付出什么）。运用创业的方法和工具，有助于提升经营人生的效率和质量。

（四）创业人生需要规划

一方面，随着时代发展和职业变迁，个人职业生涯进入快速变幻期，传统职业生涯的发展路线已被淘汰或调整变革，要适应这种变化，我们需要树立构建个人独特价值、不断尝试的人生态度，运用创业导向的人生规划方法来规划职业生涯。创业导向的人生规划方法有两个：试错和学习。即在人生规划过程中，需要在实践中不断地尝试与试错，在实践试错过程中不断学习和积累。著名思想家爱默生说过，人生就是一场实验，实验做得越多，成长得就越快。成长过程就是试错的过程，只有在试错的过程中，才能感悟、反思、自省、刻骨铭心，才能修正自己的言行。

---

[1] 蒂姆·克拉克，亚历山大·奥斯特瓦德，伊夫·皮尼厄. 商业模式新生代：个人篇［M］. 毕崇毅，译. 北京：机械工业出版社，2012.

另一方面，创业也需要人生规划。不做生涯规划就选择创业是很危险的。创业者缺乏系统、合理的人生规划，没有厘清个人的生涯发展目标与创业的关系，往往会让创业者迷失在创业的烦琐事务中，创业一段时间后，往往会发现自己不适合创业，或感觉创业并不能给自己带来期望的价值。在创业遇到困难时，创业者无法获得足够的动力去坚持，造成创业失败。所以，创业者在创业前，要做好生涯规划，确保创业选择符合个人的人生规划和发展目标。

二、创业精神的内涵与表现

创业精神，也称为企业家精神，是指创业者自身具有的、在创业过程中表现出来的思维理念、人格特质、意志品质和处事态度等方面心理、行为特征的总体概括，主要表现为抱负远大、社会情怀、开拓创新、勇于冒险、善于合作、坚忍不拔、敬业诚信等。创业精神最重要的特点是其必须是在创业过程中的行为表现，而非停留在头脑意识中或者挂在口头上。

创业精神是创业者创业的内在动力与行为保证。没有创业精神，创业就无从谈起，创业就无法进行。创业精神会有效激发创业者的创业欲望，推动创业者积极投身创业实践，并在遇到创业困难和挫折时发挥攻坚克难的作用，对维持创业活动、持续创造价值乃至创业成功都至关重要。现代管理学之父彼得·德鲁克认为，个人取得事业成就、区域经济发展和社会进步都离不开创业精神。创业精神不仅有助于创业活动开展与推进，而且有助于个人成长和发展，有助于组织焕发活力、打造竞争优势和持续成长，有助于推动国家或地区走向繁荣富强。

创业精神的内涵丰富，具体表现也很多。下面主要介绍其最重要的四个表现。

（1）创新精神。创新是创业精神的本质与灵魂，也是创业精神的具体表现。创业活动本身要求创业者不断突破资源束缚，变革或创新技术、产品服务、市场、商业模式和组织形式等，以构建创业企业的核心竞争力，并推动其快速成长和可持续发展。

（2）冒险精神。没有敢于冒险和勇于承担风险的魄力，就不能成为真正的创业者。创业过程充满各种不确定性因素、风险和挑战，创业过程是冒险与应对各种挑战的旅程。冒险精神让创业者去大胆抓住机会，敢为人先，想人之不敢想、做人之不敢做之事，大胆尝试和开拓，超越历史和自我局限，开创出自己的事业天地。

（3）合作精神。当今时代，行业与分工越来越细密，任何活动或工作都需要协作才能完成并做好。对于创业而言，创业者不可能单枪匹马一个人完成所有创业工作，依靠团队并发挥各自优势才能将事业做大做强。成功的创业者一方面要善于合作并注意激发团队成员的合作意识与协作精神，带领团队创新创业，另一方面要学会构建团队合作机制，增强团队凝聚力，实现“1 +1 >2”的团队绩效。创业成功要靠集体智慧和力量，个人英雄主义不利于创业事业的成功。

（4）社会责任。一方面，创业者创业不能只追求财富，还要担当必要的社会责任，为他人和社会奉献应有的价值；另一方面，创业者要成长为伟大的创业者，必须要有大格局，要有“济天下”的情怀和梦想，把个人价值和社会价值有机统一起来。创业者如果只关注赚取利润，有可能会“欲速则不达”“误入歧途”，违反社会道德甚至法律法规，从而造成负面影响并导致创业失败。

三、创业者应具备的素质与能力

创业过程是一个面对不确定性未来的动态实践过程，该过程往往不是一帆风顺的。面对创业的挑战，不仅需要创业者具有创业精神，还要有相应的素质与能力去解决创业过程中遇到的各种问题与挑战，保障创业活动的顺利推动与目标实现。创业者为做好创业准备，应具备以下几方面的基本素质与能力。

（一）创业的激情与创新创业意识

创业的激情并不是头脑一时的冲动，而是对所创事业长久的坚持与追求。成功的创业需要创业者有坚持不懈和顽强拼搏的毅力。创业是一个长久奋斗拼搏的过程，在创业过程中，很少出现立竿见影、毫无挫折、迅速成功的情况。因此，在长期的创业过程中，创业者要始终保持对事业的激情，这是很难的，不少创业者就是因为创业过程中的一些挫折而半途而废，所以说，创业的激情是创业成功的关键因素之一。

创新意识也是创业者所需具备的重要素质之一，市场的瞬息万变是对每一个创业者的考验，能够在瞬息万变的市场中生存下来也是创业者的能力。在瞬息万变的市场中仅仅生存下来也是不够的，创业者在生存下来的前提下，还要做到推陈出新，不断创造出新的产品和服务来获得更大的生存空间和发展空间，而新产品和新服务的推出就需要创业者具备创新意识。

要想成功创业，创业者必须有强烈的自我成就感和强烈的创业意识。强烈的创业意识可以帮助创业者克服各种困难和障碍，开创自己的事业。创业的成功是意识上长期准备的结果，事业的成功始终留给有创业思想、创业意识的人。

（二）创业个性特质与人格品质

创业者的个性特质主要体现为自信、自强、自主和自立。自信是对自己有信心。自信能给人积极的态度和进取的精神。要成为一个成功的创业者，必须坚定信念，有责任感、使命感。顽强奋斗，直到成功。相信自己有能力和条件去开创自己的未来事业，相信自己可以控制自己的命运，成为一个成功的创业者。自强是建立在自信的基础上的，不贪图眼前的利益，不安于平淡的生活，敢于实践，提高各方面的能力和才能，有勇气去做自己喜欢的事业。自主是一种独立的人格，具有独立的思维能力，摆脱传统的、世俗的偏见和束缚，善于设计和规划未来，不受公众和环境的影响，选择自己的道路，并采取适当的行动。自立是指用自己的双手、智慧、才能和奋斗，积极行动，为自己的生活和事业打下基础。

创业的成功离不开创业者优秀的人格品质，这些优秀的人格品质主要体现在强烈的使命责任感、面对逆境的坚忍执着和待人接物的正直诚信等方面。这些人格品质往往会在创业遇到困难和挫折的时候体现出来，在某些特定情境下会决定创业的成败。

使命感和责任感是驱使企业家前进的动力源泉。成功的创业者有很高的使命感和强烈的责任感，创业活动是社会性活动，需要各种利益相关者通力合作。只有对自己、对家庭、对员工、对投资者、对客户、对供应商、对社会有高度使命感和责任感的创业者，才能赢得人们的信任、尊重和支持。创业过程中，创业者会面临意志力的挑战与考验。面对危险，在逆境中，能否坚持信念、承受压力、坚持不懈，有时会决定事业的成败。最终的创业成功往往在于坚持到最后一刻。

一个成功的创业者必须有正直诚信的品格，诚信为本，信守诺言，言行一致，身体力行，胸怀坦荡，严于律己，宽以待人，敢于自我否定，尊重知识，以人为本，践行团队合作和学习，帮助团队成员获得成就感，达到客户价值、公司价值、社会价值的有机统一。具有良好的口碑和人格魅力，可以帮助创业者聚集人才、凝聚人心、鼓舞士气，赢得更多合作者的信任和支持。

（三）专业知识技术与创业知识素养

创业者通过自己的产品为社会作出贡献，这需要专业知识作基础。如果一个管理者不熟悉、不了解专业知识或职业的特殊性，将不能充分利用和发挥管理能力和综合能力。只有掌握一定的专业技术能力，才能找到问题的症结，因事制宜，采取适当的管理方法。从这个意义上说，一定的专业技术能力是最基本的创业能力。

创业知识是创业的基本要素。创业需要技术知识、管理知识和综合知识。创业实践证明，知识结构在一定程度上决定了企业的成功与否。因此，创业者不仅需要具备所创事业所需要的专业知识，还需要对自然科学、文学、艺术、社会学、哲学、经济学等知识进行一定的了解与掌握。

（四）经营管理与领导决策能力

当今市场经济社会中，企业要生存发展，创业者必须具备良好的经营管理能力。俗话说，“麻雀虽小，五脏俱全”，企业虽小，但它也和大中型企业一样，天天与人、财、物打交道。如何通过管理现有的人、财、物来赚取最大的利润；如何有效激励每一位员工为企业积极工作；如何使产品或服务得到社会认可，受消费者欢迎，这些都需要通过创业者良好的经营管理能力来实现。另外，创业企业的管理，涉及企业战略规划、产品研发与生产、市场推广与销售、融资与财务管理、人力资源与部门管理等职能的管理，创业者不一定需要精通各项工作，但必须了解大致情况和管理安排要求，以做好统筹管理。

创业过程中，不仅需要处理大量的事务，还需要为企业制定规章制度，即使是人数很少的小型企业也不例外。创业企业规模虽小，但面对环境和管理发展的变化和其他大企业是一样的。因此，创业者还需要有一定的领导能力和决策能力，能对企业的人员和经营合理安排，并能及时解决问题。

二维码链接

创办企业要处理好三个圈子

课堂活动

活动一　创业案例分析

案例：

成都市一所高校食品科学系6名研究生自筹资金20万元，在成都著名景观——琴台故径边上（非繁华商业市区）开起了“六味面馆”。

第一家店还未开张，6位股东已经把目光放到了5年之后，一说到今后的打算，他们异口同声地说：当然是开分店啦！今年先把第一家店搞好，积累经验，再谈发展。我们准备两年内在成都开20家连锁店，到时候能跟肯德基、麦当劳较量较量。

原本想以“研究生”之名来制造广告效应，引发轰动，事情的发展却出人预料。一番豪华装修后，6位研究生就各自回到学校，忙于功课，店堂内经常无人管理。附近居民表示：“味道不好，分量不足，吃不饱。”

不久，由于面馆长时间无人管理和经营欠佳，投资人已准备公开转让。这家当初在成都号称“第一研究生面馆”的餐馆仅仅经营了4个多月，就不得不草草收场。❶

问题：按照案例分析的步骤，分析此案例创业失败的原因。

活动二　从《中国合伙人》看创业的动机和价值

观看电影《中国合伙人》，分析创业有哪些价值与意义？

1. 创业对电影主人公个人（创业者）的意义，或者说他们为何选择创业？创业对于他们个人而言有哪些价值和意义？

（1）对成冬青（原型为俞敏洪）而言；

（2）对孟晓骏（原型为徐小平）而言；

（3）对王阳（原型为王强）而言。

2. 主人公的创业活动对他人（如员工、培训对象、朋友、家庭等）而言，有哪些作用和价值？

3. 主人公的创业活动对社会而言有哪些功能和意义（可从经济价值和社会价值两个角度思考分析）？

---

❶ 阳明众创. 创业故事丨青春须历行［EB/OL］.（2021－03－02）［2022－10－08］. https：//baijiahao. baidu. com/s? id＝1693103506395481621&wfr＝spider&for＝pc. 有删改.

创业榜样

创业改变人生

从大学宿舍开启的原创IP动漫之路

刘伟和他的团队在大学宿舍里创立了米哈游工作室，并在宿舍里开发完成了他们的第一款游戏产品《Fly Me 2 the Moon》。这款游戏获得了苹果应用商店日本区和美国区的推荐，为他们赢得了一定的关注。

2011年下半年，刘伟代表米哈游参加了“创新创业达人比赛”，并成功获得上海市大学生创业基金会提供的10万元无息贷款和免费使用半年的50平方米办公场地。在这个机会的推动下，刘伟和他的两个合伙人正式注册成立公司米哈游。

创业初期，米哈游面临巨大的挑战。他们放弃了当时市场上已经验证的三国类和武侠主题游戏，而是以“从零开始创建一家世界一流的原创动漫公司”为目标，尝试打造原创游戏产品。在最艰难的时候，刘伟需要身兼数职，甚至当起了游戏客服，每天不断地与用户交流，寻找产品自身不足。经过不断打磨，在《崩坏学园》的基础上，通过大幅提升核心玩法、美术视觉，2014年《崩坏学园2》正式推出，才让米哈游大放异彩。

讲好中国故事，做好中国游戏

《原神》作为一款全球同步上线的多平台游戏，自2020年推出以来，取得了巨大的成功。这款游戏不仅在PS4、iOS、Android和PC平台上都可以畅玩，还在全球68个国家和地区的畅销榜上名列前茅。《原神》获得了众多游戏领域的顶级奖项，包括App Store 2020年度游戏、Google Play 2020年度游戏、第21届游戏开发者选择奖（GDCA）年度最佳移动游戏奖以及“游戏界奥斯卡”TGA 2021最佳移动游戏奖。

作为公司的创始人和领导者，刘伟将游戏产业价值与文化价值相融合，致力于讲好中国故事，做好中国游戏。《原神》以弘扬正能量和传播中华文化为核心，通过精心规划和设计，打造了一个充满中式美、沉浸感和生命力的开放世界。游戏场景以国内著名的5A级景区如张家界、漓江和黄龙为灵感，将这些美丽的风景融入游戏世界中的璃月城市，让玩家可以在游戏中探索这些令人叹为观止的景点，感受中国传统文化的独特魅力。

刘伟的创业历程和米哈游的发展道路展现了一个从大学宿舍开始创业的大学生的成长之路，刘伟的创业历程不仅仅是一个成功的商业故事，更是一个追求梦想、传播文化的人生发展过程。他通过游戏产品，潜移默化地向全球用户传达中国文化，让更多的人能够了解、喜爱和接近中国文化。刘伟的故事鼓舞着更多年轻人勇于追求梦想，用创意和努力去创造属于自己的成功和影响力。

实践拓展

创业企业考察及青年创业者调研

本课外实践任务通过创业企业考察与青年创业者访谈活动，走出校园，深入了解创业的宏观、中观和微观环境，考察体验真实创业企业的起步与运营实际状况，加深对创业的认知；在访谈真实创业者过程中，加深对创业者创业素质、创业选择与决策、创业动机、创业模式和创业真实过程的理解与体验，积累创业经验，提升创业素质。

各组学生在进行采访时要与创业者合影，并把采访的最深感受与心得制作成PPT在课堂中与大家分享。

一、实践操作要点

1. 创业企业考察的小组任务布置

（1）划分区域；

（2）布置任务；

（3）小组讨论；

（4）提交方案。

2. 创业企业考察的任务目标与要点

（1）考察目的地环境、社群及层次定位分析。

（2）考察目的地的结构布局、消费群体、流量统计及时段分析。

（3）重点对象、企业规模、主打产品、消费层次及营收情况考察。

（4）形成考察报告。

（5）以团队形式进行成果分享。

3. 青年创业者访谈的任务要求及说明

（1）每组完成 6 名青年创业者调研访谈（指定人员）。

（2）每位成员返乡完成 1 名青年创业者调研访谈（自主确定）。

（3）每名创业者调研对象完成一份 1500 字创业者案例故事。

（4）需采集每名创业者调研对象 8～10 张照片，主要反映调研对象的创业历程、调研过程、工作场景、工作过程和企业门面合影等。

（5）样本要求：确保访谈对象样本具有广泛代表性。主要考量因素有：人群类别（主要围绕大学生创业者，最好覆盖不同类型的院校和专业）、多样化的创业类型和行业、创业持续时间（初创为主）和创业处所（兼顾城乡、地区差异）。

（6）调查问卷：需采集调研对象的个人信息，在线完成调查问卷的结果与相关记录。

（7）拍摄微视频：选取有代表性的创业者，访谈过程中进行录像，或选择有代表性的几个画面拍照。

二、参考调研提纲

（1）围绕创业历程，对典型青年创业者进行访谈，注意对创业活动深入挖掘，准确、全面展示创业者的职业特征。

（2）访谈内容包括但不限于以下方面。

创业者简历：姓名、学历、毕业院校、毕业时间；

创业企业概况：名称、注册时间、注册资金、地址、企业性质与类型、经营范围；

创业团队：团队成员、成员概况、企业规模等；

经营情况：区域布置、经营模式、年营业额和纳税额等；

项目选择：为何选择该项目，主要基于什么因素考虑；

创业资源：选择项目或创业过程中，资源的拥有、利用与整合情况，主要基于哪些考虑；

创业决策：创业的决策过程，企业决策流程，采用哪些方式，企业的发展规划如何；

创业素质：创业者自身拥有哪些素质，创业者认为创业需要具备哪些素质，团队需要具备哪些素质；

创业环境：如何评价当前创业环境，创业政策如何，需要考虑哪些环境因素；

创业寄语：对大学生创业的寄语。

课后思考

1. 如何理解创业的内涵？创业具有哪些功能和意义？

2. 创业有哪些要素？如何理解创业要素之间的关系？

3. 创业有哪些常见类型？创业过程包括哪些步骤，一般分为哪几个阶段？

4. 如何理解创业精神及其作用？大学生如何培育创业精神？

5. 创业要求创业者具备哪些素质与能力？如何提升创业素质？

6. 常见的创业动机有哪些？

7. 创业与人生发展有哪些内在联系？

8. 创业者在创业前应做好哪些方面的准备？

第四章　创业机会与创业风险

学习目标

1. 了解创业机会的内涵与要素；
2. 掌握创业机会的主要来源；
3. 理解有价值创业机会的特征；
4. 了解创业风险的来源与分类；
5. 掌握创业风险应对的策略。

导入案例

帆薯科技

计算机专业的孟达是众多创业者中的一员，和多数创业者不同的是，他最开始就有着创业的野心。高考结束后第二天，他便与另一位创始人开会敲定了创业项目——“模块化便携式移动电源”，即模块化充电宝。

“充电宝受众广、价格低、技术壁垒低”，这是当时他们选择这个项目的原因。虽然团队也意识到这个项目面临“市场中直接竞争对手多”的问题，并且多数竞争对手都因为多年的经营有一定的口碑和庞大的用户群体，但他们仍然决定通过打造一个科技自媒体用于公司宣传和产品推广来解决这一问题。仅有三个人的公司被分成两个部门，即技术部和文案部。技术部负责产品的开发、设计、打样、量产，文案部负责通过科技自媒体的形式宣传和推广公司产品。后来又有许多志同道合的伙伴加入，根据能力和个人偏好的不同，孟达将他们分到了技术部和文案部。高考之后的假期，微信朋友圈中几乎所有同学都在晒旅游照，而孟达和他的团队已经忙碌于招募成员、设计图纸和宣传运作。然而在第七版设计图纸打样失败后，孟达被合作的厂家告知“以现在的技术和预算不可能达到预期的效果”，创业项目被迫停滞。在经历了初次创业失败后，孟达并没有选择放弃或者回避问题，而是反思失败的原因，首先是项目立项时没有进行深入的调查；其次是团队管理存在漏洞，由于职责不明确，使得团队中发生了有的人忙得没时间睡觉，有的人却不知道自己该干什么的情况。

吸取首个项目失败的经验教训，孟达决定彻底放弃充电宝项目，总结了目前新兴并且发展前景良好的科技企业所具备的共同点，同时根据“市场发展前景广阔”“市场前期消费者以青少年为主”“受众面广”这三个重点，确定了新的创业项目“一种能力共享的智能云平台”。孟达为了解决团队中“累的累死，闲的闲死”的问题，把原本的技术部和文案部划分成了“编程组”“美工组”“策划组”“专利组”“天投组”这五个不同的部门，每个部门由一个人负责，公司则在每天晚上 10 点准时召开语音会议，用于进行每日工作的汇报与交流。相比于上一个项目时的迷茫与怀疑，这次的项目不仅“选对了跑道”，产品每一个设计都旨在解决用户的痛点，在团队管理方面也填补了漏洞，分工更加明确，实现了部门间的紧密配合，团队成员积极性显著提高，群里常常凌晨三四点钟都有人在讨论问题。

启示

什么是好的创业机会？这是孟达的创业经历值得我们思考的问题之一。一个较好的、有商业价值与发展潜力的创业机会通常具备市场空间大、成本低、有一定门槛与壁垒等特征。孟达团队选择的充电宝项目市场空间较大、成本较低、技术壁垒低，初创团队比较容易进入，但也正是因为过低的市场门槛，导致该市场有着大量的涌入者，已然成为竞争的红海，搏杀惨烈，尽管孟达团队全力付出，却仍然难以取得竞争优势。这也正印证了我们常说的选择比努力更重要，找到对的方向才是一切努力的前提。孟达团队的创业经历带给我们的另一个思考是关于创业风险。创业活动本身是一种高风险、复杂的实践活动。在创业的每个环节和步骤，都会面临一些风险。孟达团队在创业机会识别和团队管理上就遇到了风险，而团队创业实力和团队核心决策能力等方面都或多或少存在一定局限性，导致初次创业项目受挫。孟达坦诚地面对和接受了初次创业项目失利，将过往经历沉淀精粹、查漏补缺，慎重选择了新的创业机会，填补管理漏洞，重整出发。树立风险意识，制定有效的策略来规避、控制和防范创业风险，这将是每一位创业者的必修课。

第一节　创业机会来源

一、创业机会的内涵与要素

机会是指具有时间性的有利情况。社会预测学家托·富勒说，一个明智的人总是抓住机会，把它变成美好的未来。创业者，也需要发现并利用机会！否则，创业就无从谈起。

创业机会，是指那些具有持久吸引力的商业机会。[1] 创业者抓住创业机会并利用其创造出可为客户或用户带来价值的产品与服务，同时谋求商业利润。创业机会也指有利于创业的一组条件的形成情况[2]，其形成至少需要以下四个要素：

（1）市场存在或出现了某种持续性需求。

（2）拟创业者具有满足上述市场需求的新创意或解决方案。

（3）创业者具有将前述创意或解决方案进行开发的能力和资源条件。

（4）创业者可将创意或解决方案转化为具体的产品服务，且不需要投入过多的人力物力即可实现商业化运作。

---

❶ 姚凯. 大学生创业导论［M］. 北京：清华大学出版社，2015.

❷ 李家华. 创业基础［M］. 北京：清华大学出版社，2015.

以上四个要素都具备时，才可认为客观上存在或形成了某种创业机会。

需要注意的是，商机并不一定都是创业机会。如果某种商机属于昙花一现的赚钱生意，而不具有供创业者长期开发与利用的可持续性，或者创业者没有能力开发利用或持有相匹配的创意方案与资源条件，这样的商机就不能算是创业机会。

由此可见，创业机会是具有持续一定时间的市场需求、满足市场需求的创意方案，有能力开发利用、切实存在的商机。

著名创业学家杰弗里·蒂蒙斯认为，创业机会具有以下几个方面的特征。

（1）消费者愿意购买。创业者开发与利用某个特定的创业机会，所提供的相关产品和服务必须对消费者产生吸引力，能够给消费者解决问题并带来价值，消费者愿意接受其产品服务并为之付费。

（2）持续一段时间。创业机会应当持续一段时间，满足被开发与利用的周期性需求。也就是说，创业机会带来的市场需求要持续一定时间，能够让创业者有充分时间去开发、销售产品和服务并获得相应商业回报。如果创业者开发出产品和服务后，市场需求就不存在了或没有一定的销售周期和回报周期，就很难取得创业成功，造成资源、时间精力的浪费。

（3）机会窗口打开。创业机会存在于特定的时间和空间范围内，具有机会的时效性、动态发展性等特征。创业机会存在的一定时期内，必须具有满足创业者适合进入相关行业产业开展创业活动的最佳“窗口期”。换句话说，创业机会随市场环境、行业发展及其他环境条件的变化而变化，创业者要在创业的“机会窗”关闭前，开始创业行动。

（4）能够创造价值。一方面，创业机会必须能用来开发出产品或服务，通过具体的产品或服务满足顾客需求，为顾客带来价值；另一方面，开发利用创业机会的创业者或创业企业必须能获得期望的利益与价值。也就是说，创业机会必须具备相应的商业环境，能在市场中行得通，为创业者和顾客都能创造价值。

二、有价值创业机会的特征

一个较好的、有商业价值与发展潜力的创业机会，通常具有以下几个方面的特征。

（1）盈利周期短。一般来说，能够在两年内达到盈亏平衡或者取得正收益的创业机会称为有价值创业机会。因为对于大多数创业者而言，需要三年甚至三年以上才能开始盈利的创业机会或创业项目，对创业者、创业合作伙伴和投资者的财务负担大且风险较高。除非特定创业机会或项目具有重大利好及发展前景，否则长期负资产运营除对创业者投入和合作伙伴的耐力要求提高外，对投资者的吸引力还大大降低。因此，有价值的创业机会往往具备短期盈利能力。

（2）市场规模足够大。市场规模大小决定了市场的总营业额的上限，也就是通常所说的企业“天花板”。一般来说，市场规模和价值越大，对应该市场的创业机会就越有价值。如果市场规模和价值较小，由于存在竞争对手的“分流”和创业企业的初始市场能力有限等问题，对于该市场的创业企业来说市场占有率不高，有限的市场规模会对其生存和未来发展形成制约。市场规模不够大的创业机会，通常不是有价值的创业机会。

（3）资源需求可承受。创业机会的开发利用，都需要匹配的必要资源。创业机会不同，其资源需求也不同。创业者要根据创业机会的资源需求状况，评估自己是否拥有或整合到匹配的资源，并分析自己的承受能力。创业资源需求中最基本的是启动资金，是创业者必须要做好的准备。一般来说，需要的创业启动资金越多，创业机会就越缺乏吸引力。虽然只需要极少甚至零资金的创业机会罕见，但是在其他条件相仿的情况下，启动资金需求较低的创业机会价值较大。创业者不宜盲目追求大规模、大投入，要根据自身资产情况和可以掌控调动的资源，合理评估创业机会的价值。

（4）投资收益率高。尽可能实现高的投资收益是创业的主要目标和基本动力。因此，创业者在评价创业机会的价值时，合乎预期的、合理的投资收益率是基本的评估指标。一般来说，投资收益率与持久毛利率、市场占有率和市场增长率等呈正相关。持久毛利率高，说明创业机会具备优秀的盈利能力，盈利能力强则会带来较高的投资收益率；市场占有率和增长率可反映出创业机会的市场发展前景，是投资收益率稳定增长的保证。如果投资收益率能够超过并维持在25%以上，基本可证明创业机会是有价值的；反之，过低的投资收益率则代表创业机会的价值较低。

（5）成本低。降低成本是提高盈利空间的重要手段，也是评价创业机会价值的重要指标。创业者在开发利用创业机会时，如果能通过利用先进技术和工艺、创新的商业模式和经营模式、具有成本优势的供应商和高效的销售渠道等方式手段，实现降低产品服务的生产与销售成本，就可建立起市场竞争的成本优势。这样的创业机会，其价值优势也很明显。

（6）门槛与壁垒。任何市场都有一定的准入门槛和壁垒。如果一个创业机会所提供的市场存在很高的准入条件、严苛的资源限制或政策法规调控，那么这样的创业机会成功率会降低，其价值会大打折扣。

市场准入门槛和壁垒是客观存在的，其对任何准备进入该市场的企业都是必须面对的。任何事物都具有两面性。过高的市场障碍不利于创业企业，但如果创业者有资源和能力克服，就意味着可建立起有效的竞争优势和一定的市场壁垒；过低的市场门槛涌入者也会大大增加，造成竞争的红海市场。一方面，创业者根据自身情况，分析市场门槛与壁垒，要作出创业策略选择；另一方面，要尽可能打造自身竞争优势，构筑一定的市场门槛与竞争壁垒。通常来说，具有一定市场门槛而创业者可跨过的创业机会，是极具价值的。

（7）可控性强。创业机会的价值，是针对开发利用机会的创业者而言的。创业机会再好，如果创业者不能掌控，也没有任何意义。创业机会的可控性分两个方面：一是指创业者可抓住并充分开发利用；二是指创业者在开发利用创业机会的过程中，开发创业机会的诸要素，如资金、产品服务、技术、人才、销售渠道等是可控的。总之，可控性强的创业机会，对创业者而言价值才大。

（8）无致命缺陷。任何创业机会都会存在不足和不利的一面。但需要强调的是，创业机会不能存在致命缺陷，即存在的不足和不利情况可通过创业者的努力与创造力的发挥来弥补。致命缺陷是指创业者根本无法实现、法律不允许、技术不可达到等致命性问题。任何致命缺陷都会导致创业机会失去其被利用的价值。致命缺陷是一票否决的，如果存在，创业机会就不能称为“机会”，否则创业者必须具备弥补相应缺陷的绝对能力。

当然，以上八个方面的特征是创业机会的“理想”状态，并非所有的创业机会都必然具有所有特征。创业机会具备上述特征越多，说明机会越好。但需要知道，“完美”的创业机会，必然会招来大批的创业者，竞争会更激烈。因此，创业机会的价值优劣是相对的。

三、创业机会的一般来源

（一）未被解决的问题与未被满足的需求

创业的根本途径是解决顾客的问题，满足顾客的需求。创业者可通过寻找自己和他人未被满足的需求或生活中遇到的问题与难处，在问题需求中发现创业机会。人们在学习工作与生活中存在的困境、难题，一些不协调现象和意外事件，某方面的特殊需要和问题瓶颈，往往都蕴含着创业机会。如果能解决前述这些问题，创业者往往就找到了适合自己的创业机会。比如，某毕业生发现很多高校的新校区建在远离市区的偏远郊区，师生往返市区十分不便，便萌生解决该问题而创办客运公司的想法。这是通过发现问题和需求，进而找到创业机会的典型案例。

哪里有抱怨，哪里就有机会。每一个问题与“痛点”需求，都是一个机会。很多行业产业的兴起与发展，都源于人们生活的“痛点”。比如，很多商务人士嫌豪华酒店太贵，而普通旅馆安全卫生又没有保障，于是如家、汉庭等连锁酒店诞生了；人们感觉打车难、出租车不方便，于是出现了网约车；人们没时间逛超市和商城，买东西耗时费力，于是有了淘宝和京东等购物网站……

（二）社会发展趋势与市场环境变化

创业机会本质上来源于变化和创新。彼得·德鲁克将创业者定义为那些能“寻找变化，并积极反应，把它当作机会充分利用起来的人”[1]。变化，既包括宏观层面的环境变化（社会、经济、政治、生活等）、政策变化、人口变化（数量、结构、思想观念、收入水平等）和科学技术发展，中观层面的产业结构调整、产业升级、行业新增与发展和区域经济发展，也包括微观层面的个体知识创新与升级、具体技术创新及发展和垂直市场细分等。比如，互联网技术的发明与提高，诞生了电子商务、网络社交、行业信息化等诸多创业机会。

（三）行业知识技能与工作经验能力

一方面，创业者个体所拥有的行业经验、工作经验、专业知识和技能、兴趣爱好及特长、能力优势、观念转变和创造力可直接创造创业机会。也就是说，创业者自身所拥有的知识经验等直接创造或转化为创业机会。比如，科研人员的发明专利和某项技术带来了技术创业机会，教师或医生拥有的专业知识与技能带来了知识创业机会，等等。

另一方面，创业者利用其拥有的生活阅历、经验技能、能力特长和创造力，更容易发现和识别潜在的创业机会。比如，牛根生利用前期在牛奶厂的工作经验，创建了蒙牛；比尔·盖茨基于个人能力优势和创造力，创建了微软帝国；李彦宏发挥个人专业优势，创办了百度……

（四）拥有的独特资源与社会网络

很多创业者的创业活动源于自己拥有相应的资源和社会网络。如优质的人脉网络、独有的业务渠道、技术资源优势和客户资源等，都有利于创业者利用这些资源，找到适合自己的创业机会。比如，雷军利用个人资本

[1] 彼得·德鲁克. 创新与创业精神［M］. 张炜，译. 上海：上海人民出版社，2002.

积累与投资圈人脉关系，创立了小米；郭德纲利用个人“技术资源”创办了德云社……

大学生也拥有很多创业相关资源，比如高层次的专家导师与科研技术资源，大学校园的市场资源，政府与高校对创业扶持的政策资源和低成本的校园人才等资源。充分挖掘并利用这些资源，有利于大学生创业者找到创业机会。

以上所述创业机会的四大核心来源，如图 4 -1 所示。

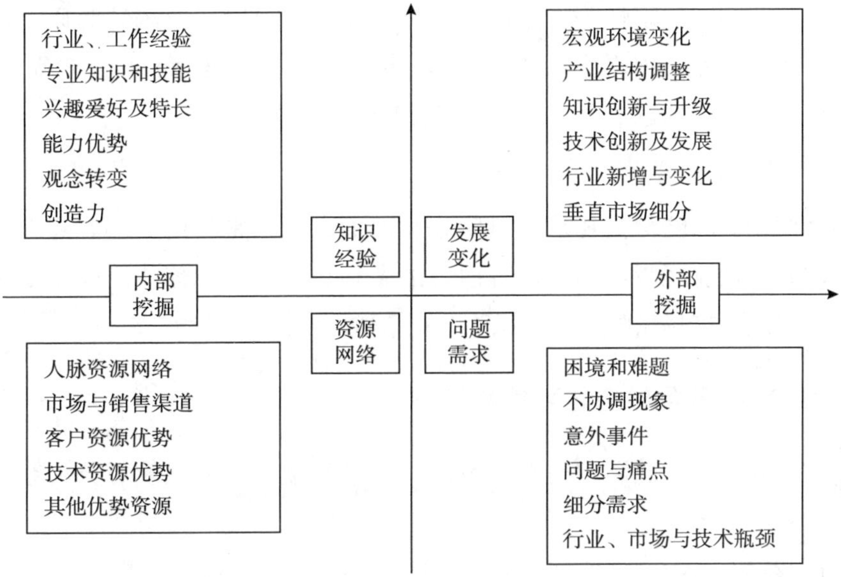

图 4 -1　创业机会的四大核心来源

第二节　认识创业风险

一、创业风险的分类

依据不同的标准和维度，创业风险可分为不同的类型。下面简要介绍创业风险的一些常见类型，便于了解和分析创业可能存在的各种风险。

（一）按风险来源及产生原因

按风险来源的主客观性质与风险产生的原因，创业风险可分为主观创业风险和客观创业风险。

1. 主观创业风险

主观创业风险是指由于创业者主观方面存在的问题、不足和创业者自身创业行为的不确定性等产生的风险。主观创业风险主要表现为因个人创业意识不够强烈、创业精神缺乏、身心素质差、实力能力不够、准备不足、决策失误等带来的意识风险、技术风险和管理风险。

2. 客观创业风险

客观创业风险与主观创业风险是相对而言的，是指由外部客观存在的不利因素和创业环境不确定性等引发的各种风险。客观创业风险主要表现为政策风险、市场风险、环境风险、竞争风险等。

（二）按风险影响与可控程度

按风险所带来的影响程度和风险的可控程度，创业风险可分为系统风险和非系统风险。

1. 系统风险

系统风险是指由于创业企业外部、不为创业者所预计和控制的因素造成的风险。创业的系统风险通常表现为商品、市场风险、要素市场风险和法律及政策制度风险等。系统风险不能通过创业者的主观努力而消除，又被称为不可分散风险。面对系统风险，创业者无法通过事先准备或采取针对性的预防措施来实现风险的规避或利用，也无法通过主观努力而改变、降低其风险。

2. 非系统风险

非系统风险是指由于某种特殊因素、可被创业者预估和控制的因素带来的风险。创业的非系统风险通常表现为创业者自身因素所引发的风险，如技术风险、财务风险和团队分化风险等。非系统风险又称可分散风险。非系统风险，可通过创业者发挥经验、能力等主观规避或降低风险。

系统风险与非系统风险的具体风险因素❶，具体见表4－1。

表4－1　系统风险与非系统风险的具体风险因素

风险类别	一级风险因素	二级风险因素
系统风险	商品市场风险	新产品市场多是潜在、待开发、待成长的
		很难确定市场接受新产品的具体时间
		很难预测新产品的市场需求成长速度
		很难预测未来同行市场竞争的实际态势
	要素市场风险	资本市场的资金可得性多是不确定的
		技术市场的技术可得性、实用性是不确定的
		人力资源市场存在“趋存而流”的不确定性
		上游产品市场供应商往往存在机会主义行为
	法律及政策规制风险	法律或政府政策的出台有可能超出创业者的预期
		政府许可具有不确定性
非系统风险	技术风险	新产品研发能否成功是不确定的
		相关行业能否提供技术配套是不确定的
	财务风险	新产品研发的资金需求极难判定
		新产品市场开发的资金需求是不确定的
	团队分化风险	团队成员缺乏共识的利益、目标、规则等
		部分成员的“畏惧心理”和机会主义
		没有形成领袖人物造成的团队风险

（三）按风险表现形式与创业要素内容

按风险的表现形式与创业要素内容划分，创业风险可分为环境风险、机会风险、技术风险、市场风险、政策风险、管理风险、生产风险和资源风险等类型。

❶ 雷家骕，葛健新，王华书. 创新创业管理学导论［M］. 北京：清华大学出版社，2014：191.

1. 环境风险

环境风险是指创业活动所处外部环境发展变化和存在的不确定性因素给创业带来的不利影响或损失。

2. 机会风险

机会风险是指创业机会被开发和利用存在的一些不确定性所带来的风险。

3. 技术风险

技术风险是指由于技术方面的因素及其变化的不确定性而导致创业失败的可能性。技术创业，特别是高新技术创业，投资大且投资周期长，技术前景、寿命和效果存在不确定性，这些都会带来一定风险。

4. 市场风险

市场风险是指由于行业市场的不确定性带来不利影响或可能损失的风险。市场风险主要表现为市场波动、消费者购买力、竞争状况、市场接受度和增长率等具有不确定性。

5. 政策风险

政策风险是指由于政府法律法规、税收政策、行业管制政策等调整改变而对创业产生不利影响或损失的风险。

6. 管理风险

管理风险是指因创业企业管理不善、经营不当等所产生的风险。管理风险主要表现为战略管理、人力资源管理、财务管理、生产管理、市场管理、销售管理和客户管理等方面问题带来的各种风险。

7. 生产风险

生产风险是指创业企业在生产过程中，因生产工艺落后或不合理产生产品质量问题，原材料供应存在不及时或短缺问题，生产周期长和成本高等问题，从而产生的风险。

8. 资源风险

资源风险是指在创业过程中，创业者所拥有、掌控、整合的资源具有不确定性和有限性所带来的风险。资源风险常常表现为资金短缺或周转不灵、劳动力成本高、设备落后或不足和场地受限等问题。

二、创业风险的来源

（一）根本来源

创业风险从根本上说，主要来源于以下三个方面。

1. 创业环境的不确定性

创业环境是动态发展的，具有不确定性和不可准确预测的特点。从宏观层面看，社会环境、经济环境和政治环境都存在不稳定因素，时刻发生变化。特别是在当今全球化时代，无法预知的“黑天鹅事件”会引发社会、经济和政治的变革。从中观层面看，创业活动所在行业、区域也存在一定的发展变数。比如，行业竞争格局和区域的法律法规的变化，可带来一定的创业风险。从微观层面看，创业活动针对的目标市场、消费者，依赖的技术、原材料和销售渠道等，由于各种因素影响导致的变数，会产生某些创业风险。

2. 创业活动的复杂性

创业活动本身是一种高风险、复杂的实践活动。创业活动需要经过创业各种准备、创业机会的识别分析、创业资源整合、产品服务开发与销售、新企业开办和运营管理等一系列复杂的活动。在创业的每个环节和步骤，都会面临一些风险。比如，创业所开发利用的创业机会，其本身就具有复杂的系统性风险和非系统性风险。创业活动的复杂性必然带来或导致创业风险。

3. 创业主体的局限性

创业活动是靠创业者及其团队，包括创业投资者、生产销售合作者等主体推动实施的。面对复杂的创业活动和外部环境的变化，创业主体的创业实力和行为决策能力等方面都或多或少存在一定的局限性，这也必然会带来某些创业风险。特别是核心创业者的主观决策，往往决策失误会带来风险、招致创业损失甚至创业失败。

（二）可能来源

创业风险可能来源于外部环境（如法律法规、行业、市场等），也可能来源于内部环境（如团队、技术、资源、运营模式等）；可能来源于与创业活动直接相关的因素（如创业机会、资源、核心团队等），也可能来源于与创业活动非直接相关的因素（如天灾人祸、非直接竞争对手的出现导致目标市场被取代等）；可能来源于有因果关系的必然事件（如创业机会的天然缺陷、团队能力或实力与项目不太匹配等），也可能来源于偶然性事件（如核心创业者突现大病或家庭变故等导致无法继续创业）；可能来源于影响创业活动的整体性、框架性的关键要素部分（如资金、技术、人才、战略等），也可能来源于创业活动过程中的诸多细节（如某个决策失误、产品质量瑕疵、公关危机等），等等。

（三）直接来源

由于创业过程是创业者将创意构想或技术成果或特定解决方案通过商业模式和企业运营转化为消费者可购买的具体产品服务的过程，在此过程中，存在实现创业目标所必需的、基本的、相互联系的要素，这些要素存在不可掌控、不确定性、系统复杂性和条件有限性等问题。这些要素往往是产生创业风险的直接原因。在一定的创业条件下，创业风险往往直接来源于这些要素存在的问题或缺口。[1] 创业风险的直接来源主要有以下几个方面。

---

[1] 陈震红，董俊武. 创业风险的来源和分类［J］. 财会月刊，2003（24）：56－57.

1. 资源缺口

虽然资源可通过创业者发挥创造力进行整合与利用，但仍需要必要的关键资源才能启动并顺利推进创业过程。创业者创业，如同画家创作作品一样，画家需要画笔、颜料等才能创作，创业者如果没有必要资源或某方面资源存在缺口或不足，而在一定条件下没有把握或及时整合到相应资源，即无法弥补资源缺口时，就会产生一定的创业风险。

创业资源缺口主要存在于资金、人才和技术等方面，其中最常见、最为关键的是资金缺口。资金缺口会直接产生现金流断裂的风险，资金链断裂会导致创业企业无法正常运营甚至死亡。资金缺口同时会影响产品开发与生产、市场与销售和团队信心等，会给创业带来一定风险。因此，创业者要在资源特别是资金方面未雨绸缪，以防风险的发生。

2. 技术缺口

技术缺口主要指产品服务的研究开发与生产过程中所需的技术无法获得，或者在应用技术时遇到瓶颈与难题，或所采用的技术工艺无法达到性能、质量和成本控制的要求。技术缺口往往存在于前期的解决方案或原有技术没有用于生产实践，没有经过大规模商业生产的实践检验，而只停留在理论研究成果的层面，即缺口在于理论与实践的差距，在于预想与现实的差距。有些技术缺口需要长时间的研究和实践才能解决，面对激烈的市场竞争和刻不容缓的商业快节奏运营要求，创业者要在创业企业开办前，结合创业机会和具体项目，加强技术的论证和实践模拟，最好能通过原型产品的开发，检验技术的可实现性和商业经济性，以规避技术缺口带来的风险。

3. 团队缺口

团队缺口常常存在于两个层面：一是开发特定创业机会、运营创业企业所必需的核心人才方面存在缺失，二是团队能力与创业企业运营所要求的能力存在差距。众所周知，适合的创业合作伙伴和核心人才往往是可遇而不可求的，特别是在创业起步阶段。创业资源积累不够、商业模式不够成熟、企业发展存在不确定性等因素，找到认可创业项目、价值观一致、适合一起创业的人是极其困难的，找到满足新项目与新模式所要求的、满足人才待遇需求、愿意到初创企业工作的人才也是非常困难的。另外，团队组建的前期，还会存在团队协作与沟通的磨合，磨合不好，轻则影响工作绩效，重则造成团队的不稳定。

团队对创业来说是最为关键的要素。因为团队可以有效弥补其他方面的缺口及其带来的问题（如资金缺口、技术缺口等），好的团队可以降低和规避其他缺口带来的各种风险。同时，人的因素存在很多不确定性。因此，团队缺口往往带来更大的不确定性和风险。

4. 模式缺口

创业前或创业初期，创业模式、商业模式和企业运营模式往往不成熟，存在一定时期的摸索，需要通过实践不断调整优化，逐步形成成熟、稳定的模式。这种模式的不确定性和不够成熟的状态，就是模式缺口。常言道，方向和路子对了，就不怕远。尽早找到适合创业机会的、符合创业团队优势的、契合行业发展规律的好模式，有助于缩短摸索周期，降低试错成本，规避一定的风险。

5. 管理缺口

创业过程和创业企业需要科学、有效的管理，需要创业者具备相应的管理经验与能力。面对新的创业机会、新的商业模式和新创企业，创业者一开始并不一定能具备相应的管理经验和才能。这就形成了管理缺口。一方面，创业者需要通过创业实践，不断摸索和积累创业经验，提升各方面的管理能力；另一方面，创业企业运营各方面的管理需要各种专业管理人才，而专业管理人才并不能做到一步到位。这两种情况下带来的管理缺口，往往会带来相应的风险。

三、创业风险应对的策略

为应对创业过程中的各种风险，创业者有必要制定有效的策略来规避、控制和防范创业风险。下面介绍几种应对策略，供创业者参考。

（一）守正出奇，扬长补短

守正，是指创业者要走康庄正道，尽量消除“一夜暴富”和“走捷径”的想法，否则容易铤而走险，招致更大的风险。守正还包含创业项目的选择尽量规避法律法规风险，把握创业规律，选择有宽阔前景的“大道”和合理合法的创业路径。出奇，是指创业者要运用创新思维，充分发挥创造力，以创新求变适应创业环境的发展变化，以创新应对创业过程中的问题和不确定性。创业，唯正不立，唯奇不胜。

扬长，是指创业者要充分发挥自身创业优势和核心竞争力，构筑创业实力，以强大实力应对各种创业风险，提升风险承担能力。唯有优势与实力，才能让创业者直面风险，有效化解各种风险。补短，是指创业者要明确自身的劣势和不确定性因素，通过各种方法策略和创造性的努力，尽力弥补不足，减少不利的风险因素，控制风险发生的条件和可能带来的损失。

（二）鸟瞰全局，管中窥豹

鸟瞰全局，是指创业者要从创业全局出发，抓住创业的实质关键和要素问题，找出影响大局的关键风险和问题，加强创业的顶层设计和整体规划，以避免全局性、整体性、致命性风险的发生。另外，创业者通过适时的“鸟瞰全局”，有助于发现创业各个活动环节的潜在问题和隐藏风险。

管中窥豹，是与鸟瞰全局互为补充、相互配合的策略。常言说，细节决定成败，“黑天鹅事件”往往会引发全局性风险。创业者在关注宏观全局的同时，还要注意“管中窥豹”，善于从局部、细节呈现出的问题或危险信息，推测其中隐含的、可能发生的风险。

（三）与时俱进，查漏补缺

与时俱进，是指创业者要善于学习，要善于运用新眼光看待新环境和运用新思维思考分析新问题。创业环境时刻在变化发展，创业过程本身也时刻发生着变化。应对发展变化带来的不确定性风险，最有效的策略是创业者主动加强学习，更新创业理念，掌握新方法和新工具，提升适应新的形势发展要求和解决新问题的能力。

查漏补缺，是指创业者要及时发现创业过程中存在的薄弱环节和忽略的问题，系统分析可能产生风险的工作漏洞和缺位现象，从中找出风险源和风险因素，制订出相应的弥补与改进措施，以降低风险发生的可能性。另外，查漏补缺也是风险事件发生后，"亡羊补牢"式的风险应对措施。

（四）重点突破，避重就轻

重点突破，是指创业者面对风险或可能发生的风险，要抓住重点风险和风险的重要方面，集中精力和资源，突破发生风险的关键问题和重大瓶颈，以有效应对面临的主要风险，控制风险发生的可能，降低其带来的损失程度。

避重就轻，是指创业者要注意重大风险的规避、控制、转移、分散和隔离，将损失较轻的进行风险自留，承担必要的、不可规避的较小风险。避重就轻也是处理已发生风险事件的有效策略，以此尽量降低风险带来的损失和不利影响。

（五）合纵连横，善事利器

合纵连横，是指创业者要善于利用各种内外部环境和资源，整合有利资源和条件，构建风险防范的立体系统和完整机制，"团结一切可以团结的力量"，壮大抵御风险的实力，应对创业风险与挑战。

工欲善其事，必先利其器。善事利器，是指创业者不仅要有风险防范意识，还要掌握风险管理的规律和方法，研究出创业风险的预警工具，做到创业风险的早发现、高效预防和管理。

（六）智慧取舍，行动制胜

创业风险一方面来源于外部客观环境，另一方面来源于创业者内部的意识和决策。创业者的意识风险和决策风险往往是最大的创业风险，主要来自其对收益和风险、利与弊的取舍决策。智慧取舍，是指创业者要学会取舍，懂得进退，科学评估得失，做到短期利益和长远利益兼顾，提高收益，降低风险。

行动制胜，是指创业者对待创业风险，不能仅停留在意识层面，需要通过快速而高效的行动，将风险的预防、控制、管理落到实处，才能真正有效应对创业过程中的各种风险。

二维码链接

元宇宙将带我们步入怎样的数字文明

课堂活动

活动一　社会发展趋势中的创业机会

1. 头脑风暴：未来的趋势。即思考未来 5 年、10 年、20 年内产品和服务的发展方向，可能包括：世界资源的再平衡、移动设备、随时随地的三维通信、全息印刷、机器人，等等。全班同学一起生成一个趋势列表。

2. 每个小组从趋势列表中选择三个趋势，讨论这些趋势会如何影响顾客细分和顾客关系、产品或服务设计，以及组织业务流程的新方法，如产品和服务的分销，从而发现机会空间，最终开发出小组的未来世界蓝图。小组需要在纸上把自己的未来情境描绘出来。

3. 小组汇报：自身小组的三种趋势、未来情境以及如何利用新兴趋势和机会空间。

4. 反思自己为未来而创造时的感受，理解“是趋势创造了市场”。

活动二　列举生成式人工智能带来的创业机会

生成式人工智能（GPT）是一种能够自动生成文本、对话和其他形式内容的人工智能技术。它的出现为创业者带来了许多新的机会和创新的可能性，请同学们讨论：生成式人工智能带来的创业机会有哪些？

创业榜样

中国跨境电商独角兽公司❶

在年轻购物者推动下，一家名为“希音”（SHEIN）的快时尚电商品牌，在2021年破纪录地实现157亿美元的收入。在更多人看来，希音俨然就是当下快时尚以及电商领域最大的“独角兽”，并被视为“中国版ZARA”。

希音是谁?

希音的前身，是掌舵人许仰天于2008年在江苏成立的一家婚纱公司。2011年，他用卖婚纱挣来的钱成立了独立网站“Sheinside. com”，公司也从销售婚纱这一单一品类变成包括女性服装及相关配饰等全品类的电商平台，并在当年推出了西班牙网站，直捣ZARA“老巢”。此后，该网站又在法国、俄罗斯、德国、意大利等国家相继上线。

2018年，希音在快时尚圈内彻底火了起来。2018年年末，希音已经成为美国“购物类APP前十”的大型网站。相关数据显示，当年希音美国站的月流量达到了157万人次，并开始涉足男装以及童装业务。这一年，希音也获得了来自红杉资本等机构总估值25亿美元的融资。在接下来的两年内，希音完成了D轮以及E轮融资。据了解，在2020年的融资中，希音的估值已经超过450亿美元。2022年希音成为全球购物APP下载榜冠军，F轮融资后，希音的估值达到了1000亿美元，一度成为仅次于SpaceX、字节跳动

❶ 孙文轩. SHEIN财富密码：中国式种草+中国制造［N］. 新京报，2021-06-09.

的全球第三大独角兽巨头。

小单快返支撑产业链

希音主要是依靠低成本、高频次的上新，在对话消费者的过程中以小单快返的模式不断试错、迭代产品。它先根据前端用户需求设计产品，实现对当下流行产品的全覆盖。然后，其后端供应链根据市场反应精准匹配消费者需求。其核心在于多、快、准的供应链。

“所谓‘小单快返’，就是每一款商品第一单只生产100件，投放市场后，根据消费者反应决定哪些款式可以批量生产。”这种模式有两个难点：一是找到愿意接单的工厂，二是款式必须多样化。在破解第一个难点时，希音采取的方法是，自己承担样衣打板并给予工厂一定的补贴，以弥补他们的开机费用。同时，希音不但不拖欠货款，有时还会提前给供应商结账。

希音能破解第二个难点则是因为，它很早就在全球各国市场进行用户与产品数据收集和积累，并选择大量有明显设计区别的服饰进行销售测试，看看哪些款式在哪些地区、哪些消费群体里更受欢迎，希音发现，海外消费者日常除了有在亚马逊等大平台上购物的习惯，也很喜欢上独立站，而且对独立站的信任度很高，特别是海外的小众品牌服饰、首饰、鞋履等品牌的独立站，都有不错的流量。希音的“精品模式”恰好契合了他们的需求——海量的用户浏览、点击、下单数据都被转换为供应链管理系统的数据，这些数据既包括社交媒体端，也包括生产工厂端。利用大数据，希音可以跟踪流行趋势，并为设计师做好设计辅助系统，大批量设计和生产各个市场的爆款。这让希音给消费者新潮、多样的印象，也极大地扩充了消费群。

虽然希音的市场在海外，但其聪明之处在于，最大程度地利用了国内极其成熟的服饰产业链基地——广州番禺。这里不但服饰产业高度发展，供应商密集，而且国际物流产业相当成熟。得天独厚的条件让希音的小单快返模式得以实现，并逐步打造了上千人的设计团队和自己较为完备的供应链体系，从下单到出货仅需7天，从下单到交付仅需10天。

希音通过与中小供应商建立高黏性、高信任的合作，逐步形成一个以希音为核心的智能生产集群，供应商统一使用供应链管理系统，回款快、单量稳、入驻成本低，因此工厂和供应商都乐于与其合作，这让希音拥有了更低的成本和更高的毛利率，同时降低了线下租金和人力成本。

希音在创立初期，通过深入了解年轻购物者的需求和市场趋势，发现了快时尚和电商领域的机会，同时抓住跨境电商的机会，将其产品销售扩展到全球各国市场。利用国内成熟的服饰产业链基地，特别是广州番禺，建立自己的供应链体系。总的来说，希音成功利用市场需求机会、跨境电商机会，并利用小单快返商业模式和供应链整合，成为中国跨境电商领域的独角兽公司。

实践拓展

寻找并评估自己的创业机会

小组通过讨论与市场调研，寻找身边的创业机会，并根据本章理论方法分析评估机会的价值。各小组通过介绍自己的创业项目，将评分填入表 4－2 中进行团队评比。

表 4－2　评分表

标准	专家与同行评分			
	极好（3 分）	好（2 分）	一般（1 分）	总分
产品生命长久（3 年）				
易操作性				
市场接受度				
不存在任何致命缺陷				
成长潜力				

课后思考

1. 什么是创业机会？创业机会有哪些要素？创意与创业机会的核心区别在哪里？

2. 创业机会有哪些来源？有价值的创业机会具有哪些特征？

3. 创业机会识别与确定的过程步骤有哪些？其内容与方法有哪些？

4. 创业机会价值的评价标准如何？创业机会价值的分析方法主要有哪些？

第五章　创业团队组建与管理

学习目标

1. 了解创业团队的内涵，理解其要素特征；

2. 了解创业团队的优势，理解创业团队胜任力的维度及其内容；

3. 理解高绩效创业团队的基本特征；

4. 掌握组建创业团队的原则和步骤；

5. 理解组建创业团队要考虑的关键因素和甄选创业团队成员应注意的问题；

6. 理解创业团队的管理内容和技巧，掌握创业股权的分配原则。

导入案例

凿山人

信息学部软件工程专业的袁海天希望将自身专业和教育经验结合起来应用到具体实践中，抓住互联网繁荣时期的机遇，搭建一个在校少儿编程教育的平台，于是开启了自己的创业之路。

一个人可以走得很快，但是一群人才能走得更远。在确定自己的想法之后，袁海天开始在年级里寻找自己的伙伴，与那些有共鸣的人在一起组建了自己的团队。最初的尝试并不是一帆风顺的，一群大一、大二的学生有一腔热情却缺乏经验。在团队的磨合期间，他们由于没有目标，走了很多弯路。但他们从来没有过放弃的想法，两个月的坚持让他们遇到了职业生涯大赛的冠军学长，并在学长的带领下开始步入正轨。袁海天意识到，要有更强大的团队才能有更广阔的世界。他大二期间在学校各个组织和社团积累的信誉凸显了作用，让他具备了凝聚初创团队的基本能力。此外，团队的发展需要更多新鲜力量的加入，于是在新生方面的招新就显得格外重要。袁海天对招新很是用心，他通过学长串讲的方式，将心比心，询问新生的理想和规划，从自己的认知给他们提供建议，给新生期望和努力的方向，通过这样的方式，他的团队不断扩大，并且因为团队的门槛较高，团队成员的单方面能力很强，团队的综合能力更强。在这个团队成员眼中，他们的关系更像是兄弟，大家在各类竞赛和各种项目中积累了大量的经验，增强了团队的默契，并且因为大家都是同一类人，有着相同的价值观，所以团队的感情也越来越深。他们共同努力，用工规模和业务不断扩大，团队也越来越好，袁海天对初创成员的定位期望也从工程师升级到了负责人，让团队成员管理雇用的工程师完成项目。在袁海天看来，创业成功的关键是有一群志同道合的朋友，比起项目的成败，团队的成长是袁海天更重视的。

袁海天的团队在澳洲开启了软件出海创业的多个项目，并开始面向社会招募远程工程师以充实队伍，团队成员分布在北京、南京、成都、杭州、深圳、澳大利亚等地。不懈的努力和拼搏一步步成就了现在的北京凿山人科技有限公司。

启示

成功的企业离不开优秀的团队。凿山人项目所取得的优秀成绩正是依靠高效的团队拼搏出来的，袁海天的项目团队符合高效团队的许多特征。首先，团队成员有着共同的价值观，志同道合，充满创业的欲望和激情。其次，团队成员高度一致的愿景和价值理念让他们形成默契和高度的凝聚力，团结互信，同甘共苦，共同奋斗。再次，团队成员不仅有出色的个人能力，还能够强强联合，使团队产生最大效能。最后，袁海天作为团队领导核心，其超强的能力和个人魅力也发挥了突出作用，他以此成为团队的灵魂人物，带领企业攻克难关，砥砺前行。创业团队的组建是一个系统复杂、动态发展的过程，合适的创业合作伙伴往往是“可遇而不可求的”。其中招募团队成员是组建团队最重要的一步，其最大的难点在于通过有效渠道，找到合适的人。袁海天在招募团队成员时，先是从身边的同学中吸纳合适的人选，之后不断开发、整合其他可能的渠道，比如参加创业比赛、新生串讲等，并通过设置一定的门槛，吸纳能力优秀且价值观相同的人才。团队成立后，袁海天非常注重团队成员的潜能发展和团队氛围的营造，致力于在积极、和谐与团结合作的氛围下，实现成员个人和团队的共同成长。组建一支优秀的团队，创业企业才能在充满未知的征途中乘风破浪，扬帆起航，袁海天关于创业团队组建和管理的经验是非常值得我们借鉴的。

第一节　构建创业团队

一、创业团队及其要素

创业团队的概念有狭义和广义之分。狭义上说，创业团队是由两个或两个以上具有共同的愿景与目标，共同创办新企业或参与新企业管理，拥有一定股权且直接参与战略决策的人所组成的特别团队。❶ 广义上说，创业团队除了拥有股份的核心成员外，还包括参与创业活动的所有相关成员。创业团队成员拥有可共享的资源，按照角色分工相互依存地在一起工作，共同对团队和企业负责，不同程度地分担创业风险并分享相应的创业回报。本书采用狭义的创业团队概念，界定是否属于创业团队的条件是：(1) 是否具有与创业团队一致的理念和目标；(2) 是否拥有股份；(3) 是否直接参与创业决策或经营活动。

创业团队的构成，需要具备以下几个方面的要素。❷

---

❶ 朱仁宏，曾楚宏，代吉林. 创业团队研究述评与展望 [J]. 外国经济与管理，2012 (11)：11－18.

❷ 田里. 大学生创业团队的构成要素分析 [J]. 产业与科技论坛，2014 (22)：167－173.

（一）具有共同的理念和愿景

创业团队首先要有共同的创业理念和创业愿景。创业团队所有成员必须一致认同所创办事业的价值、团队的行为理念和创业的目标方向。只有确保理念一致，创业团队才能做到高效沟通和做事默契，才能创造融洽的团队氛围和较高的团队绩效。只有拥有共同的创业愿景，创业团队才能目标统一，形成团队凝聚力，才能化解意见和矛盾。总之，在“道不同，不相为谋”和“同床异梦”的人之间，是无法组成创业团队的。

（二）具有互补的优势和能力

创业团队要实现创业目标和胜任创业活动的要求，需要团队在结构安排上具有互补性。创业团队在知识技能、经验资历、素质能力、个性特质、思维习惯等方面需要结构合理、统筹安排，以构建团队的核心优势和竞争力，促进创业活动顺利开展。具有互补性优势和能力的团队，可保证决策的科学性和执行创业计划的高效性。一个都是“唐僧”或都是“孙悟空”的创业团队，显然是不利于创业成功的。

（三）拥有确定的机会和必备的资源

创业团队组建和成立的前提是拥有有价值的创业机会和开发创业机会所必需的、匹配的创业资源。一个没有确定的创业项目或创业企业的团队，是不能成为创业团队的。而当只拥有相应的创意或技术时，如果团队缺乏必要的启动资金等资源也无法顺利启动、正常开展创业活动。在此情况下，团队也构不成创业团队。无法拥有确定的创业机会和必备的创业资源的团队，不能算是真正意义上的创业团队，顶多算是创业团队的雏形。

（四）具有顺畅的沟通和协作

创业团队必须依靠有效的团队工作机制、长期的工作配合开展创业活动，获得创业绩效。而高效的团队工作绩效有赖于顺畅的沟通、合理的协同工作来实现。很难想象，一支沟通不畅、无法有效协作、组织涣散的团队能够形成团队合力，更谈不上是可共同破解难题、取得创业成功的创业团队。高效顺畅的沟通机制、氛围和能力，以及简单高效的协作机制和体系，是创业团队长期存在和发展的要素之一。

（五）具有明确的角色和权益

创业团队需要有明确的角色和分工，以及与角色相匹配的合理权益安排。创业团队必须要有一个核心角色来领导，至少需要一个创业的“精神领袖”，即创业团队需要有一个且只有一个“老大”。一个创业团队，至少需要管理者、技术者和营销者三种核心角色。创业团队成员需要明确各自的角色职能、职责权限和工作内容及程序安排。创业团队需要根据角色职能与团队贡献明确其权、责、利，特别是要建立起团队一致认可的权益分配机制和激励制度。一个角色定位混乱、权责不清和利益分配不被完全认可的团队，会产生互相扯皮、矛盾和冲突，造成团队不稳定，更无法实现期望的绩效和目标。

二、高绩效创业团队的基本特征

一个好的、成功的创业团队是用创业绩效来证明的。一般来说，高绩效创业团队具有以下几个方面的基本特征。[1]

（一）强烈的创业欲望与激情

创业团队的各成员，不甘于现状，具有创立自己事业的愿望和想法，充满创业的欲望和激情。一旦找到志同道合的创业团队和高度认同的创业项目，他们就会立即充满激情地投入创业行动。由这样的成员组建的创业团队，在创业过程中就会带着梦想充满激情地投入，致力于创业梦想的实现，必然会创造出不凡的业绩。

---

[1] 杨惠丽. 高绩效创业团队特征分析［J］. 经贸实践，2016（4）：167－168.

（二）高度互信和凝聚力

信任是团队的基石。一个具有诚信品质、彼此忠诚、无任何猜忌、高度互信的创业团队，必然高度团结。团结就是力量。高度团结的创业团队就会形成团队的强大合力，团结一心，同甘共苦，共同奋斗，必然得到高绩效回报。创业团队成员具有高度一致的愿景和价值理念，就会产生团队凝聚力。创业团队的高度凝聚力，会让团队成员高度认可事业目标，促使其主动承担责任、自愿奉献一切，营造和谐的团队氛围，积极面对创业过程中的问题和风险，从而产生高绩效。具有高度互信和凝聚力的创业团队，一般不会计较个人的短期利益和得失，而会一心为了集体和创业目标的实现。当遇到利益冲突时，团队成员会主动做到利益让渡，顾全大局，从而换来团队的创业高绩效。

（三）坚定的目标与信念

创业成功往往不是一蹴而就的。在创业过程中，特别是遇到创业困难和危机时，团队成员会坚守自己的“创业初心”，坚定创业方向与目标不动摇，牢记自己的使命和价值，始终坚持创业梦想，专注于创业理想和目标的实现。具有坚定的目标和坚强必胜的信念，是高绩效团队的基本特征之一，也是高绩效团队制胜的法宝和创业成功的重要原因。

（四）高效的沟通与协作

高效的沟通是团队绩效的关键和保障。创业团队成员具有异质性，在创业过程中需要磨合。创业团队在工作过程中，难免出现意见分歧和各种冲突、矛盾。沟通是让创业团队快速度过磨合期、彼此了解和适应的不二方法，也是化解团队内部矛盾、减少彼此冲突的主要机制。高效的沟通，才能保证团队快速达成统一意见，构建顺畅的协作机制，才能产生分工合作的高绩效。高绩效的创业团队都具有高效的沟通能力和团队协作能力这一特征。

（五）彼此熟悉与默契

大部分成功的、高绩效的创业团队，在团队组成上基本都是彼此熟悉的同学、同乡或同事。比如，阿里巴巴的“十八大罗汉”、小米的“七人组合”和新东方的“铁三角”，都是相互之间非常熟悉的人脉关系。创业团队成员之间相互熟悉，有充分的了解和信任基础，有利于快速形成团队协作的默契，降低磨合与沟通成本。创业团队形成高度默契后，会大大提高协作效率，产生团队高绩效。因此，彼此熟悉与默契，是高绩效创业团队的又一基本特征。

（六）优势能力的完美搭配

团队绩效受团队个人能力的高度影响。“木桶理论”指出，团队整体绩效能力往往受制于构成木桶的那块最短“木板”长度。虽然团队间的相互协作可在一定程度上弥补个别“短板”，但无法完全摆脱其对整体绩效的影响。高绩效的创业团队，其成员往往都有自己的专长和特色优势，且彼此间的优势可形成结构性的完美搭配，即具有“优势互补”和“强强联合”的特点。具有优势能力完美组合与搭配的创业团队，可有效发挥各自的优势和专长，发挥各自的最大效能，必然可以产生超出一般团队的绩效结果。因此，高绩效创业团队具有各成员优势能力科学搭配的特征。

（七）领导超强的能力和魅力

俗话说，火车跑得快，全靠车头带。团队领导核心对团队管理起着最重要的作用，团队绩效的获得有赖于其正确、强力的领导和有效的管理协调。尤其是创业团队，必须要有一个“灵魂人物”，带领创业团队克服困难，建立公平、公正、共同认可的激励制度，充分调动团队成员的积极性和主动性，高效发挥团队成员的优势和创造力，进而取得好的创业绩效。创业团队核心领导的魅力，影响着团队的凝聚力和活力，影响着团队的稳定性，对团队绩效至为关键。

三、组建创业团队的原则和步骤

（一）组建原则

创业团队在组建过程中，需要遵循以下原则。

1. 匹配性原则

匹配性原则，是指在组建创业团队时，要遵循团队能力与创业项目匹配、团队价值观与创业愿景匹配、团队动机与创业目标匹配的原则。创业者组建的创业团队要确保团队成员的价值观、行为理念、动机目标高度一致，与要创办的事业高度契合。

2. 互补性原则

互补性原则，是指在组建创业团队时，要遵循团队成员之间能力互补、性格互补、资源互补、知识互补、信息互补和经验互补的原则。创业者组建的创业团队要实现优势互补、强强联合、高效协作，可有效发挥成员作用，产生“1 +1 >2”的团队协同效应。

3. 需求性原则

需求性原则，是指在组建创业团队时，要遵循创业活动实际需求、团队结构性需求、创业胜任力需求和创业发展需求的原则。创业者在组建团队时，要树立按需招募的理念，不能因某人能力强或资源多而盲目吸纳。

4. 适用性原则

适用性原则，是指在组建创业团队时，要遵循够用、可用、适用的原则。创业者在组建团队时，可能会面临诸多选择。创业者在做出最终抉择时，一定要深入、系统分析创业内部环境和条件，调查拟招成员的真实情况，选择“对的人”和“适合的人”。否则，可能会造成后续问题，付出不必要的代价和成本，甚至给团队和创业活动带来麻烦和风险。

5. “少而美”原则

少而美原则，是指在组建创业团队时，创业团队的成员不宜过多，遴选标准要高，要遵循精简高效的原则。少而美的创业团队，一方面可减少创业的管理成本，提高创业团队的收益比例；另一方面，少而美的团队，通常更容易领导和管理，减少“庸才”的干扰，更容易形成团队竞争力，提高团队绩效。

（二）组建步骤

创业团队的组建是一个系统复杂、动态发展的过程，合适的创业合作伙伴往往是“可遇而不可求的”。组建创业团队，遵循以下几个步骤，有助于提高组建的效率和更易“碰到”合适的人。

1. 分析需求，框定目标

分析拟开展创业项目在团队方面的角色需求、资源需求，根据目前团队胜任力状况和创业筹备情况，结合创业愿景和目标，确定组建创业团队应完成的目标。在确定需求目标的同时，还应根据具体情况，制订未来合伙人的招募标准。为准确框定拟招合伙人的标准，可通过给未来“理想合伙人”画像的方法，勾勒出其具体形象。

2. 充分准备，制订计划

当有了明确的需求和目标后，创业者需要制订两份计划方案：一是简要的创业计划，二是创业合伙人招募的行动方案。通过制订创业计划，创业者可进一步梳理创业思路，把握实现创业目标的条件，明确创业团队的具体需求，并为说服拟招募合伙人做好充分准备。通过制订创业合伙人招募计划和方案，可让创业团队的招募、组建更具计划性和可行性。招募计划方案中，要注意列出目标清单、招募途径、接触方式、时间节点、沟通关键点和拟开出的条件等。

3. 扩大圈子，整合渠道

招募团队成员是组建团队最重要的一步，而招募团队成员最大的难点在于通过有效渠道，找到合适的人。在组建团队时，创业者会自觉地梳理个人人际网络（自己身边的、熟悉的人脉，同学、同事、同乡等），分析哪些人是适合的，并判断合作的可能性。有时候，难就难在身边熟悉的人，并不一定适合或可能成功。这时，创业者要通过各种方法，有目的地扩大自己的人际圈，开发、整合其他可能的渠道。扩大人际圈和拓展渠道，常见的方法有：熟人介绍、参加创业比赛、参加融资活动、参加行业会议和论坛、寻求孵化器等服务机构支持和广告招募等。

4. 沟通谈判，明确责权利

当找到可能的合作目标时，创业者需要通过多次沟通，多方接触，深入了解其实际情况，首先判定是否符合自己的标准和要求，是否具有不可替代的特点。在确认目标就是自己“梦寐以求”的合适人选时，创业者要通过描绘拟创事业的蓝图和给出有吸引力的利益条件，打动、说服目标人选认同创业的远景目标和创业价值，使其主动积极、充满激情地参与到团队中来。为促进沟通谈判成功，创业者要及时明确目标人选确定加盟创业团队后其角色定位及其责权利分配情况，以打消其顾虑并促使其尽快做出决定。

5. 签订协议，构建制度

俗话说，没有规矩，不成方圆。在组建创业团队时，创业者一定要签订合伙协议，通过协议的方式明确创业团队的合伙规则和利益分配。签订合伙协议具有以下作用和目的：（1）通过协议和制度的形式，明确“游戏规则”，可让团队成员“放心”和“安心”；（2）签订协议，制订制度和规则，有利于消除因利益分配等带来的隐患与风险；（3）协议和制度有助于建立起有效的团队约束和激励机制。

6. 磨合调整，快速融合

当初步组建起创业团队后，创业者要通过有效的领导和协调，让创业团队成员尽快磨合，快速融入团队和创业工作中。在磨合的过程中，创业者要注意把握团队成员的状况和实际工作状态，要对不合适的成员做出快速决断，以免给创业团队和创业活动带来不利影响。创业团队的组建，是一个动态发展的过程。创业团队建设往往会经过磨合、调整、稳定、分化等几个阶段，即创业团队组建对于创业者而言，是一个长期性的工作，需要做好充分的心理准备。

四、甄选创业团队成员应注意的问题

创业者在组建创业团队时，至为关键的问题是如何甄选合适的团队成员。创业者在甄选创业团队成员时，需要注意以下几个方面的问题。

（一）成员的目的需求

人的选择都有其特定的需求和动机，人的需求层次和动机目的会影响其行为和决策。创业者在甄选创业团队成员时，首先要注意成员加盟团队进行创业的根本动机和目的，以及从事创业活动所想满足的需求。一般来说，创业团队成员的需求层次越高，具备的创业者素质和创业精神也越高，对创业越有利。团队成员具有强烈的自我实现和自我超越的需求，对创业是极为有利的。反之，创业团队的成员如果还处于满足基本需要层次的状态时，比如想通过创业解决生存和温饱问题，其可能就会偏重短期利益，对创业而言，是不利于应对创业风险和长期发展要求的。

（二）成员的优势与劣势

人都有优缺点，创业团队成员也存在自身的优势与劣势。创业者在甄选团队成员时，一方面要评估成员所具备的优势给团队和创业带来的价值和有利影响；另一方面要考虑成员具有的劣势和不足及其可能会给团队和创业带来的问题和不利影响。一般来说，创业者在选人时，首先考虑的是成员具备的优势及其可能带来的价值，然后才考虑其劣势与问题。创业者选人与用人，主要是用发展的眼光，用其长处，发挥其优势。人的优势与劣势是相对的，创业者要系统分析对比，综合权衡各种利弊得失，从团队整体结构和需求角度进行评估，做出科学的决策。需要说明的是，创业者要注意评估成员劣势给团队与创业活动带来的不利影响甚至风险是否可控或能够规避，是否是致命的。

（三）成员的个人特质

不同的人，在性格、兴趣、思维方式和行事风格等方面存在不同特点。

创业团队在组建时，团队成员的不同特质对于团队来说是必需而有利的。但在甄选创业团队成员时，创业者要注意成员不同特质对团队整体可能产生的不利影响，比如个人特质对团队氛围、沟通、绩效和稳定性等方面的不利影响有哪些，影响程度如何。一般来说，通过团队建设与管理，可规避或不会对团队整体绩效产生负面影响，不影响团队的团结和稳定，团队成员的个人特质的不利影响就是可以接受和包容的。

（四）成员的人品和价值观

对团队成员的人品和价值观要求方面，创业团队有别于一般团队，其对团队成员的人品与价值观要求不仅要相似相融，而且要求更高，这是由创业的本质和创业活动的特点决定的。创业活动的艰巨性要求创业团队具有共同的价值观，特别是对创业价值的高度认同，这是团队凝聚力的根本来源和创业动力。创业团队各成员的道德品质（敬业、诚信、正直等）和价值观念如果存在混乱和相悖的情况，将导致团队的利益冲突无法调和，影响团队的沟通协调、稳定性和工作绩效，会给创业活动带来巨大的风险。

创业是在为消费者和社会创造价值的基础上，创业团队获取相应的利益回报。创业团队要求其成员具有高度的诚信品格和社会责任感，只有如此，才能对团队、对他人和对社会带来积极影响，才能对其个人和团队产生信任，才有利于品牌的建立和创业的持久成功。

第二节　创业团队管理

一、创业团队管理的内容与技巧

（一）创业团队管理的内容

团队管理是维持团队稳定性、实现团队绩效和发展的必然要求和基本手段。为实现创业目标，创业团队需要在团队的目标愿景、角色分工、绩效、矛盾冲突、发展潜能、团队制度、文化氛围和利益分配等方面加强管理。创业团队的管理，主要包括以下几个方面的内容。

1. 目标信念管理

创业团队管理的首要目标是塑造共同的价值目标，形成坚定的创业信念和团队凝聚力。创业团队的目标管理，一是要让团队明确创业的方向和远景目标，共同致力于创业目标的实现；二是运用目标管理的 SMART 原则，保证团队工作目标的有效达成。有效的团队目标管理，有利于降低管理和沟通成本，提升团队稳定性与团队绩效。创业团队的信念管理，是指创业者要不断通过创业梦想和未来蓝图激励团队，在价值观层面影响其形成共同奋斗、艰苦创业的信念，坚定创业信心，为获得个人和团队的事业成功而共同努力。创业团队的信念管理，需要在创业过程中不断强化，当创业遇到困难和挫折时，其价值作用就可以凸显出来。

2. 角色职能管理

创业团队管理的基本任务是让团队成员人尽其才，充分发挥各自优势和能力，形成良好的创业绩效能力。创业团队管理，要根据创业项目和创业企业的实际情况，结合团队成员的优势和特点，合理定位其角色和职能，做到分工明确、责权利清晰。这是创业团队形成团队战斗力和良好执行力的保障。在团队建设与管理过程中，有可能出现角色职能安排不恰当的情况，需要根据实际情况做出调整，不断优化团队的角色职能安排。

3. 团队绩效管理

对于创业团队要不要绩效管理，创业企业特别是创业初期绩效管理的利弊，不同人有不同的看法。本书认为，虽然绩效管理对于创业而言有利有弊，但创业团队的绩效管理，是实现创业目标的关键保障和主要方法，无须讨论其是否需要，而只需讨论如何做好的问题。

创业团队的绩效管理主要有绩效规则和管理方法两方面的内容。不同的创业团队，其具体的绩效管理规则会有很大的差别。在绩效管理规则方面，至少要有简单明确的、公开透明的绩效考核目标、办法和奖惩规则，制定了规则就要真正施行，在施行的过程中根据情况不断调整和完善。适用于创业团队的绩效管理方法是 OKR（Objectives and Key Results）法，一般称为“目标和关键成果法”。OKR 方法运用于创业团队绩效管理中，有助于创业团队的工作绩效聚焦于创业目标的实现，绩效指标更易于量化管理，是一种有效提升团队绩效的工具。OKR 使用的方法是，将特定阶段的创业目标或绩效分解为若干小目标，然后建立实现这些小目标的关键成果（或参数）指标，最后分析这些关键指标的重要等级和优先顺序，交由团队及其成员完成这些具体任务。团队完成这些具体任务的进度和质量，就是该团队的绩效情况。

4. 矛盾冲突管理

团队无论多么团结、多么和谐，都避免不了产生矛盾冲突。根据团队冲突管理理论，团队内部矛盾冲突过低和过高都会造成团队绩效的降低。而适度的、可控的矛盾冲突，反而有利于团队绩效的提升。过低的矛盾冲突并不能说明团队已经达到理想的合作状态，反而说明团队已经丧失工作激情，团队成员缺乏斗志，士气低落，会造成团队绩效低下；过激的矛盾冲突，容易造成团队工作失控甚至脱离工作而引起人身攻击，不利于团队工作正常开展，更不利于团队绩效的实现。一定程度的、合理的冲突，是团队成员工作投入的正常表现，有利于团队绩效的达成。因此，创业团队的矛盾冲突管理就是协调团队工作过程，让团队保持适度的矛盾冲突状态，避免过低和过高矛盾冲突状态的出现。

5. 发展潜能管理

创业是一个充满变化和挑战的过程，创业需要学习型、创新型团队才能胜任创业环境的发展变化。创业活动的推进和团队工作绩效的实现，有赖于充分发挥团队成员的优势和潜能。在创业团队管理过程中，创业者需要通过强化学习理念、建立学习机制等途径，不断开发团队成员的潜能，强化其素质能力等优势，从而提升团队工作的绩效。

6. 团队制度管理

从团队管理本质上说，只存在两种有效管理的方式：沟通和制度。沟通，一般只能解决团队管理中的非原则性的问题和矛盾冲突，适用于个性化管理问题的解决，属于“软性”管理方式。制度，是管理的基础。俗话说，欲知平直，则必准绳；欲知方圆，则必规矩。创业团队的管理也必须有自己的行为标准和规则。创业团队组建后，为保证团队工作的有序化，通常会制定行政管理制度、人事管理制度、财务管理制度和绩效考核制度等。制度管理方式具有强制性、规范性、全员性和公开性等特点，属于团队管理的“硬性”管理方式。在团队管理上，制度是共同遵守的行为规范，是调整团队之间利益与矛盾的基本依据。

需要指出的是，创业团队的制度化管理不宜“过死”、过细，需要根据创业的实际情况做出必要的制度规定，制度设计要有一定的弹性。至少说，创业团队的制度化管理，不能照搬成熟、大公司的管理制度，其是非常不适合初创企业的，有可能给创业团队的工作绩效管理带来负面影响。

7. 文化氛围管理

团队文化，深刻影响着团队的思维和行为方式，对团队绩效有着重要影响。积极的团队文化，可营造出积极向上的团队氛围，提高团队活力和创造力，有助于团队目标的顺利实现。在创业团队管理过程中，创业者要提升团队文化建设意识，着力构建有利于创业目标实现的思想观念、价值理念和心理意识。创业团队的文化氛围管理，主要包括创业精神的塑造、创业观念的培育、创新创业氛围的营造和创业文化的发展。创业团队管理过程中，创业者要通过各种途径和方式，着力打造团队的鼓励创新、崇尚合作、吃苦耐劳和勇于担当等精神，培育团队绿色、开放、共享等观念，营造团队自由、创新、积极、和谐的氛围，构建以人为本、用户至上、精益求精、极致体验等理念。

8. 利益分配管理

创业团队的利益分配管理，是团队管理中最为复杂而敏感的内容。一方面，创业团队的利益分配很重要，其合理性是团队合作的基础和影响团队绩效的关键因素。另一方面，让所有人都满意、绝对公平的利益分配方案是不存在的，只能做到利益分配的相对合理和公平。利益分配主要有两个方面：股权分配和薪酬福利待遇的分配。关于创业团队股权的分配与管理，本节后面会有专门介绍。创业团队的薪酬福利等报酬管理，创业者一方面要树立创业财富共享的理念，必须舍得将创业利润分给创造价值的团队成员，以有效激励创业团队；另一方面，在制定利益分配方案时，要统筹考虑每位成员的工作技能、资历经验、承担的责任和风险，更要结合成员对团队的业绩贡献，尽可能做到多劳多得，以让团队成员觉得回报与所得相对合理为标准。另外，创业者在利益分配时还要考虑分配的时机、方式和手段。

（二）创业团队管理的技巧

创业团队管理，重要而复杂。创业者了解一些创业团队管理的技巧，有助于提升创业团队的绩效，从而推动创业企业的成功。

1. 注重团队凝聚力

团队凝聚力，是团队成功的基础与保障。创业者在团队管理过程中，不管是通过描绘创业未来的美好蓝图，还是给团队成员“灌输”各种价值观念、创业理念；不管是通过利益分配的激励机制，还是通过沟通、培训和讨论会，都要将团队打造成具有高度凝聚力的团队。

2. 致力于价值创造

创业，必须靠团队创造出消费者认可并购买的价值，才能收获价值，进而创业团队才能获得创业回报。创业者在团队管理时，要让团队的每位成员都意识到自己创造的价值对团队、对整个创业活动非常重要，自己贡献价值的多少是与个人收益紧密相关的。在团队管理过程中，创业者不管是通过管理制度、绩效考核，还是通过营造氛围、精神鼓励和特殊奖励，都要让团队成员心甘情愿地、积极主动地多承担任务和风险，多付出和贡献，而无须担心付出没有回报，无须考虑人际关系等其他因素的影响，只需要全力以赴地进行价值创造。创业团队成员达到此状态和境界时，标志着创业团队管理的成功，这样的团队将无往而不胜。

3. 鼓励有效沟通与分享

创业团队管理的一个基本技巧是有效沟通。有人说，创业团队管理80%的问题是沟通问题，而80%的团队管理问题都可以通过有效沟通来解决。由于创业初始阶段，各方面管理制度和运行体系不够完善，沟通就更为关键。因此，在创业团队管理过程中，创业者一方面要提升个人的沟通意识、沟通能力和沟通效果，做到自己与团队的高效沟通，另一方面，要创设鼓励沟通的机制和环境，提升团队成员的沟通意识和沟通能力。有效而顺畅的沟通，会让团队工作氛围更轻松和谐，大幅提升团队工作绩效，进而增强创业团队的凝聚力、执行力和竞争力。当今时代，信息技术极为发达，微信、QQ 等为团队沟通提供了高效率的工具和渠道。但需要注意的是，这些通信工具在提供沟通便利和效率的同时，也常常存在信息偏差，容易造成信息遗漏和错误理解，从而影响沟通效果。在可能的情况下，为保证沟通的效果，还是提倡多通过面对面、电话的方式沟通。

鼓励团队成员积极分享，是创业团队管理的有效方式。现代人，尤其是“80 后”“90 后”都喜欢分享自己，在分享互动过程中，找到自己的存在感和价值感。因此，鼓励团队成员多做信息分享、经验分享，有助于满足其心理成就需求，有助于加强团队之间的信息沟通与反馈，有助于塑造团队榜样，从而对创业团队建设起到积极的推动作用。分享，还是一种价值观，是一种胸怀和格局。团队成员如果能毫无保留地将自己的新理念、新观点、新想法，甚至是利益都分享给团队，这样的团队将无比强大。

4. 重视利益分配与绩效考核

前文已经提到，让团队成员感觉合理的利益分配机制非常重要。中国人的一个价值观念根深蒂固：不患寡而患不均。即利益的矛盾往往不在于多少，而在于分配方案给人的感觉是否公平。创业团队的利益分配一旦处理不好，不仅起不到激励作用，还会产生副作用甚至反作用。在创业团队的管理过程中，创业者一定要慎重对待，通过各种方式和手段，把这一关键问题解决好。

绩效考核是利益分配做到公平、公正、公开的有效工具和方法。创业者要根据团队和创业的实际情况，制定出合理、实用的绩效考核办法，以对团队成员的表现和业绩做出客观评价，起到监督、约束和激励团队成员的作用，做到利益分配让大家心服口服。

5. 做好创业者的自我管理

在创业团队管理中，创业者往往忽略对自己的管理。创业者的领导者和决策者的角色，决定了其对团队的影响更大。因此，创业者要树立加强自我管理的意识，通过自我管理加强自我约束，做到自控、自律和自信，树立良好榜样，打造自我影响力，以身体力行的方式起到示范和感召他人的作用。另外，创业者做好时间管理、事务管理、压力管理、情绪管理、挫折管理、学习管理、价值管理和健康管理等方面的自我管理，将直接创造价值，对团队绩效来说也是重要保障。

6. 多做复盘，善于总结和修正

创业团队的管理虽然有章可循，但管理是一个动态的实践过程，需要根据具体实际不断做出调整和优化完善。创业者的团队管理经验是在实践过程中不断积累、不断提升的。创业团队管理对于创业者而言，犯错和失误在所难免。犯错并不可怕，怕的是犯错后没有及时纠正而重蹈覆辙。创业者要善于“复盘”，不断总结团队管理过程中的经验得失，不断修正和完善团队管理体系，从而提升团队管理的经验与效果，打造出具有竞争优势的创业团队。

二、股权分配的原则与机制

（一）最大责任者一股独大

受传统文化和创业文化的影响，我国创业团队股权分配比较现实可行并得到投资认可的方式是创始人要一股独大。即创始人往往是团队其他股东最为认可、最为信服的人，他负有最大责任，需要具有最终决策权，以避免创业过程中的决策困难风险。

股权分配的原则是要尽可能保证创业团队所有成员都持有自己满意的股权，其从内心觉得自己所得的股权公平、公正，在这种情况下才会安心工作。一般的创业股权分配结构是：创始人 50% ~60% + 联合创始人 20% ~30% + 期权池 10% ~20% 。

（二）杜绝平均和拖延

创业团队的股权分配最忌讳的是搞“平均主义”。许多创业者在谈到股权分配问题时，会碍于情面难以启齿，对于自己和其他成员的股权分配，往往会选择回避，或者说一些模棱两可的话，如“大家都是兄弟，有钱一起赚”“咱们先做好别的事情，等企业发展稳定之后再谈这个吧”。这样的情况往往会造成后期分配股权时，矛盾更多更难协调。因为，当创业步入正轨后，每一位创业团队成员都会觉得自己付出很多，贡献很大，甚至自居功臣，这个时候再进行分配股权难度更大。因此，在创业初期要尽早将股权分配问题解决掉，达成共识之后，创业会更加顺利。

（三）股权绑定，分期兑现

创业团队在各成员股权持有比例达成共识之后，还需要考虑以下几个问题：

（1）如果持有股权比例很高的成员在后期不努力工作，对企业发展和生存不负责怎么办?

（2）如果持有股权的团队成员因各种原因而中途离开，那么他所持有的股权应该如何处理?

以上问题，可通过“股权绑定、分期兑现”的机制来解决。股权绑定是指创业团队成员需要在企业工作一定期限以上才可以拿到相应的股权；而分期兑现是指持有的股权不是一次性兑现而是约定条件（如根据工作时间、绩效等）分次兑现。比如 4 年制的股权绑定是指股权持有者可以在第一年兑现自己持有股权的 25%，接下来 3 年每年兑现 25%。

“股权绑定、分期兑现”机制，还可有效解决创业团队各成员初期股权分配不合理和避免“不劳而获”的问题。在创业过程中，当出现某位成员股权持有比例很高但贡献价值远比不上股权持有比例低的成员时，董事会利用该机制就可以对股权持有比例进行调整，比如将尚未绑定的股权重新分配。

（四）遵守契约精神，赢得信任与激励

股权分配方案的执行有赖于团队成员的诚信，即“契约精神”。对于创业团队的每个成员而言，一旦认可了股权分配方案，就应该遵守并履行承诺，不能“出尔反尔”。对于创业者而言，要通过股权分配，赢得团队的信任，激励团队成员为共同的创业目标而积极努力。

三、股权分配比例与股权分配协议

（一）股权分配比例

股权分配问题对于创业企业是不得不面临的问题。而且，如果在最开始没有处理好，很可能为以后的创业失败埋下隐患。在开始的“蜜月期”可能不会产生争执，正所谓可以共患难，难以同甘甜。到了一定阶段，出现分歧的时候，如果没有一个人拥有绝对的控制权，可能谁也不服气谁，最终的结果就是分道扬镳，创业失败。基于《公司法》规定的股权 1/2 的决议规则和 2/3 的特别决议规则，相对理想的股权分配是持 1/2 以上股权，更理想的是 2/3 以上。

1. 创始人的股权

创始人是承担风险的人。

（1）初始（每人均分 100 份股权）。我们给每个创始人 100 份股权。假设公司现在有三个合伙人，那么一开始他们分别的股权为 100/100/100。

（2）召集人（股权增加 5%）。召集人可能是 CEO，也可能不是 CEO，

但如果是他召集了大家一起来创业，他就应该多获得5%股权。假设A是召集人，那么现在的股权结构为105/100/100。

（3）创业点子及执行很重要（股权增加5%）。如果创始人提供了最初的创业点子并执行成功，那么他的股权可以增加5%（如果其之前是105，那增加5%之后就是110.25%）。

（4）迈出第一步最难（股权增加5%～25%）。如果某个创始人提出的概念已经着手实施，比如已经开始申请专利、已经有一个演示原型、已经有一个产品的早期版本，或者其他对吸引投资或贷款有利的事情，那么这个创始人额外可以得到的股权，从5%到25%不等。

（5）CEO，即总经理应该持股更多（股权增加5%）。CEO作为对公司贡献最大的人理应拥有更大股权。一个好的CEO对公司市场价值的作用，要大于一个好的CTO，所以担任CEO职务的人股权应该多一点点。

（6）全职创业是最有价值的（股权增加200%）。如果有的创始人全职工作，而有的联合创始人兼职工作，那么全职创始人更有价值。因为全职创始人工作量更大，在项目失败的情况下冒的风险也更大。

（7）信誉是最重要的资产（股权增加50%～500%）。如果创始人是第一次创业，而他的合伙人里有人曾经参与过风险投资成功的项目，那么这个合伙人比创始人更有投资价值。在某些极端情况下，某些创始人会让投资人觉得非常值得投资，这些超级合伙人基本上消除了“创办阶段”的所有风险，所以最好让他们在这个阶段获得最多的股权。

（8）现金投入参照投资人投资。很可能是某个合伙人投入的资金相对而言多得多。这样的投资人应该获较多的股权，因为最早期的投资，风险也往往最大，所以应该获得更多的股权。

2. 员工的股权

在创业企业，有些合伙人希望把员工当作合伙人，也给予股权激励。这样的做法，一个负面作用是，过早地分散了股权；另一个负面作用是，拥有员工心态的人，希望得到的是稳定的现金收入，而不是未来可能增值的股权，因此得不到满足。即使是作为激励作用的股权也不应当份额过大。

员工管理问题不应单纯利用股权解决。员工的期权比例一般来说在 5% ~ 15% 是比较合理的。

3. 期权池

期权池是在融资前为未来引进高级人才而预留的一部分股份，用于激励员工（包括创始人自己、高管、骨干、普通员工），是初创企业实施股权激励计划最普遍采用的形式，在欧美国家被认为是驱动初创企业发展必要的关键要素之一。硅谷的惯例是预留公司全部股份的 10% ~20% 作为期权池，较大的期权池对员工和风险投资更具吸引力。风险投资一般要求期权池在它进入前设立，并要求在它进入后达到一定比例。由于每轮融资都会稀释期权池的股权比例，因此一般在每次融资时均调整（扩大）期权池，以不断吸引新的人才。

（二）股权分配协议

以下为股权分配协议书范本。

甲方（转让方）：＊＊＊公司　　　　地址：__________

法定代表人：_______　身份证号码：_______　手机号码：______

乙方（受让方）：______　身份证号码：______　手机号码：______

甲乙双方就投资合作＊＊＊公司事宜达成如下协议：

1. 投资合作背景

1）＊＊＊公司的注册资本为人民币________万元，实收资本为人民币________万元。其中，甲方作为股东实际投入资本金________万元，占公司的股权比例________%。

2）双方均认可在＊＊＊公司的固定资产和货币资金等实有资产处于经营使用的资产状况，详见财务报表。

3）甲方保证对其拟转让给乙方的股权拥有完全处分权，保证该股权没有设定质押，保证股权未被查封，并免遭第三人追索，否则甲方应当承担由此引起的一切经济和法律责任。

2. 合作与投资

（1）合作方式

双方共同投资，共负风险，共享利润。

（2）投资及比例

1）双方各自投资额及比例如下：

甲方应出资人民币________万元，实际出资人民币________万元，甲方占有合营公司________%的股权，乙方应出资人民币________万元，实际出资人民币________万元，乙方占有合营公司________%的股权。

2）双方应于________年____月____日前将投资款通过银行转账形式分________次（或一次性）缴纳于＊＊＊公司，收到甲乙方缴纳的投资款项后，由＊＊＊公司分别向双方出具合法的财务收据，作为享有权利和承担义务的凭证。

3. 收益分配

（1）利润分配比例____________

（2）双方就＊＊＊公司营业期间的盈利分配以双方实际投资比例予以分配。

（3）依照国家相关法律法规和公司章程所规定预留相应的备用资金或其他等款项之后，剩余利润为可分配利润。

（4）核算公司的可分配利润时，双方均同意把＊＊＊公司前期负债支付完毕之后再分配收益。

（5）每年核算一次公司净利润并予以分配，在每年度财务核算完毕之后由财务人员根据财务报表净利润按照持股比例同比例分红。

（6）会员未消费金额不在分红范围，会员卡未消费金额的20%可提前预分，次年实际消费实现盈利并分配时扣减，逐年类推。

4. 合作经营管理

（1）合作经营期间由甲方出任法人代表（实际控股人）。

(2) 合作经营期间公司管理、业务扩展、财务管理、人力资源分配及员工薪资待遇等其他重大决策由双方商议，最终决定权在法人，为保证可持续发展，法人决策后股东必须服从公司安排。

(3) 合作经营期间持股人员必须就职＊＊＊公司（公司不得随意开除持股人员），否则股权无效。

(4) 各股东职位及工作安排由法人根据个人工作经验及能力确定，与股权份额无关。

(5) 合作经营期间遇见不可抗力因素（自然灾害、火灾、政策变化）等损失，由所有持股人员按持股比例承担。

5. 协议的履行

(1) 甲方应在每年的12月31日进行本年度会计结算，并在次年1月15日前得出上一年度税后净利润总额，并将此结果及时通知乙方。

(2) 乙方在每年度的2月份享受分红。甲方应在确定乙方可得分红后的七个工作日内，将可得分红一次性支付给乙方。

(3) 乙方可得分红应以人民币形式支付，除非乙方同意，甲方不得以其他形式支付。

6. 协议的权利与义务

(1) 甲方应当如实计算年度税后净利润，乙方对此享有知情权。

(2) 甲方应当及时、足额支付乙方可得分红。

(3) 经营期间因各种原因甲方需终止股权协议、解除合作的，需提前15天通知乙方，出具书面通知函，并退还股东入股本金，退回金额均与利息等升值无关。

(4) 乙方因各种原因需退股的，提前30天提交退股申请，甲方3个月内退还乙方入股本金，退回金额均与利息等升值无关。

(5) 乙方股权不得转让、不得交易、不得抵押、不得偿还债务、不得用于项目投资，如有以上现象，股权无效。

7. 协议的变更、解除和终止

（1）甲方可根据乙方的情况将授予乙方的________万股权进行增加或减少，但双方应协商一致并另行签订股权分配协议。

（2）甲乙双方经协商一致同意的，可以书面形式变更协议内容。

（3）甲乙双方经协商一致同意的，可以书面形式解除本协议。

（4）甲方公司解散、注销或者乙方死亡的，本协议自行终止。

8. 违约责任

（1）如甲方违反本协议约定，迟延支付或者拒绝支付乙方可得分红的，应按可得分红总额的10%向乙方承担违约责任。

（2）如乙方违反本协议约定，甲方有权视情况相应减少或者不予支付乙方可得分红，并有权解除本协议。给甲方造成损失的，乙方应当承担赔偿责任。

9. 争议的解决

因履行本协议发生争议的，双方首先应当争取友好协商来解决。如协商不成，则将该争议提交甲方所在地人民法院裁决。

10. 未尽事宜

（1）其他未尽事宜双方共同协商，并以公司章程的规定为准。在参照适用公司章程的规定时，双方均享有公司章程中关于股东的权利和承担关于股东的义务。

（2）本协议自双方签字之日起生效；本协议为一式两份，甲乙双方各执一份。

甲方：____________　　　　乙方：____________

法定代表人（授权委托人）（签章）：

____年____月____日　　　　____年____月____日

二维码链接

拉姆·查兰：给创业团队的六点建议

课堂活动

活动一　如何选择合适的创业伙伴

创业者选择一位好的合作伙伴（或者多个合作伙伴）是一项重要的任务。为了做出正确的选择，同学们需要三个方面的基本信息：

1. 清晰的自我评价；

2. 清楚描述出自己想要从需要的潜在合作伙伴中获得的是什么；

3. 准确地评估他人的能力，以便能够知道他们是否具备自己所需要的东西。

这项练习能够帮助同学们获得这三方面的信息：

1. 自我评价

同学们对自己在以下每一个维度做出等级评价，尽可能地诚实和准确！对于每一个维度，请选择数字 1 ~5（1 = 很低，2 = 低，3 = 中等，4 = 高，5 = 很高）：

a. 与你新创企业相关的经验____________

b. 与你新创企业相关的技术知识____________

c. 人际技能（与人相处、劝说他人等方面有用的技能）____________

d. 成就的动机____________

e. 对新创企业的承诺____________

f. 适合做一位创业者的个人属性____________

g. 不适合成为一位创业者的个人属性____________

2. 你需要什么样的合作创业者

考虑到第一部分中的等级评价，列出你从合作创业者身上想获得的是什么。例如：如果你在技术知识方面是低的，你对合作伙伴需要的就是这种知识；如果你在人际技能方面是低的，你就需要在这方面有较高能力的合作伙伴，等等。

a. ____________________

b. ____________________

c. ____________________

d. ____________________

e. ____________________

f. ____________________

3. 你准确评价他人的能力如何

为了回答这一问题，请指出下列每一项陈述是正确的还是错误的，选择数字1~5（1=根本不正确，2=不正确，3=既不正确也不错误，4=正确，5=十分正确）：

a. 我能够很容易地发现其他人什么时候在说谎____________

b. 我能够推测其他人的真实感受，如果他们试图对我隐瞒的话________

c. 我能够识别出他人的弱点____________

d. 我是其他人的一位好裁判____________

e. 我通常能够通过观察其他人的行为，准确地识别出他的特点________

f. 我能够辨别出人们为什么会以多数情况下的方式来做事________

把你的答案相加。如果你的得分为20分或者更高，你就可以把自己确认为擅长评价他人。为了发现这一结论是否准确，可以请对你很熟悉的人对同样的这些项目作出评价。换言之，变换这些项目，就成了"________（横线上填写你的名字）能够很容易地发现别人在说谎"。如果他们的评价与你的相一致，那么，就要祝贺你啦！因为你不但擅于评价他人，也擅于评价自己。

活动二　想一想：如何分粥

有7个人组成的小团体，其中每个人都平凡而且平等，但不免自私自利。他们想通过制定制度来解决每天的吃饭问题——要分食一锅粥，但并没有称量用具。那么，怎么分才最有效呢？

方法一：指定一个人负责分粥事宜。很快大家就发现，这个人为自己分的粥最多。于是又换了一个人，结果总是主持分粥的人碗里的粥又多又好。阿克顿勋爵的结论是："权力会导致腐败，绝对的权力导致绝对的腐败。"

方法二：大家轮流主持分粥，每人一天。虽然看起来平等了，但是每个人在一周中只有一天吃得饱且有剩余，其余6天都饥饿难耐。大家都认为这种办法造成了资源浪费。

方法三：大家选举一个信得过的人主持分粥。开始这位品德尚属上乘的人还能公平分粥，但不久他开始为自己和溜须拍马的人多分。

方法四：选举一个分粥委员会和一个监督委员会，形成监督和制约。公平基本上做到了，可是监督委员会常常提出种种议案，而分粥委员会又据理力争，等粥分完时，粥早就凉了。

方法五：每个人轮流值日分粥，但是分粥的那个人要最后一个领粥。令人惊奇的是，在这个制度下，7只碗里的粥每次都是一样多。每个主持分粥的人都认识到，如果7只碗里的粥不同，他确定无疑将享用那份最少的。

问题：想一想，你还有更好的办法吗？

创业榜样

团队合作创佳绩

2019年4月，某体育文化发展有限公司在北京市工商局注册成立。以臧某为核心的创业团队均是某体育大学的在读研究生。2019年，其创业团队被评为该地区高校优秀大学生创业团队，并获得10万元的创业扶持资金。

2019年下半年，代表某体育大学参加“全国体育院校大学生体育产业创新创业策划大赛”，并获得二等奖。

臧某说：“创办该公司不是一时冲动，是一个长期准备过程转化成现实的理想产物。个人多年在体育产业一线工作，从体育场馆运营到商业性体育赛事运营管理，再到大型运动会筹备，积累了很多资源和经验。而且目前国内体育产业由过去常说的朝阳产业，实打实地变成了现在的黄金产业。把自身积累的资源和经验转化成经济效益是第一步目的，二是做一家有理想的企业，做一家有传承、有故事的企业。”

然而事情并非一帆风顺。公司在成立初期没有设立明确的分工制，初期运作的过程中合伙人工作互相推诿的情况时有发生，导致工作效率低下，公司运转推进缓慢。各位合伙人及时发现问题，在例会上进行了批评与自我批评，经多次讨论和协商后，各自领到了明确的任务分工，保证人人有事做，事事有人做，不仅使大家的工作效率明显提高，而且最大限度发挥了每一位合伙人的优势特长，调动了他们的热情；明确分工，也意味着明确了责任人，杜绝了以后公司在项目运营过程中发生的责任推诿情况。

由此，团队吸取了经验教训：所谓“优秀”的合伙人是一帮志同道合的合作伙伴，成功是需要大家一起努力的，尤其在创业初期，公司会遇到各种问题和困难，如果没有共同的奋斗目标，公司将因缺乏凝聚力而停滞不前。匹夫之勇只会孤立无援，圈子越大，个人和公司的发展空间也就越大，机会也就越多。

责任不清、相互推诿，除了团队成员没有真正走入职场的因素，和个人管理水平也有着一定的关系，因为带团队和作为企业老板不是一样的概念。初创公司，没有很大的业务量，所以没有相对应的个人任务，就会出现工作量少，人员多的情况。后期，经过分析总结，得出一个重要结论，企业运行，尤其是初创企业，一定要明确岗权责，要建立企业工作流程。企业总会发展，流程是企业做事的规范，把工作流程设计好并变成程序，可以避免混乱，提高工作效率，明确责权。因此，企业有必要明确组织构架流程、岗位设置流程、组织运行基本事务的工作流程和构成各基本事务工作的具体流程。大海航行靠舵手，公司的未来发展同样需要一个优秀的领导者，能够把控公司的发展方向，制定明确的战略目标，团结所有合伙人的力量，增强公司内部的执行力。再简单的团队也要制定明确的分工责任制。合理的分工协作，可以发挥整体效能，提高工作效率；能弥补个人不足，发挥团队每个成员的优势，最大化调动成员的积极性。明确的责任制，有助于团队成员各司其职，公司管理更加有条不紊，避免出现工作失误互相推诿。团队还制定周例会制度，通过开会及时发现、讨论问题，总结经验。

团队可以创造出大于个人绩效之和的群体效应，即 1 +1 >2 的效果，良好的团队氛围，能让每一个人都有高涨的工作热情，能在一定时间内，保质保量完成工作。和谐的团队氛围，能让团队成员荣辱与共，齐心协力，共同实现团队目标。因此，在团队建设中，应该注重沟通，加强信任，不断激励，灵活协调，有序组织，提高团队工作效率，创造更大的价值。

实践拓展

团队组建与评估

一、制作广告

在小组内（也可以是小组外）寻找合伙人共同创业，基于前面找到的创业项目创办企业，请拟一份征集合伙人的广告。注意以下几个方面：

你是召集人，不一定是领导者；

创业的初始目标、计划；

你掌握的资源以及你需要的资源；

所需伙伴的数量和特点；

你对股权分配、团队管理的设想；

有吸引力的回报以及可能的风险；

其他你认为需要说明的问题。

二、三分钟演讲

张贴你的广告，并用三分钟演讲宣传你的优势，吸引同学加入你的团队。

同学共同评估，选出几位同学做团队创建者，并自愿加入一个团队。

三、评估团队结构

同学们从以下四个方面，分析哪个团队组成更好，每项 25 分，总分为 100 分。哪个团队的分数高？落后的团队谈谈将如何赶超对方。

（1）团队成员加入的目的；

（2）团队成员的知识结构；

（3）团队成员的个性、兴趣；

（4）团队成员的价值观念。

四、确定团队成员

团队创建者可以根据团队成员对下面五个问题的解答情况，决定其去留。

（1）团队中唯一权威主管问题；

（2）团队成员间的相互信任问题；

（3）妥善处理不同意见和矛盾；

（4）合理分配股权问题；

（5）妥善处理团队成员间利益。

然后请团队中的某一成员对本团队做出最后调整（增人或减人）。

五、团队展示

各团队经过讨论，完成团队信息表（见表 5 - 1），并进行集体展示。

表 5 - 1　团队信息表

团队名称	
设计 LOGO	
团队口号	
团队愿景	
创业项目	
团队领导者	
团队成员及分工	
团队管理制度	

六、推选最佳团队

最后，同学们重新评估这几个团队，推选出最佳团队。

课后思考

1. 什么是创业团队？创业团队有哪些要素？
2. 团队创业与个人独自创业相比具有哪些优势？
3. 创业团队胜任力包括哪些方面，其具体内容是什么？
4. 高绩效创业团队有哪些基本特征？
5. 组建创业团队需要遵循哪些原则？组建创业团队的步骤有哪些？
6. 组建创业团队要考虑哪些关键因素？甄选创业团队成员应注意哪些问题？
7. 创业团队管理有哪些基本内容和技巧？创业股权分配有哪几个原则？

第六章　创业资源与创业融资

学习目标

1. 了解创业资源的内涵与分类，了解常见的创业资源特点与作用；
2. 掌握各类创业资源的获取途径，理解创业资源整合的原则和策略；
3. 掌握创业资源整合和创业资源最大化利用的常见方法；
4. 了解创业融资的原则和方式，了解创业融资应做的准备工作；
5. 掌握创业融资的主要渠道及其特点；
6. 掌握创业所需资金测算的方法。

导入案例

壹贰设计

壹贰设计是一家起源于北京工业大学的设计公司。团队创立之初以班级为主要力量，2015 年，建筑学三年级的 70 余名同学踏上了一起“搞事情”的征程。

早期的壹贰设计同样面临方向不明确、项目不切实际的问题。壹贰设计于 2015 年受就业创业指导中心、创新创业学院的邀请，设计完成了创新创业联盟的视觉识别系统。这是壹贰设计团队成立以来第一次系统、正式地完成实际平面设计项目。之后同样是在就业创业指导中心、创新创业学院的指导下，团队尝试开发了“手绘工大”项目，绘制了 200 余幅工大手绘图，作品内容涵盖同学们眼中工大校园内的每一个角落，作品经过整理等后期工作开发成为明信片等产品后，不仅反映出作为建筑学学生纯熟的手绘技法，更体现及传递了工大学子对于母校最真实、最饱满的感受。作品一经推出便广受关注与好评，通过新媒体，共计影响近10万人次。“手绘工大”项目逐渐成为壹贰设计团队在校内脍炙人口的文化创意品牌。此后壹贰设计与校友总会、校团委、宣传部等相关部门建立联系，并以校内为阵营，不断拓展资源及项目。与此同时，团队项目商务事宜的处理能力也得以提升，走上专业化的运营道路。

立足工大资源进行团队发展提升的同时，壹贰设计自2017年起开始涉足社会项目，积累了日益丰富的社会资源。其合作伙伴包括西城区名城保护委员会、史家胡同博物馆、瓦罗德皮斯特建筑设计咨询（北京）有限公司、纸上声音书店、郑州铁路职业技术学院、北京国建设计有限公司、天恒集团自在场头酒店管理有限责任公司、北京四海九州文化发展有限公司等。“掌上西城”是壹贰设计在西城区名城委的组织、支持下开展的文化创意品牌，壹贰设计基于校内“手绘工大”项目经验，以建筑学学生独有的钢笔画手绘技法以及水彩画为主题，创作有关西城区老城风貌的画作，并开发出明信片、拼图等文化创意产品，并通过参与北京设计周等展会、线上推广等形式进行宣传。壹贰设计通过多年的运营实践，现已较为深入地理解北京老城文化，并与朝阳门街道史家胡同风貌保护协会达成项目合作关系，以项目打造老城文化阵营，与大栅栏、法源寺、什刹海地区的诸多机构均有联系。在未来，壹贰设计将继续立足北京，发挥团队成员主动性，推进更多的老城文化项目及产品。

壹贰设计已于2018年4月正式注册，完成涵盖产品设计、平面设计等诸多门类的近百项项目，团队专业度、执行力稳步提升，已逐步成为一支更具社会竞争力的、充满活力的设计团队。

启示

缺资金、缺项目、缺渠道、缺人脉，资源欠缺往往是令大学生创业者头疼的首要问题。壹贰设计对创业资源的开发利用是大学生创业团队的典范。创立之初，壹贰设计依托院内导师、同学获得了设计技术资源、人力资源，通过参与创业训练营、参加相关竞赛、开展设计业务的方式，锤炼团队的同时，也积累了最初的经验。之后依托就业创业指导中心、创新创业学院，壹贰设计获取了首批优质的项目资源，开发了自己的文化创意品牌。之后与校友总会、校团委、宣传部等相关部门建立联系，充分挖掘校内资源和项目。在团队发展逐步走向成熟后，壹贰设计逐步涉足社会项目，开始积累日益丰富的社会资源，打开更大的发展空间。壹贰设计一路走来，步步为营、稳扎稳打，正是由于不断进行资源开发、利用、整合，才成就了今天的壹贰设计。

第一节　创业资源整合

一、创业资源的内涵与分类

（一）创业资源的内涵

常言说，巧妇难为无米之炊。同样，创业者如果没有必要的创业资源，也只能望机（创业机会）兴叹，无法启动创业项目。创业过程本身就是一个资源整合与开发利用的过程。

创业资源是指创业者在创业过程中（包括企业创立及其发展过程中），为保证创业活动的开展所需的各种生产要素与支撑条件。[1] 创业资源通常包括有形资产与无形资产，主要表现为人才、资本、生产或服务设施与技术等方面。对创业活动来说，创业者是其独特的资源，也是无法用钱买到的资源。

比如，有同学想开发一款为在校大学生提供各种生活服务平台的 App。

[1] 林嵩. 创业资源的获取与整合——创业过程的一个解读视角［J］. 经济问题探索，2007（6）：166－169.

要顺利启动这个创业项目，该大学生创业团队需要必要的资金、App 开发技术和一定的办公条件；为保证项目的运营，需要 App 开发运营和支持线下交易活动的人员，需要聚集提供产品与服务的商家资源，等等。这些项目启动和运行所必需的要素与条件，就是创业资源。

（二）创业资源的分类

1. 按照资源的作用划分

按照资源是否直接参与创业战略规划和创业企业经营活动，以及参与过程中其作用直接与否，创业资源可分为直接资源和间接资源。直接资源主要包括资金、场地、设备、市场、人才、原材料和技术等资源；间接资源主要包括创业政策、信息资讯、销售渠道、合作伙伴和客户等资源。

2. 按照资源的重要性划分

依据创业资源的重要性，创业资源主要可分为：人力和技术资源，包括创业者及其创业团队成员的素质能力、知识经验、人脉以及其掌握或可控制利用的专利成果、关键技术等；财务资源，包括资金和拥有可利用的财产资源；其他生产经营性资源，包括创业企业进行生产销售所需的厂房、生产设施、原材料、客户、销售渠道、合作伙伴等。

3. 按照资源的性质划分

根据资源的性质，创业资源可分为人力资源、社会资源、财务资源、物质资源、技术资源和组织资源。[1]

（1）人力资源。人力资源主要包括创业者及其创业团队，以及其拥有的知识信息、管理经验、智慧能力、格局胸怀和价值愿景等，也包括所招募的人员及其拥有的专业技能、工作经验和素质能力，甚至还包括创业者、创业团队所拥有的社会人际关系网络。创业者是创业活动最重要的人力资源，是创业活动的主要推动者。合适的员工也是创业人力资源的重要组成

---

[1] 张玉利. 创业管理［M］. 3 版. 北京：机械工业出版社，2013：97.

部分，包括各种高素质的技术、销售和生产等人员，他们也是推进创业活动并使创业企业持续发展的重要力量。

（2）社会资源。社会资源主要是指由于创业者及其创业团队所拥有的人际关系和社会关系网络而带来的关系资源。社会资源可看作人力资源的一部分或一种特殊形式的人力资源。社会资源对创业活动也起着重要作用，因为其可使创业者有机会接触并整合创业所需的外部资源，整合与开发利用社会资源是创业者的重要工作内容。

（3）财务资源。财务资源主要包括创业者在创业过程中可利用的资金、资产、股票等资源。对创业者而言，财务资源主要来自个人、亲朋好友和同学同事等关系密切的人际关系。在创业初期，由于创业刚刚起步，可用于抵押、担保的资源不多，创业者从外部获取大量财务资源通常比较困难。

（4）物质资源。物质资源主要是指创业活动所需要的有形资产，如厂房、土地、生产设备设施和原材料等，有时也包括一些自然资源，如矿山、森林等。

（5）技术资源。技术资源主要包括创业所需的科技成果、专利技术、研发生产流程和工艺等。技术资源可分为三个层次：一是各种生产流程、工艺方法、专业技能和技术等；二是生产工具、平台和设备；三是创业与企业管理相关的知识经验和流程方法等。技术资源与人力资源的主要区别在于，后者主要依附于拥有的人而存在，而前者大多依附于有形物质资源以无形资产形式存在，可以知识产权等法律手段予以保护。

（6）组织资源。一般来说，组织资源是指保障、支撑、组织创业活动开展与创业企业运行的管理系统与环境条件，主要包括创业企业组织内部的组织结构、管理流程和制度、工作流程与规范、生产销售体系和产品服务质量系统等组织管理体系。组织资源是靠创业者及其团队根据创业活动和创业企业运行的实际需要设计和构建出来的，具有适应性和发展性，可通过实践和学习不断得到优化完善的一类特殊资源。

4. 按照资源的来源划分

根据资源的来源不同，创业资源可分为自有资源和外部资源。自有资源是直接源于创业者及其创业团队内部，其自身拥有并可有效运用于创业的各种资源，如自有资金，自己拥有的专利技术和各种技能，自己掌握的知识信息与资料，自建的营销网络，自己掌控的各种物质资源等。外部资源是源于创业者及其创业团队的外部，其自身并不拥有但可以通过整合利用的资源，主要包括通过家人朋友、合作伙伴、投资人或政府机构等关系资源，整合筹措到的资金、场地空间、生产设备、原材料等可用于创业活动的各种外部资源。

二、各类创业资源的获取途径

（一）获取技术资源的途径

在创业初期，创业者获取技术资源的途径方式主要有：（1）吸引、招募技术资源持有者加入创业团队，进行技术资源的整合与自主研发；（2）以购买、置换或租赁等方式获取他人或机构成熟的技术资源（产权或使用授权），直接应用；（3）以购买、合作等方式获取相关研究人员或研究机构的科研成果，然后进行商业化应用的再开发；（4）通过与相关技术资源拥有者的深度合作，共享商业利益的方式获取技术资源；（5）完全靠自主研发，自主构建技术资源体系。

以上几种技术资源的获取途径和方式，通过自主研发和购买的方式，往往会占用较多的资金资源，但可控性强，从长期来看成本收益比相对较高；而通过租赁、共享商业利益的方式，短期资金资源占用较少，但不能拥有相关产权，存在不可控和合作的变数，长期看成本收益比相对较低。具体采用哪种途径和方式，创业者可根据实际情况进行合理决策。

（二）获取人力资源的途径

在创业初期，创业企业刚刚起步，团队人员少，企业规模小，资源有限，各方面工作不完善，管理没有达到体系化、制度化的成熟阶段。以上创业企业的各种劣势和局限，决定了其通过大公司的成熟模式来获取人力资源，比如通过招聘会、网络招募等方式，往往效果不佳。因此，在创业初期，创业的人力资源获取主要依靠创业者的人际关系网络和社会资本，主要通过创业者及其创业团队的人脉沟通、关系介绍和社会资本影响等途径来获取。

人脉沟通，是指创业者及其团队利用其自身拥有的人际关系网络，梳理可能整合获取的人力资源名单，逐一进行沟通，吸引并说服其加入创业活动的过程和方式。这种方式，由于是熟络关系，有信任基础，且目标明确，沟通会相对顺畅，沟通效率和成功率相对较高，是首选的获取途径。但这种方式，由于人脉数量有限，其不一定能满足创业需求。这就需要通过第二种方式：关系介绍。关系介绍，是指创业者将人力资源需求快速传递给社会人际关系网络，利用其各自人脉关系帮助介绍可能合作的人力资源。关系介绍可看作人脉沟通方式的进一步拓展、延伸，有利于扩大招募渠道。另外，创业者及其团队，通过各种方式提高自身的社会资本积累，充分发挥社会资本的影响力，也是一种获取人力资源的好办法。提高社会资本和发挥其影响力的方式，主要有参加学习、培训、比赛、演讲、会议、论坛、展会、休闲健身等集体活动。利用社会资本这种方式的优点在于，不仅拓宽了获取人力资源的渠道和场景，而且可以积累并扩大人脉，提升社会资本的同时，充分发挥了其价值，提高了人力资源获取的效率。

（三）获取外部资金资源的途径

获取外部资金资源，主要有两种方式：债权和股权。获取外部资金资源的途径主要有：（1）向亲朋好友、家人等具有亲近关系的人借款；（2）通过抵押、担保等方式贷款；（3）利用政府的创业相关扶持政策，获取基金贷款或专项扶持资金；（4）通过出让部分股权换取相应资金，合作对象可以是加盟创业事业的团队成员、投资人、孵化器和投资机构等；（5）通过质押或出让专利技术等方式获取资金。获取外部资金资源，实际上就是创业融资。本章第二节将详细介绍。

（四）获取市场资源与信息资源的途径

一般而言，获取市场资源主要有两种途径：一是靠自身投入自主构建，二是通过合作借助他人或其他机构成熟的市场资源。前者通常要求资源投入比较高，周期长，见效慢，但可控性强，收益全归自己；后者通常是“借鸡下蛋”，无须投入，周期短，见效快，但需要分利，具有一定的风险。

获取信息资源的途径主要有：开展调研活动、参加论坛和行业展会、非正式沟通访谈、查阅图书和相关数据库、浏览新闻媒体、购买专业机构信息和通过互联网搜索等。创业者可以根据自己的实际情况，同时使用各种途径与方式方法，以获取更多、更直接有效的、及时的信息资源。

三、创业资源整合的原则与策略

（一）创业资源整合的原则

创业者在整合资源时，遵循以下原则，有利于提高创业资源整合的效率、效果。

1. 利益共赢原则

利益共赢，是创业资源整合的第一原则。创业资源整合不仅要考虑给自己带来的利益和价值，还要站在资源提供方的立场深入分析其利益需求，只有双方都认可合作的价值，才可能整合成功。该原则提醒创业者，在整合创业资源时，要准确分析和把握资源提供者关注、看重的利益点，为其考虑风险规避措施，打消其顾虑，感觉利益对等和价值公平，才能有效推进资源整合的进程。另外，创业者在进行资源整合时，要构建、创设多方共赢的利益机制，保证各方能获得期望的回报，才能保证资源合作成功而长久。

2. 成本风险原则

俗话说，天下没有免费的午餐。在资源整合时，创业者必须付出相应的代价、承担相应的风险才能换取相应的资源。创业者在进行资源整合时，要仔细核算资源整合要付出的成本、代价与未来预期的收益相比是否合理，深入研究由此可能带来的风险及损失是否可接受和承担，结合自身创业实际，做出合理决策。

3. 信用契约原则

资源整合以利益共赢为基础，需要以沟通和信任来达成并维持合作，沟通是产生信任的前提。除了沟通，创业者还要积极提高自己的信用、信誉，以信用促进合作的高效达成。同时，创业者要尽快从人际信任过渡到制度信任，从而建立更广泛的信任关系，以获取更多更大的创业资源。为保障各方利益，规避各方风险，一定要签订书面、正式的协议。在履行合作协议过程中，各方要遵守承诺，以契约精神保证合作的顺利推进。

4. 提前渐进原则

由于创业资源整合的难度较大，寻找资源提供者和沟通谈判需要一定的过程，推进周期一般较长。因此，创业者在整合创业资源时，要留出空间和余地，要树立超前意识，适当提前开展资源整合工作，做好规划，不能急需时才去考虑资源整合。

一方面，创业资源整合需要一定的过程和周期，另一方面，有利的资源往往都是难以整合利用的，因此，创业者要遵循渐进原则，综合考虑自身资源需求程度，系统分析资源整合的成本、收益和不确定性因素，选择恰当的整合时机，有计划地推进创业资源整合工作。

（二）创业资源整合的策略

1. 充分发挥人脉资源的作用

《行销致富》的作者史坦利教授说：“我成功是源于一本厚厚的名片簿。更重要的是我广结人际网络的能力。”有人说：“缺钱的人缺的不是钱，而是缺少有钱的人脉和朋友，缺好项目及把好项目运作成功的团队和能力。”这都说明人脉资源对资源整合的重要性。资金临时周转紧张，找朋友借，朋友很爽快地答应了；遇到一个很重要的客户，可关系若即若离，很难把握，经朋友介绍后和客户很快成了朋友，顺利达成合作……这些都是人脉资源价值的体现。有人脉关系整合资源就像坐电梯一样高效而顺畅，而没人脉关系整合资源就好比爬楼梯一样费时费力。丰富、广泛、深度的人脉资源有利于创业资源的整合，创业者在平时应注重人脉资源的拓展、积累和维护。

2. 有效利用个人或企业征信

对创业者来说，创业资源整合有利于发挥资源配置的“杠杆效应”和“协作效应”，有利于利用有限资源发挥出倍增的效果。创业资源整合的关键前提是个人或企业拥有良好的信用基础，有保障资源提供方利益的信用体系。因此，创业者在资源整合过程中，要学会有效利用个人或企业征信，提供相关证据或案例以获得资源提供方的信任，打消其合作顾虑，快速达成合作。

3. 重视发挥团队优势与能力

比尔·盖茨说：“永远不要靠自己一个人花100%的力量，而要靠100个人每个人花1%的力量。”当今社会单打独斗很难成功，靠团队则能轻松制胜。创业者在资源整合过程中，也要充分发挥团队优势和能力，靠集体智慧和力量，提升创业资源整合的效率。

4. 学会打造渠道的价值与效率

创业资源整合分为两个方面：一是内部资源的整合，二是外部资源的整合。内部资源的整合，由于团队具有一定凝聚力且相互了解信任，相对比较容易。外部资源的整合，要考虑充分利用内部资源来调动外部资源的整合，依托可控的内部资源因素，打造外部资源的整合渠道，形成资源整合的“渠道群”。一旦拥有资源整合的渠道群，将大大提高资源整合效率，放大资源整合与配置利用的价值。比如，在创业初期，创业者准备将开发的产品推向市场，但缺乏销售渠道，这时创业者有两个选择：一是招聘销售人员，培养销售团队，自建直销的渠道；二是整合利用他人成熟的渠道，通过代理合作，利用他人的销售团队和渠道销售自己的产品。很显然，后者渠道的价值与效率会更高一些。资源整合的核心理念是：不求所有，但为所用；我为人人所用，人人为我所用；你的 + 我的 = 我们的。

5. 懂得构建“异业”共赢机制与体系

资源整合有三种途径方式：横向整合、纵向整合和斜向整合。横向整合是指向与自己相似或相近似的“同业”者寻求整合。纵向整合是指向与自己相关的“上下游”关系寻求整合。斜向整合则是指向不同行业的“异业”者寻求整合。“异业”，代表不同行业。所谓斜向的异业整合，简单说就是互为利用，取长补短和强强联合。通过分享各自的资源，降低成本，提高效率，增强市场竞争力，取得资源利用的最大绩效。比如小天鹅与宝洁的合作，法国红酒与日本温泉的合作，都是异业整合的典型案例。

6. 深入分析业务周期弥补“淡季”劣势

很多行业都存在淡季和旺季的业务周期问题。创业者在分析自身业务周期的基础上，注意寻求淡旺季互补的潜在合作机会，有时候会起到意想不到的作用。比如，格力和美的一开始只生产销售电风扇和空调，其业务范围和季节性都很强。通过资源整合，除了生产销售“制冷”产品，后来也生产销售“制热”产品，弥补了产品与业务的周期性问题，大大提高了其经营业绩。再比如，有一位来自哈尔滨做松花江游船的创业者，他的企业淡旺季很明显，因为他做游船生意，一年中只有半年的时间能运营，其他时间冰冻封江，运营团队很不稳定。他想到可以整合滑雪场，找了几家滑雪场，其中一家对他的整合方案非常认同，双方一拍即合，彼此都省下了一大笔人员工资，并且团队也稳定了。

四、资源整合与最大化利用的方法

创业者能否尽快推动创业活动顺利开展和企业经营的成功发展，取决于其对资源的整合与利用能力。一般来说，创业者在创业初期所能获取与利用的资源都非常有限。为推动创业活动，创业者一方面要发挥自身能力和创造性，充分利用拥有或控制的有限资源尽可能创造最大的价值；另一方面要想方设法获取和整合各类资源，获得快速、高效的发展。下面分别介绍资源整合的具体方法和资源最大化利用的方法，帮助创业者提高资源整合效率，充分发挥资源的效用。

（一）资源整合的方法

1. “创造”全新的资源

创业者通过有效“拼凑”，利用资源的创新组合，可形成资源整合利用的全新“创造”。创业者通过洞悉身边各种资源的属性，运用创新思维、经验技巧和创新性的资源整合能力，将其创造性地整合，往往会“创造”出全新的资源效用，发现常人无法看到的机会。例如，很多高新技术企业的创业者并不是科班出身，可能是出于兴趣或其他原因，对某个领域的技术略知一二，却凭借这个略知的“一二”敏锐地发现了机会，并迅速实现相关资源的整合。

2. “节约”已有的资源

一般来说，创业者在创业初期配置利用资源时，往往采用“节约”的方法，尽可能分期投入资源并在每期投入最少的资源，以保证有限资源的节约使用。这种资源整合利用的方法，主要表现为节俭，设法降低资源的使用量，延长资源的使用周期。需要注意的是，创业者运用这种方法，需要“有原则地保持节俭”，而不能过分强调降低成本，否则会影响产品和服务质量，甚至会制约创业企业发展。这种方法还表现为自力更生，艰苦奋斗，尽量减少对外部资源的依赖。这种方法具有保守和稳健的特点，有利于创业者降低经营风险，加强对所创事业的控制，在资源受限的情况下寻找实现创业目标的“经济”途径，从而获取较高的投入产出比。

3. “撬动”更多的资源

资源整合的关键价值体现在资源利用的“杠杆效应”，即可以实现以尽可能少的资源换取尽可能多的价值回报。资源杠杆效应的发挥是一个创造性资源利用的过程。美国著名投资银行家罗伯特·库恩说过：一个创业者要具有发现价值和创造价值的能力，要具有在沙子里找到钻石的功夫，识别一种没有被完全利用的资源。资源的杠杆效应主要体现在：(1) 可实现更加延长地使用资源；(2) 可更充分地利用别人没有意识到的资源，利用他人或者其他企业的资源来实现自己创业的目的；(3) 通过用一种资源补另一种资源，产生更高的复合价值；(4) 利用一种资源获得更多的其他资源。

对创业者来说，容易产生杠杆效应的资源，主要包括人力资本和社会资本等非物质资源。人力资本会直接作用于资源获取与整合过程，有产业相关经验和创业经验的创业者能够更快更高效地整合资源。社会资本是嵌入、来自并浮现于个体关系网络之中的真实或潜在资源的总和，它有助于创业者开展目的性行动，并为创业者带来行为优势。比如，外部联系人之间社会交往频繁的创业者所获取的相关商业信息更加丰富，从而有助于提升创业者对特定商业活动的深入认识和理解，使创业者更容易识别出常规商业活动中难以被其他人发现的顾客需求，进而更容易获得财务和物质资源——这正是其杠杆作用所在。

4. “置换”相关者的资源

资源整合的可能性源于利益的创造与共同分享，本质是资源价值的“置换”。创业者在整合资源时，要设计出有利于多方利益的创造与分享机制，以此把包括潜在的和非直接的资源提供者整合起来，置换价值，借鸡生蛋，借力、借势发展。实现资源价值的置换，前提是找到或发展各方共同的利益。为此，识别利益相关者和各方利益共同点非常重要，多数情况下，将相对弱的利益关系变强，更有利于资源整合。实现资源价值的置换，还要求寻找和设计出多方共赢的利益机制，以保证各方在长期合作中获益，建立起彼此信任的关系。达成首次合作往往是艰难的，建立共赢机制需要创业者的智慧，要让对方看到收益并为此愿意投入相应的资源。

5. “挖掘”身边的资源

充分挖掘新的资源和挖掘资源的潜力，是创业资源整合的一个可行而重要的方法。创业资源挖掘主要有三种方式：（1）挖掘身边还有哪些可用资源，特别是原来没有注意到的或者新的资源；（2）改变现有资源的用途和使用方式，挖掘资源价值的不同方面；（3）深度挖掘现有资源的价值潜力，深化拓展资源价值。比如，创业者原来未曾意识到的、身边的某某人、某某事、某个事物或某项新的政策等，在某些方面可带来资源价值，在创业中加以整合利用；原来只是把目标用户当作客户，而没挖掘其口碑、转介绍等对市场销售的价值；对团队成员了解不够深入，未充分发挥其创造性和价值潜力，等等。有时候，我们身边并不缺乏资源，而是缺乏“发现”的眼睛，缺乏资源整合思维与意识，缺乏资源重复利用和深挖资源价值潜力的思路和方法。

（二）创业资源的最大化利用方法

1. 提高资源的利用效率

资源利用效率是指投入资源与产出收益的比值。创业资源的利用效率会最终体现在财务指标上，即通过财务指标的分析可衡量创业资源的利用效率。比如，人均利润、销售利润、资金周转率和投资收益率等财务指标，可分析资源整体和某方面的利用效率。在创业过程中，创业者很难做到充分利用创业资源，甚至存在某些创业资源未加利用的情况。提高创业资源的利用效率，主要是通过改进管理方式，优化生产流程与工具，升级生产工具，提高工作过程的信息化水平和减少资源浪费等途径方法。

2. 提高资源的重复利用率

创业资源，包括技术资源、品牌资源、制造资源、营销渠道资源、管理资源等很多资源是可以重复利用的。提高资源的重复利用率，有助于提高资源的整合利用效率，充分发挥资源的价值。

（1）技术资源的重复利用。创业者在管理上，尽量实现同一、同类技术在不同产品、不同领域的重复应用，以节约研发成本与缩短研发周期，降低技术资源消耗和生产成本，从而实现技术资源的最大化利用。技术资源的共用性、通用性越强，可供重复利用的机会和场景就越多，技术资源的杠杆效应发挥越充分，资源的利用效率就越高。

（2）品牌资源的重复利用。当创业企业有了一定品牌影响力和知名度后，创业者要注意发挥品牌资源的重复利用价值，减少市场推广和市场培育成本，提高销售效率。重复使用品牌资源，主要体现在品牌的使用频次和建立相关子品牌两个方面。前者是在市场营销过程中，要在不同场景不断强化品牌，提高品牌的曝光率；后者是在规划产品研发与生产时，在已有品牌下构建充分发挥消费者品牌印象的“产品群”。

（3）制造资源的重复利用。制造资源的重复利用，主要是通过共享产品制造的生产线、调整改造旧的生产线、整合利用分散的生产线和提高产品配件（组件）通用率等方式来实现。实现制造资源可被重复利用的前提是，要构建并保持制造资源的生产弹性和产品设计的标准化。创业者在产品生产制造时，不一定要自建生产线，也可以考虑通过找人代工、外包或分包的形式实现产品的生产制造。也就是说，创业者可通过“租用”和“共享”方式，提高制造资源的重复利用率。

（4）营销渠道资源的重复利用。提高营销渠道资源的重复利用率，一方面，可以将多元化产品供给和共享给具有相同目标客户群的其他创业者（通常表现为搭售和代理方式），即针对自建的营销渠道销售尽量多的产品服务；另一方面，可利用他人的营销渠道销售自己的产品服务，以提高市场占有率，降低营销成本。营销渠道资源的重复利用的前提是，产品服务针对的目标客户具有同一性，当目标客户和售后服务等方面差异比较大时，实现营销网络资源的重复利用有一定难度和障碍。

（5）管理资源的重复利用。管理资源的重复利用，主要是指管理信息系统、管理制度、管理工具、管理战略和策略、管理经验和管理模式等方面的重复利用。实现管理资源的重复利用，主要通过集成、移植和共享等方式方法。集成是指创业者在构建、管理和运用管理资源时，尽量把各部门、各职能和各岗位的管理资源统合集成到一个系统或平台上，减少管理资源的功能重叠，实现管理职能和信息的最大化重复利用。移植是指创业者在企业管理过程中，尽量将管理资源标准化、系统化，通过优质管理资源由一个领域移植、复制到另一个领域，实现管理资源价值的最大化发挥。共享是指通过统一的平台，以共享的机制，将管理资源分发给可以应用的部门或领域，从而实现管理资源的重复利用。

3. 加快资源的回收效率

通过加快资源的回收效率，实现资源的高周转率，是提高资源利用效率的一个重要方法。比如，假定有 A、B 两个创业者，其拥有同等的创业资源。A 创业者用 B 创业者一半的时间就实现了创业资源回收。那么，在同等时间段内，A 创业者的资源回收效率、资源利用效率就是 B 创业者的 2 倍。可见，加快资源回收效率是创业者充分发挥有限资源实现创业目标的有效资源杠杆。该方面经常用于企业管理，典型应用是资金管理。创业者在资金使用和管理过程中，注重缩短资金的回笼周期，加快资金周转，是提高赚钱效率的主要手段。

4. 强化资源的深度融合

通过资源整合的方法，将相关创业资源进行深度整合、融合，可大大提升资源的价值与资源利用的效率。成功的创业者往往都是通过各种不同种类资源的整合和深度融合，发挥资源价值利用的协同效应，取得成功。比如，思科公司就是通过相关并购，在并购基础上进行资源的深度整合、融合，从而构建并强化企业的核心竞争力，使其在同行中一直处于领先地位。

第二节　创业融资

一、创业融资的原则与方式

融资，这里是指所需资金的融入，具体是指资金需要者通过一定的渠道、以一定的方式和成本向资金持有者筹集资金的一种经济活动。创业融资是指创业者为了实现创业目标，通过不同渠道、采用不同方式筹集资金以推动创业活动顺利开展的过程。创业者应根据创业活动在不同发展阶段的特点与资本需求，结合创业规划与发展战略，合理确定融资渠道、方式和额度。

（一）创业融资的原则

创业者在开展创业融资活动时，应在所能接受和承担相应风险的基础上，尽可能以较低的成本及时足额获得创业资金。一般来说，创业者在融资时，应遵循以下几个原则。

（1）合法性原则。创业融资作为一种经济活动，影响社会资本及资源的流向和流量，涉及相关经济主体的经济权益，创业者必须遵守国家有关法律法规，依法依约履行责任，维护相关融资主体的权益，避免非法融资行为的发生。

（2）合理性原则。在创业的不同时期，创业资金的需求量不同，能够采用的融资渠道和方式可能也不同。创业者应根据创业的整体规划和计划，结合创业企业不同发展阶段的经营策略和实际情况，运用有效的财务手段，合理预测资金需要量和需求时间，详细分析资金的筹集渠道和方式，确定合理的资本结构（包括股权资金和债权资金的结构），以及债权资金内部的长短期资金的结构、数额和时限等情况，为创业企业持续发展提供资金保障。

（3）及时性原则。当今时代，创业机会稍纵即逝，为谋求先发优势，创业者必须能够及时筹集所需资金，将创意想法转化为现实的创业行动。由于融资成功往往需要一定过程和周期，创业者要根据创业的实际资金需求状况，尽量提早启动融资活动，以保证融资的资金及时到位，规避资金风险。另外，创业者还应考虑创业活动的具体安排，使融资和投资协调一致，防止资金过多造成的闲置和浪费，将资金成本控制在合理的范围之内。

（4）效益性原则。创办和经营企业的根本目的是获得一定的经济利益，所以，创业者应在深入成本效益分析的基础上决定资金筹集的方式和来源。

鉴于投资效益是影响融资需求与成本的主要因素，投资收益和融资成本的对比便是创业者在融资之前要做的首要工作。只有当投资的回报率高于融资成本时，融资才有利于创业者实现创业目标，获得收益。另外，投资所需的资金额度决定了融资的数量，因此，创业投资资金的合理估计是决定融资方式和测算融资成本的依据之一。总之，创业者应在充分考虑投资效益的基础上，确定最优的融资方案。

（5）杠杆性原则。创业融资对创业活动来说具有杠杆作用，可以使创业者利用获得的资金撬动更多的资源，保障正常活动开展的同时取得更大的经济效益。通常情况下，创业者融资的目的一方面是获得所需资金，另一方面是想获得资金提供方背后的各种资源。创业者在筹集创业资金时，应选择有资源背景的资金，以便充分利用资金的杠杆效应，在关键时刻为企业发展助力。大多数优秀的投资人或投资机构往往在企业特殊时期会与企业家一起，将有效的资源进行整合，如选择投行、券商，进行 IPO 路演等，甚至还参与企业决策。这种资源是无价的。因此，创业者不能盲目地“拜金主义”，找到一个有资源背景的基金更有利于企业的持续快速发展。

（二）创业融资的方式

创业融资主要有两种方式：股权融资和债权融资。股权融资，这里是指创业者出让部分所有权“换取”相应资本资源的融资方式。股权融资会引入新的股东并引起总股本的增加。债权融资，这里指创业者通过举债获得资本资源的融资方式。债权融资不会引起股东人数和股本的增加。

无论是股权融资还是债权融资，均具有一定的优点，也都存在一定的不足。创业者要权衡不同融资方式的利弊，考虑不同情况下的融资成本，以便做出科学的融资决策。

通过股权融资方式获得的资金，既可以充实企业的运营资金，也可用于企业的投资活动。通过债权融资所获得的资金，企业首先要承担资金的利息，借款到期后要向债权人偿本付息。

股权融资和债权融资的优缺点对比，如表 6 – 1 所示。

表6－1 股权融资和债权融资比较

比较项目	股权融资	债权融资
本金	永久性资本，保证企业最低的资金需要	到期归还本金
资金成本	根据企业经营情况变动，较高	事先约定固定金额的利息，较低
风险承担	低风险	高风险
企业控制权	按比例或约定享有，分散企业控制权	无，企业控制权得到维护
资金使用限制	限制条款少	限制条款多

债权融资的资金成本较低，合理使用还能带来杠杆收益，但债务资金使用不当会带来企业清算或终止经营的风险；股权融资的资金成本由于要在所得税之后支付，成本较高，但由于在企业正常生产经营过程中，不用归还投资者，是一项企业可永久使用的资金，没有财务风险。创业者在筹集资金时应对债务融资、股权融资的优缺点进行比较，并考虑企业的资金需要量，资金的可得性，宏观理财环境，筹资的成本、风险和收益，以及控制权分散等问题来综合分析。

二、创业融资应做的准备

创业融资，由于其处于创业筹备与起步阶段，具有未来发展的不确定性，加之自身信用和资源积累不足，融资风险较大。因此，创业融资相对比较困难。另外，创业者往往缺乏融资经验，即使融资成功，往往也会付出高昂的融资成本和代价，与资金提供方签订“不平等条约”，为创业企业后续发展易埋下“风险的种子”。俗话说，知己知彼，百战不殆。创业者要实现成功融资，需要预先做好融资的各方面准备。

创业融资准备，主要包括以下几个方面。

（一）做好规划，夯实基础

现实情况是，创业者在想方设法，通过各种途径寻找融资对象，而资金持有者也一直在寻找好的项目和团队。真正好的创业项目和团队，投资人往往会主动抛出“橄榄枝”，甚至追着投资；不太好的创业项目和团队天天追着投资人跑，也未必能打动投资人。因此，创业融资成功与否，主要取决于创业项目本身情况和创业团队的自身实力。在融资前，创业者还是先要把创业规划做好，把商业模式梳理好，通过团队把业绩做出来，打造自己的竞争实力，这是吸引投资和实现成功融资的根本前提和重要基础。

（二）分析需求，制订方案

创业融资前，创业者一定要根据自身情况，把融资的动机和目的、融资时机、所需资金的结构和数量、融资成本和风险、拟采用的融资渠道和方式等问题分析清楚，做出系统、科学的融资方案。融资需求越明确，融资方案越合理，融资遇到的困难和问题就越少，成功的把握就越大。因此，创业者做一份现实可行的融资方案是必要的准备工作。

（三）确定人员，备好资料

创业融资是一项系统复杂的工作，要想融资顺利成功，创业者要把创业融资视为一项重要工作来安排。首先，创业融资最好成立专门的融资团队来负责，根据实际情况确定成员的组成结构，明确角色及其分工，做到融资各方面工作的紧密配合和有效协作。

在创业融资时，相关的融资资料是重要的融资工具和沟通谈判的主要载体。融资材料主要包括创业计划书、项目介绍 PPT、相关证件复印件、产品技术说明书、财务报表和运营数据等内容。其中，最重要的是创业计划书，其相关内容在后面章节会详细介绍。

（四）借势外力，拓展资源

创业融资，主要是外源性融资，是从外部整合资金资源。创业融资是一项专业性、社会关系依赖性强的经济活动。为保证融资效率和效果，创业者可通过引入专家顾问，委托专业融资机构等方式，帮助其做好融资需求规划和实施方案，准备好符合融资规范和投资人偏好的专业性融资材料。同时，创业者要积极尝试通过各种方式和途径去收集融资信息，积累投资人脉，扩大融资的相关圈子，以提高融资成功的可能性。

（五）圈定目标，重点了解

创业融资的过程，本质上是“推销自我、推销项目和团队”的过程。创业融资如同销售一样，需要找对人。创业融资过程中，找对“路子”选对人，将会事半功倍。一般来说，投资人和投资机构都有自己的“游戏规则”和擅长投资的领域，即不同的投资者会重点投资某些特定的行业，不同的投资者有不同的投资风格和偏好，不同的投资者会定向投资创业企业的不同成长阶段。创业者要结合自身行业和创业实际，通过调查研究，圈定适合的融资目标，通过各种方式和途径了解融资目标的投资习惯和思维方式，把握其筛选投资项目的标准，深入分析其评估项目的重点，做到“有的放矢”，从而做好创业融资的充分准备。

三、创业融资的主要渠道

融资渠道，这里是指创业者融资的来源和通道，指明了筹措资金的方向和目标。从大的方面分，融资渠道主要有两种：内部渠道和外部渠道，其中内部渠道是指从创业团队及创业企业内部进行资金筹措，外部渠道是指从创业企业外部开辟资金来源。了解创业融资各种渠道的特点和适用性，有利于创业者合理选择和开发利用有效的融资渠道，提升融资的效率，降低融资成本和风险。目前我国常见的创业融资渠道有以下几种。

（一）私人资本

私人资本主要包括个人积蓄、亲友资金和天使投资等。

1. 个人积蓄

创业者的个人积蓄，是最直接而且成本最低廉的融资渠道。一般来说，创业者在通过其他渠道筹资时，其他投资者往往会关注创业者个人资金是否投入其中，投入多少，以此判断创业者信心和投资风险大小。因此，个人积蓄是创业融资最基本的渠道，几乎所有的创业者都会将个人积蓄或多或少投入创业项目。另外，创业者通过给予创业团队其他成员股份，筹集其个人积蓄是创业者最常用的，也是首选的融资渠道。

2. 亲友资金

创业者在融资时，除利用个人积蓄之外，也经常向身边的亲朋好友、同学同事进行资金筹集。源于亲朋好友与创业者个人关系，基于了解和信任而通常会愿意投入个人资金，这种渠道也是创业者经常采用且相对容易获得资金的融资渠道。

通过亲友渠道进行融资时，创业者要树立契约意识，要注意利用法律形式，比如合同，来规范自己的融资行为，以保障各方利益，减少纠纷和风险。利用亲友渠道融资时，创业者还要注意把创业详情“如实相告”，特别是可能的风险，以免日后造成对双方关系和感情的不利影响。影响亲友融资效果的主要因素是创业者个人信用和社会资本情况。如果创业者个人拥有良好的个人信用和较高的社会资本，比较容易获得成功。反之，创业者未必能融资成功。

3. 天使投资

天使投资，是指某些投资人专门投资处于概念期、技术研发期或尚未实现商品化的准创业者，帮助其进行创业探索和孵化，承担较高的风险并准备长期持有以获得创业成功后的超高收益。天使投资通常分为两类：一是有行业背景的天使投资，其非常了解投资的方向，对投资的处于开发前期的项目前景及其发展趋势具有极强的判断能力；二是没有行业背景的天使投资，这类投资人不懂也不太关注项目的具体情况，而只看重所投资的人，非常看好并坚信所投资的准创业者可获得成功。这两类天使投资，从其投资行为及投资预期，到与准创业者合作都有很大不同。对处于创业“种子期”和“探索期”的准创业者而言，这两类投资人都是可遇不可求、非常好的融资渠道。倘若准创业者融资的主要目的并非资金，那么寻找具有行业背景的天使投资是更优选择。从以上介绍可以看出，天使投资对准创业者的素质要求和创业项目的创新性要求都极高。

（二）融资机构

融资机构是专门的、最常见的融资渠道，其主要包括银行、非银行业金融机构以及相关企业等。

1. 银　　行

银行的一个重要职能是提供融资，因此银行是创业者重要的融资渠道之一。向银行进行融资，比较适合创业者的融资方式是抵押贷款和担保贷款两种。抵押贷款是指创业者以其所拥有的个人或企业财产作抵押，从而获得银行贷款的一种融资方式。在抵押贷款时，常见的可用于抵押的财产有：（1）不动产（房产、土地、矿产资源等）；（2）动产（汽车、机器设备、产品、生产材料等）；（3）无形资产（专利商标等知识产权、股票债权等金融资产、营收账款等）。无形资产抵押贷款是一种新兴的抵押贷款形式，创业者如果拥有专利技术、专利产品、著作权等，可以将无形资产抵押或质押给银行以获取贷款。担保贷款，是指创业者通过提供符合银行贷款条件的第三方保证人作为还款保证的银行贷款方式。创业者可利用的担保贷款方式有：（1）自然人担保贷款；（2）专业担保公司担保贷款；（3）政府无偿担保贷款。

2. 非银行金融机构

非银行金融机构，是指除银行以外的所有可开展金融服务业务的机构。非银行金融机构主要包括公募基金、私募基金、信托投资机构、证券公司、保险公司、融资租赁公司、合作金融机构、企业集团财务公司、金融（财务）公司、货币经纪公司、境外非银行金融机构驻华代表处、农村和城市信用合作社、典当行、小额贷款公司等机构。非银行金融机构通常比银行更为灵活，融资门槛相对较低，手续简便，融资效率较高。

3. 相关企业

一些从事公用事业业务的企业（如国企、事业单位等）或者已经发展到成熟期的大企业，现金流比较充足，有大量闲置资金需要通过对外投资的方式实现较高收益。对于有闲置资金的企业，创业者既可以吸收其资金作为股权资本，又可以向这些企业借款，形成债权资本。

（三）风险投资机构

风险投资机构（通常简称为“风投”），是指专门从事向创业企业提供资金以获得股份及其收益的专业投资机构。一般来说，风险投资机构主要投资具有高增长潜力、高风险和高收益回报的高新技术类创业企业。

风险投资对目标企业的考察较为严格，一般来说，其所接触的企业中，一般只有2% ~4%能够最终获得融资。[1] 因此，创业者要提高获得风险投资的概率，需要了解风险投资项目选择的标准。

有人将风险投资选项的原则总结为创业投资的三大定律。[2] 第一定律：绝不选取含有超过两个风险因素的项目。对于创业投资项目的研究开发风险、产品风险、市场风险、管理风险、创业成长风险等，如果申请的项目具有两个或两个以上的风险因素，则风险投资一般不会予以考虑。第二定律：$V = P \times S \times E$。其中，V代表总的考核值，P代表产品或服务的市场大小，S代表产品或服务的独特性，E代表管理团队的素质。第三定律：投资V值最大的项目。在收益和风险相同的情况下，风险投资将首先选择那些总考核值最大的项目。

根据风险投资的潜规则，一般真正职业的风险资金是不希望控股的，只占30%左右的股权，他们更多地希望创业管理层能对企业拥有绝对的自主经营权。因此，创业者在创业初期选择风险投资时要拿适量的钱，以便未来在企业需要进一步融资时，不至于稀释更多的股份而丧失对企业的控制权。[3]

一般来说，创业者寻求风险投资需要经过以下10个步骤：

（1）创业者了解自身资金需求；

---

[1] 王苏生，邓运盛. 创业金融学［M］. 北京：清华大学出版社，2006：225.

[2] 熊永生，刘健. 创业资本运营实务［M］. 成都：西南财经大学出版社，2006：13 - 14.

[3] 赵旭. 新视点：VC更看重创业团队［J］. 科技创业，2009（4）：78 - 80.

（2）了解、分析创业投资市场和相应机构；

（3）确定寻求创业投资的可能性，初步确定寻求融资的目标创业投资机构；

（4）准备创业计划；

（5）联系接洽创业投资机构，提交创业计划执行总结；

（6）最终确定关键的创业投资机构；

（7）接受创业投资机构的尽职调查；

（8）就企业价值和投资的股权架构进行谈判；

（9）确定最终投资协议；

（10）获得创业投资、投资方参与企业发展。

创业者获得风险投资的渠道主要有以下几种：（1）给投资人发邮件或约访等形式直接联系；（2）参加风险投资者经常“出没”的行业会议或融资专场活动或创业比赛；（3）请有风险投资人脉关系的朋友帮忙介绍；（4）聘用“投行”专门做融资工作。

要了解中国风险投资的更多信息，可查询风险投资网：http：//www.vcinchina. com/。

（四）创业投资引导基金

创业投资引导基金即由各级政府通过财政预算安排，单独出资或与社会资本共同出资设立的，采用股权投资的方式引导资本投资社会经济发展的重点领域或重要产业薄弱环节，支持创新产业和领域发展的基金。

创业投资引导基金设立具有特定政策导向且不以营利为目的，聚焦在具有较强科技创新效应的创新创业型企业，主要是为了克服创新创业市场中单纯依靠市场配置资源所表现出来的市场失灵问题。政府通过创业投资引导基金这种形式，引导私人创业投资资金流入初创企业、创新型成长企业及高潜企业，以促进自主创新和大众创业。产业引导基金通常是以特定产业和行业为投资对象，主要是基于某些产业发展的需要，比如战略性新兴产业。

四、创业所需资金的测算

一般来说，创业所需资金，主要分为两大部分：开业前的筹备及企业开办所需的投资资金和开业后企业所需的营运资金。投资资金主要包括：(1) 投入的流动资金，指创业企业在筹建期间购买原材料、库存商品等所需资金；(2) 购置股东资产，指购建或租赁办公与经营场地、机器、设备和生产工具等所需资金；(3) 置办无形资产，指购买或研发专利技术、商标、版权等所需资金；(4) 企业开办相关费用，指在筹建期间发生的人员工资、办公费、培训费、差旅费、印刷费、注册登记费、营业执照费、市场调查费、咨询费和技术资料费等所需资金。

营运资金，是指从企业开业后一直到资金的收支可以实现平衡的营运前期，企业运营过程中必需的流动资金（也称营业周转资金，主要包括工资、原材料、存货、预付款和应收账款等）和各种日常支出所需要的资金。通常来说，不同企业的营运前期的时间跨度都不同，比如贸易类企业可能是一个月，而制造企业则可能需要半年以上。一般而言，营运资金的资金需求要远远大于投资资金的资金需求。

（一）投资资金的测算

在测算投资资金时，创业者往往只想到租房、设备及原材料、工资、办公用品等显性支出，但容易忽略诸如装修费、设备安装与维护费用、市场开拓费、财务税费等隐性支出。采用表格列举法（见表6－2），有利于创业者全面、合理、相对准确地测算出所需的投资资金。

表6－2　投资资金估算表

行次	项　　目	数量	预算
1	办公场地与生产经营场所		
2	所需设备设施		
3	办公家具（装饰装修）		
4	办公用品		

续表

行次	项　　目	数量	预算
5	员工工资		
6	创业者工资		
7	市场开拓费（业务招待等）		
8	房屋租金（季付与押金）		
9	存货的购置支出		
10	广告费		
11	水电费		
12	电话费		
13	保险费		
14	设备安装与维护费		
15	电脑软件等		
16	开办费		
17	……		
n	合　　计		

（二）营运资金的测算

营运资金的测算，需要在测算企业在未来一定时期的营业收入、生产与销售成本和大致利润等基础上进行，主要通过财务预测的方式来确定。

1. 测算营业收入

营业收入是指企业通过经营所形成各种收入（产品销售、技术服务和投资收益等）的总和，其中主要是销售收入。估算营业收入是测算营运资金的第一步。估算销售收入时，创业者应在一定实际依据的基础上，拟定产品市场售价，预测一定周期内的销售数量，然后测算出总的营业收入。营业收入的测算，可利用表6－3来进行。

表 6－3　营业收入预测表

		1 月	2 月	3 月	4 月	5 月	6 月	……	合计
产品一	销售数量								
	平均单价								
	销售收入								
产品二	销售数量								
	平均单价								
	销售收入								
…	……								
合计	销售收入								

2. 编制预计利润表

利润表是用来反映企业在某一会计期间经营成果的财务报表。利润表是根据“收入－费用＝利润”的会计等式，按营业利润、利润总额、净利润的顺序编制而成的。编制预计利润表需要注意的问题有：（1）营业成本测算应与营业收入测算时预计的业务量一致；（2）销售费用测算应依据营销策略和方式的具体情况；（3）管理费用测算应根据企业经营的实际情况；（4）财务费用测算应综合考虑企业经营各种可能的财务成本和营业税费等具体情况。营业成本预测表和预计利润表的格式分别如表 6－4 和表 6－5 所示。

表 6－4　营业成本预测表

		1 月	2 月	3 月	4 月	5 月	6 月	……	合计
产品一	销售数量								
	单位成本								
	销售成本								

续表

		1月	2月	3月	4月	5月	6月	……	合计
产品二	销售数量								
	单位成本								
	销售成本								
…	……								
合计	销售成本								

注：单位成本根据创业企业存货的计价办法确定，可以采用先进先出法、月末一次加权平均法、移动加权平均法等方法对销售产品的成本进行计量。❶

表 6－5　预计利润表

项　目	1月	2月	3月	4月	5月	6月	……	N
一、营业收入								
减：营业成本								
营业税金及附加								
销售费用								
管理费用								
财务费用								
二、营业利润（损失以“－”号填列）								
加：营业外收入								
减：营业外支出								
三、利润总额（损失以“－”号填列）								
减：所得税费用								
四、净利润（损失以“－”号填列）								

❶ 先进先出法指按照“先入库的产品先发出”的原则对销售产品的成本进行计算；月末一次加权平均法指在月末计算一次产品的加权平均成本［(期初库存产品总成本＋本月入库产品总成本)/(期初库存产品数量＋本月入库产品数量)］，用该成本乘以本月销售产品数量来计算本月销售成本的方法；移动加权平均法是在每一次发出产品之前都要计算一次加权平均单价，以计算的加权平均单价乘以本次销售数量计算发出产品成本的方法。

在企业初创期，由于各方面具有不确定性，预估的销售收入和营业成本做不到绝对准确。但创业者应根据经营能力和市场情况进行合理测算，以保证预估的各种财务数据尽可能准确，否则预计利润表的编制就失去了其应有的价值，还可能给企业经营决策带来误导。

3. 编制预计资产负债表

资产负债表是总括反映企业在某一特定日期全部资产、负债和所有者权益状况的报表。资产负债表是根据“资产 = 负债 + 所有者权益”这一会计基本等式，依照流动资产和非流动资产、流动负债和非流动负债大类列示，并按照会计准则要求编制的财务报表。在编制预计资产负债表时，要注意的问题有：（1）应收款项应根据营业收入和企业的销售回款政策来测算；（2）存货应根据材料或产品的进、销、存等具体情况来测算；（3）非流动资产应根据投资资本估算时确定的数额和折旧政策来计算其期末价值；（4）应付款项应根据行业信用规则来测算确定；（5）应交税费应根据估算的收入及其税率来测算；（6）所有者权益应根据预计利润表中的利润金额来确定，并可据此确定需要的外部筹资额。预计资产负债表的格式如表 6 – 6 所示。

表 6 – 6　预计资产负债表

项　目	1	2	3	4	5	6	……	N
一、流动资产								
货币资金								
应收款项								
存货								
其他流动资产								
流动资产合计								
二、非流动资产								
固定资产								
无形资产								
非流动资产合计								
资产合计								

续表

项　目	1	2	3	4	5	6	……	N
三、流动负债								
短期借款								
应付款项								
应交税费								
其他应付款								
流动负债合计								
四、非流动负债								
长期借款								
其他非流动负债								
非流动负债合计								
负债合计								
五、所有者权益								
实收资本								
资本公积								
留存收益								
负债和所有者权益合计								
六、外部筹资额								

注：表中所有者权益下面的留存收益是指营运资金通过内部融资的一种来源方式，其取决于企业当期实现的利润和利润留存的比率。一般来说，初创期的企业为筹集企业发展需要的资金，利润分配率会很低，甚至为零，于是，企业实现利润的大部分都能够留存下来，构成企业资金来源的一部分。❶ 当留存收益增加的资金无法满足企业经营发展所需时，需要从外部融集资金。

❶ 如微软公司1975年成立，1986年上市以来，虽然持续高速发展，但在长达26年里从未向股东支付过现金股利。另外，如戴尔、英特尔、康柏、太阳微系统等大家比较熟悉的公司在高速成长期内的现金股利支付率也为零。朱武祥. 企业融资决策与资本结构管理［J］. 证券市场导报，1999（12）：52－56.

二维码链接

新常态下创业拼“资源整合”

课堂活动

活动一　如何借到3万元

融资实际就是借钱。如果让同学们筹集3万元，同学们准备向谁借，怎么借呢？在借款之前，同学们会做哪些准备呢？现在，打电话、微信或者面对面沟通一下自己借钱的想法，看看对方怎么说，同学们如何沟通呢？

不管结果如何，请同学们反思自己的借钱过程和策略，都有哪些收获？

活动二　从达闼机器人看融资趋势

2023年，达闼机器人股份有限公司成功获得超过10亿元人民币的C轮融资。该公司主要产品包括云端智能机器人开发平台和以CloudGinger为代表的人形服务云端机器人。这些机器人可以根据实际应用需求，分为配送、巡逻递送、清洁、售货等多功能型云端机器人。主要应用场景包括酒店、学校、商超、产业园区等生活场景。

尽管整体投融资市场在2023年上半年表现低迷，但在新能源、人工智能、光伏等硬科技领域，仍然有企业能够获得巨额融资。在整体市场融资事件和融资金额普遍下降的情况下，大资本们更倾向于投资具备长期性和成熟性的科技企业。

请同学们查阅2023年上半年融资信息，分析融资主要领域，对你的启示是什么？

创业榜样

整合资源获取第一桶金

小王是一名大学三年级学生，他看上了学校新建食堂四楼的一块闲置大厅。

小王想低价把这块场地租下来。身为学校英语俱乐部部长，小王接受指导老师的建议，开始整合资源：一是与后勤负责人协商，组织学生到四楼来吃饭，保证每个月给学校带来 2 万元的营业额，条件是免费使用这块闲置场地。二是将场地用于晨读。三是与英语培训机构合作，培训机构为晨读免费提供资料，俱乐部负责招生。四是动用俱乐部的力量招晨读学生。俱乐部成员可以免费参加，只需交纳 3.5 元的早餐费。

于是，一个多方借力、多方获利的营销案例产生了。一是小王通过英语俱乐部招到学生 400 人左右，定价为每人每天 6 元（含 2.5 元早餐费），按月收取费用、每人毛利 3.5 元，月毛收入为 400 人 ×3.5 元 ×30 天 = 42000 元。二是英语俱乐部免费获得了活动场所，提升了形象。三是后勤集团每月多收入 2.5 元 ×400 人 ×30 天 =3 万元，也带动了四楼的餐厅生意。四是培训机构在一个月内招到 46 名学生，一学期招到近 200 名学生。等于培训机构免费拥有了一个学生试听试读的场所，不需要花力量宣传组织学生来听。

通过一年时间的运营，小王赚了 30 多万元，真正运用自己的力量，通过资源整合，利用简单的资源，赚取了人生的第一桶金。

作为大学生的小王敏锐发现商机，借助自身作为英语俱乐部部长的优势，巧妙整合资源，盘活了学校闲置资源，服务了师生，也带动了校内多个部门和产业，获取了人生第一桶金。

实践拓展

挑战“白手起家”

基于找到的创业项目和组建的创业团队，挑战“白手起家”项目，假设现在团队只有 50 元，看能创造多少利润？

（1）和自己的团队讨论并设计出行动方案。注意：这 50 元是创业团队拥有的唯一种子资金，此资金不能从事非法活动（包括赌博），不能参与抽奖活动（包括买彩票）；在活动期间，不能筹集资金。团队的计划要尽可能详细、具体，并估算出可能赚取的利润额。

（2）展示团队计划，并描述自己的团队是如何产生“创意”的？50 元发挥了什么作用？

（3）评选出利润额最高的团队和最有创造力的团队。

（4）行动起来，实施自己团队的计划，1 周后，再来看一看哪个团队赚取了最多的利润？

（5）反思：在这次活动中最令自己感到意外的是什么？是否顺利地实施了计划？成功或失败的因素有哪些？

（6）讨论：如何“白手起家”？

课后思考

1. 创业资源有哪些常见分类？
2. 如何理解技术资源和人力资源在创业中的作用？
3. 创业资源整合有哪些原则和常见策略？创业资源整合有哪些方法？
4. 创业资源最大化利用有哪些方法？
5. 创业融资有哪些原则？创业融资主要有哪些方式？
6. 创业融资应做好哪些准备？创业融资的渠道有哪些？
7. 如何测算创业所需的资金？

第七章　商业模式及其设计论证

学习目标

1. 了解商业模式的内涵，理解其本质；
2. 掌握商业模式的要素和价值逻辑；
3. 了解商业模式设计的过程与方法；
4. 掌握商业模式设计工具及使用方法；
5. 理解商业模式改进完善与创新的方法；
6. 了解商业模式评估与建议的方法。

导入案例

跨境电商，年入百万

某大学商学院2017级学生刘欢，毕业后被该学院评为企业家明星。他的创业经历受到老师和同学们的一致赞扬。从电子商务领域的“小白”到跨境电子商务的先驱，他向全球40多个国家和地区销售电子产品和汽车配件，年收入超过20万元。

创业之初，无人指导，业务始终无法有效开展，刘欢也备受打击。但他没有放弃，坚持了下来。后来，他发现物流服务对于跨境电子商务非常重要。在逐步解决与物流公司的谈判问题后6个月，他终于迎来了第一张订单。

现在，刘欢的创业之路已走上正轨，还增加了两名合作伙伴。现在他的工作目标比以前更加稳定，出口范围正逐步扩大，包括美国、俄罗斯和欧洲一些地区。回顾创业之路，刘欢觉得选好自己的竞争点最重要。当然，最重要的是坚持。无论如何，只要坚持下去，总会找到适合自己的竞争模式。

启示

企业竞争始于商业模式，好的商业模式是创业成功的保证。刘欢依托电子商务，开展特定产品的销售，取得了阶段性成果，值得肯定。设计模式首先应考虑战略，然后结合内外部环境、市场、资源、产品（服务）等因素，整合资源，匹配价值。

第一节　设计商业模式

一、商业模式定义及本质

商业模式的定义有很多，内容也很宽泛。清华大学雷家骕教授对企业商业模式的定义是：一个企业如何利用自身资源在一个特定的包含物流、信息流和资金流的商业流程中，将最终的商品和服务提供给客户，并收回投资、获取利润的解决方案。[1] 这里的商业模式是指企业为了实现客户价值的最大化，将影响企业发展的所有因素结合在一起，形成一个具有核心竞争力的运行系统，并通过最优实现形式来满足顾客的需求，让系统达成持续盈利目标的整体解决方案。

商业模式，可理解为企业实施相关商业活动的一套“赚钱逻辑”体系。商业模式有助于企业将原本做不成的事情做成，或将原本做不好的事情做好，同时，有利于企业获得持久性的商业利润。比如，柳传志将公司原来的商业模式由“技→工→贸”调整为“贸→工→技”，才有了今日联想的成

[1] 雷家骕. 企业需要关注商业模式创新［J］. 中国青年科技，2008（1）.

功。马云创造了“淘宝”的商业模式，才有了如今的成就。无数商业的成功案例告诉我们：有效的商业模式是企业实现持续盈利、构建竞争优势和发展壮大的机制保障。

商业模式本质上是企业为客户创造并传递价值，使客户感受并享受到企业为其创造的价值的系统逻辑，反映的是利益相关者之间的价值交易关系。新创企业如果缺少这套价值逻辑，或者其商业模式效率不高或创新性不够，则新创企业未来既难以为客户创造其期望的价值，也难以高效率地向客户传递价值，更难实现为新创企业自身赢得持续性的高利润，因为客户只会将自己的“货币选票”投给那些为其有效创造并传递价值的企业。

二、商业模式的价值逻辑

企业商业模式的价值逻辑是从市场与客户需求开始，由价值发现（目标客户与市场）、价值主张（服务客户）、价值创造（产品服务的研发生产）、价值配置（资源和网络渠道配置）、价值管理（管理与优化）到价值实现（赢利）的价值“闭环”的循环过程，如图 7－1 所示。

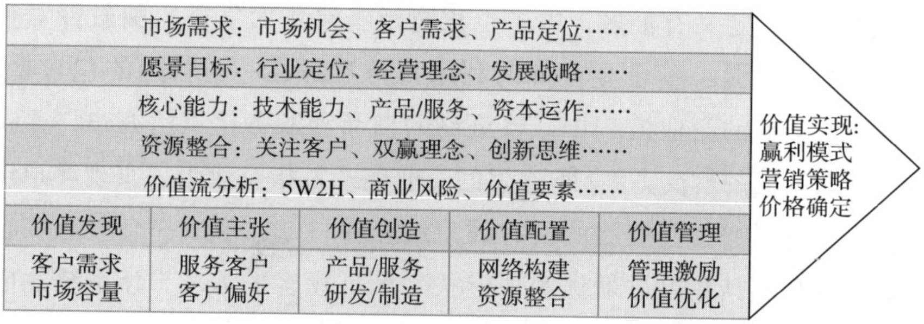

图 7－1　商业模式的价值逻辑

（一）顾客价值的发现

企业通过对企业内部和外部环境的分析，对企业的发展目标进行战略规划，并利用自己的优势打造出具有市场优势的产品，从而实现自身的价值。市场和客户的需求会越来越高，企业要想满足市场和客户对产品的需求，就必须对自身的产品价值进行不断创新和开发，并根据不同时期不同的市场需求和顾客需求来调整企业的商业模式。

一个优秀的企业商业模式应该将客户的需求和体验放在首要考虑的位置。企业的商业模式能否与客户的价值相匹配，企业生产的产品能否满足客户的需求，这两点是每一家企业都应该重视的问题。

（二）核心价值的主张

企业的价值主张是指企业的产品和服务可以为企业的顾客提供的价值。企业产品和服务的价值主张应该注意以下三点：

（1）每一项产品和服务都应该有精准、明确的价值主张。

（2）每一项产品和服务的价值主张都必须是真实可信的。

（3）在保证企业每一项产品和服务的价值主张真实可信后，要尽量做到独特、有卖点。

（三）各方价值的创造

顾名思义，价值创造是指价值是如何创造出来的。企业在实现自身价值的同时，也为企业的供应商、合伙人以及客户创造了价值，而这些价值的实现和创造都是由企业的商业模式决定的。企业价值实现与创造的核心是企业的产品和服务，现在，越来越多的客户开始直接参与到企业的价值创造活动中，企业可以根据客户对产品和服务的体验和意见来改进和创新企业的产品与服务，客户的直接参与是企业价值创造的重要来源之一。比如 ATM 的出现，客户取钱存钱不再受时间和地点的限制。

（四）系统的价值管理

价值管理是企业管理模式的一种。企业的价值管理可以通过设定员工守则、公司规章制度等方法来约束和激励企业的每一位成员，通过团队激励的方式来凝聚企业团队。企业的价值管理主要是由企业的经营目的决定的。

（五）价值的有效配置

价值配置是指企业资源和企业活动的配置。企业价值的配置是为了让企业的资源可以得到更合理的运用，价值配置会涉及企业价值链的每一个环节，参与企业运营的全部过程，合理的价值配置可以提高企业各项资源的利用价值，企业资源的有效利用可以有效提高企业产品的产量。企业的价值配置通过对企业资源和活动的整合与配置，实现企业价值网络体系的合作共赢。

（六）价值的实现

价值实现是指企业创造出来的价值被社会、市场和客户认可。企业价值的实现需要企业拥有一套完善的商业策略。价值实现的途径主要有三个方面：赢利模式、营销策略和价格确定。赢利模式是指企业赚取利润、实现价值回报所遵循的机制和方法。最古老又最核心的赢利模式是通过产品或服务的销售赚取利润。营销策略是指企业赚取利润、提高价值回报效率所依赖的策略与方法。比如，网络营销，就是通过网络进行宣传推广，实现提高销售与服务效率的一种营销策略。价格确定影响着价值实现的可能性和有效性。通常来说，较低的价格容易获取更多的客户，充分发挥价格优势，有利于快速、大批量地获取客户，价值实现的效率更高。

三、商业模式设计过程与方法

（一）商业模式设计的过程

商业模式设计的过程，是基于商业模式的价值逻辑及其相互联系，根据创业企业的运营实际将商业模式的四个要素内容进行具体化设计的过程。要设计出既符合价值逻辑，又具体且可付诸实施的商业模式，需要由科学的顶层设计逐步转变为有效进行价值创造与协调的系统过程。

1. 商业模式的顶层设计

商业模式从价值逻辑角度看，其最基本、最重要的设计要素有四个：价值体现、价值创造方式、价值传递方式和企业的盈利方式（实现并收获价值）。其中，价值体现，是指企业给客户带来的价值体现在哪些方面，主要包括核心价值、非核心价值，以及衍生价值；价值创造方式，是指企业如何为客户创造价值，主要包括产品服务的研发与生产；价值传递方式，是指企业为客户创造的价值如何传递给客户，主要包括产品服务的营销推广和销售；企业的盈利方式，是指企业如何应对市场竞争并有效获取持续的利润回报，主要包括盈利的核心途径和构建利润壁垒。商业模式的顶层设计，就是从顶层设计这四类要素及其内在的逻辑联系，在确定这四者及其联系后，创业者才可能进一步设计、细化商业模式四个要素的下级内容及其联系。

2. 商业模式四类要素的具体化

通常，价值体现可以具体化为创业者拟为客户提供的功能，以及最终的产品或服务。功能更多的是指产品的效用，拟向用户提供的功能即效用明确了，才可能构想具体的产品或服务。新创企业需要开发和生产能够为客户创造价值的产品或服务，为了实现这一目标，新创企业需要探索和采用合适的方式方法和途径。例如，如果具体产品为计算机软件产品，那就需要从软件开发的相关规律来思考具体的价值创造方式；如果具体产品为计算机硬件产品，那就得从硬件开发的相关规律来思考具体的价值创造方式。至于价值传递方式，更多的是指产品营销的方式方法和途径，具体包括产品推广、销售、客户服务等方面的相关手段、措施及渠道等。企业的盈利方式也需要结合价值创造方式、价值传递方式、企业与客户的交易关系、可能的市场竞争方式及态势（如市场结构）来具体设计。

上述商业模式设计的过程，可用表 7－1 来概括。

表7-1　商业模式设计的过程

顶层设计	要素的具体化设计	组织化设计
价值体现设计	产品或服务：核心、非核心及衍生价值	企业内部组织 外部伙伴关系 客户关系界面 企业利润屏障
价值创造方式设计	产品或服务研发、生产的方式方法和途径	
价值传递方式设计	产品或服务营销的方式方法和途径	
企业盈利方式设计	基于企业与客户交易关系及市场竞争的企业盈利方法及途径	
四类要素联系设计	产品或服务的研发、产销、交易、竞争关系的协调	

（二）商业模式设计的方法

基于上述商业模式设计的流程，商业模式设计的方法可具体到顾客、产品、企业内部价值链、外部价值链和利润屏障五个方面的设计。

1. 定义并分析目标顾客，设计利润源

利润源是指购买产品服务的顾客群，顾客是企业获得生存、获取利润的源泉。设计商业模式，首要的任务和逻辑起点是确定目标客户及其需求，必须首先确定企业为谁创造价值，为谁创造什么方面的价值。顾客群可细分为主要顾客群、辅助顾客群和潜在顾客群。顾客群的目标界定要注意：顾客群要清晰而稳定；要有足够大的规模；要深入、准确把握顾客群的价值需求和购买偏好。

设计商业模式时，界定和深入分析目标顾客，主要目的是寻求产品在市场中的最佳定位，找到企业能够满足其需求并容易呈现产品价值的顾客群。

2. 科学规划产品服务研发，设计利润点

利润点是指企业用来获取利润的、目标顾客要通过购买才能获得的产品或服务。利润点既包括企业为目标顾客创造的价值及载体，还包括企业的主要收入点及其结构。设计利润点，主要的困难和重点是确定顾客价值最大化与企业价值最大化的结合点，它要求：（1）对目标顾客的需求与偏好按价值高低进行排序；（2）企业研发生产的产品服务与目标顾客的价值需求对应并匹配；（3）能为企业带来较高的利润。好的利润点，必须清晰、准确，是价值最大化的组合。

3. 构筑内部运作价值链，设计利润杠杆

利润杠杆是指企业内部如何科学规划与安排价值创造、传递的链条，优化价值创造能力和传递效率，实现利润的杠杆效应。在设计商业模式时，实现利润杠杆效应，需要对企业内部各生产与运营要素进行杠杆化设计，主要包括：组织与机制的杠杆化、技术与装备的杠杆化、生产运作杠杆化、资本运作杠杆化、供应与物流杠杆化、信息杠杆化、人力资源杠杆化等。通过将没有竞争优势和成本优势的企业内部价值链进行外包或分包，企业主要集中于具有高度竞争力的部分价值链，简化价值环节，做好价值优势的合理定位，是打造利润杠杆的有效途径和方式。

同样的产品服务，由于企业内部的价值链不同，利润杠杆不同，会产生产品成本与利润的迥异。一个企业的产品服务可能赚钱，另一个企业则可能亏损，利润杠杆往往决定了企业利润的多寡与高低。

4. 构建外部运作价值链，设计拓宽利润渠道

利润渠道，是指企业让目标顾客了解和购买所提供的产品服务，从而获得利润的渠道，主要包括营销推广渠道和销售渠道。利润渠道既包括企业自建的内部渠道，也包括整合的外部渠道。通常来说，有效整合利用外部利润渠道，有助于企业更快地获得更多的客户，提高利润空间和效率。在构建和拓展外部利润渠道时，也需要通过外部价值链的管理和优化，提高其运作效率，实现利润的杠杆化。

5. 构建竞争优势与市场壁垒，设计利润屏障

利润屏障是指企业为应对竞争、保护自身利润不被蚕食而采取的控制策略和方法。利润杠杆为的是最大限度地撬动更多“奶酪”，而利润屏障则为了保护“奶酪”不为他人瓜分和侵占。

在设计商业模式时，构建利润屏障主要是通过建立行业与市场标准、控制外部价值链、确立市场领导地位、独特的产品服务价值与企业文化、

牢固的客户关系、打造品牌影响力、加强版权专利保护等方式，尽企业的最大能力构建竞争优势和市场壁垒。

四、商业模式设计的工具——商业模式画布

奥斯特瓦德（Osterwalder）和皮尼厄（Pigneur）提出的商业模式画布是一种描述、可视化、评估和创新商业模式的通用工具，是目前广泛运用的商业模式设计与分析工具之一。[1] 该分析法从“为谁提供、提供什么、如何提供、成本多少及收益多少”4个视角描述了企业如何创造价值、传递价值、获取价值的基本原理，9个板块展示企业创造收入逻辑的、相互关联的元素：价值主张、客户细分、客户关系、渠道通路、收入来源、成本结构、核心资源、关键业务和重要伙伴，这9个元素通过分别覆盖价值主张、客户界面、基础设施和财务生存能力四个方面，可以对组织的商业模式进行较为全面的分析；并定义商业模式画布为“一种用来描述商业模式，可视化商业模式，评估商业模式以及改变商业模式的通用语言”。

奥斯特瓦德从战略的角度去审视一个企业的商业模式所处的环境。他建议把商业环境大体上映像成四块主要领域范畴：市场影响因素、行业影响因素、重要趋势、宏观经济影响因素。通过假设市场力量、行业因素、关键趋势和宏观经济影响力的发展轨迹，获得设计未来商业模式选项和原型的“设计空间”，即商业模式画布，如图7-2所示。

1. 客户细分：CS（Customer Segments）

客户细分是用来分析和描绘企业的目标客户群体，包括不同的人群或组织。客户是构成商业模式的核心，是设计商业模式的原点。没有清晰的（可获益的）目标客户，企业就无法研发与生产产品与服务，就无法获得生存与发展。企业可能把客户分成不同的细分类别，每个细分类别中的客户都具有共同的需求、共同的行为和其他共同的属性。到底该服务哪些客户

[1] Gerard George，Adam J. The Business Model in Practice and its Implications for Entrepreneurship Research［J］. Entrepreneurship Theory and Practice，2011，35（1）：83-111.

细分群体、该忽略哪些客户细分群体，一旦确定，就可以根据对特定客户群体及其需求的了解和掌握，研究设计相应的商业模式。

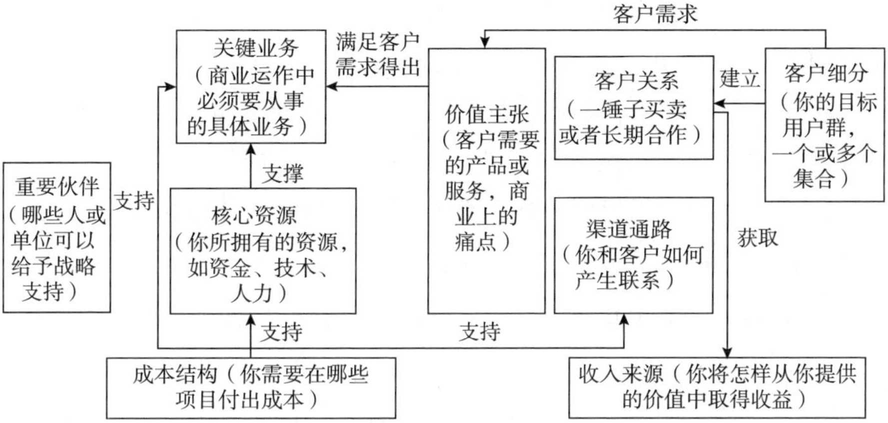

图7－2　商业模式画布

2. 价值主张：VP（Value Propositions）

价值主张用来分析和描绘为细分的特定目标客户创造价值的产品和服务及其呈现出的价值特征。它主要用来解决客户问题，满足其需求，是客户选择并付费购买的原因和理由。每个价值主张都可包含一系列的产品或服务，以满足特定目标客户的细分需求，因此企业的价值主张往往不止一个。价值主张可分为两类：一类是具有创新性的，引领消费者需求的；另一类是与现有市场类似但具有差异化的，如增加部分功能和特性。

3. 渠道通路：CH（Channels）

渠道通路用来分析和描绘公司是如何沟通、接触其特定的目标客户，传递其价值主张的渠道和路径，构成公司与客户之间的接口与沟通界面。渠道通路是客户接触的通道和具体方式，在客户体验中扮演着重要角色。渠道通路包含以下功能：（1）提升公司产品和服务在客户心目中的价值认知和良好印象；（2）协助、促进客户购买企业的产品和服务；（3）向客户有效传递价值主张；（4）提供客户支持和售后服务。

4. 客户关系：CR（Customer Relationships）

客户关系用来分析和描绘企业与目标客户如何建立关系以及建立哪种关系类型。企业构建客户关系的机制和选择客户关系类型，应考虑如何有效获取客户、维持并发展客户关系以及如何实现销售额的增加（追加销售）。例如，移动网络运营商通过积极有效的客户获取策略来驱动客户关系的建立和维系，包括入网优惠和补贴，当获取一定规模的客户后，运营商通过积分反馈客户等增值服务方式留存并提升单客户的价值贡献。

5. 收入来源：RS（Revenue Streams）

收入来源用来分析和描绘企业如何从目标客户获取现金收入及其结构。通常，客户是商业模式的“心脏”，收入来源是其“动脉”。企业必须清楚并能确保，什么样的价值主张能够获得目标客户的垂青并使其愿意付费购买，目标客户愿意如何付费以及付多少可以接受。在此基础上，企业合理分析并发掘可能的收入来源及其结构与贡献。一个商业模式可以包含多种收入来源，比如客户一次性购买交费获得的交易收入、分期收入和售后增值服务收入，以及其他相关收入。

6. 核心资源：KR（Key Resources）

核心资源是用来分析和描绘保障商业模式有效运转并赢得企业竞争优势的最重要的因素或资源。企业通过核心资源的配置与使用，确保企业及其职能部门能够创造并提供价值主张、有效接触并占领市场、建立牢固的客户关系并赚取利润。不同的商业模式所需要的核心资源也有所不同。比如，芯片制造商需要大量的资本和技术资源，而芯片设计商则需要“高精尖”的人才资源和专利资源。核心资源有很多种，包括实体资产、金融资产、无形资产和人力资本等。

7. 关键业务：KA（Key Activities）

关键业务是用来分析和描绘为了确保其商业模式顺利实施，企业必须做的“最重要”的关键业务工作。任何商业模式的实施都需要多种关键业务活动，这些业务工作也是保障企业正常和成功运营所必须开展的活动。

关键业务是有效组织并利用核心资源进行创造和提供价值主张、接触市场、维系客户关系并获取收入的必然要求。关键业务因商业模式不同而有所区别，例如，微软等软件制造商的关键业务是软件开发，而对联想等计算机硬件制造商来说，其关键业务是供应链和生产质量管理。

8. 重要伙伴：KP（Key Partnerships）

商业模式的有效实施和运行，不仅是企业内部的事情，也需要外部环境的支持。重要伙伴是指用来分析和描述企业重要的外部资源，如战略合作伙伴、供应商与销售代理商等。根据企业经营和商业模式的需要，企业通常会整合外部资源，建立并维系相关的重要合作网络。有些企业采取组建行业联盟的策略来优化其商业模式的效率、降低企业经营的风险并获取更多外部资源。重要伙伴根据合作关系的不同，可分为四种类型：（1）非直接竞争者之间的战略合作联盟；（2）直接竞争者之间的竞合联盟；（3）企业构建与运营的合资合营体系；（4）企业经营的上下游合作关系，如供应商体系和外部销售网络体系等。

9. 成本结构：CS（Cost Structure）

成本结构是用来分析和描述企业运营和商业模式实施所需要的各种成本支出。企业在开展正常经营活动和开发业务过程中，需要投入相应的成本。比如企业的组建和管理，产品研发和生产，市场营销和产品服务的销售，客户关系的创建和维护等都需要成本投入。成本投入的估算，可根据商业模式中的关键资源、关键业务、渠道通路和客户关系等确定后进行计算和规划。不同的商业模式，其成本结构会有很大不同。比如，苹果公司的成本支出主要是新技术的研发和市场推广，而富士康则是生产设备和人员等方面的支出。

第二节　降低创业试错成本

一、精益创业

（一）传统创业与精益创业的区别

传统创业是以自我为中心开展的创业，创业活动是线性的，可以从 A 点直接到达 B 点，很少在中间出现弯路。

精益创业则是先开发一个能体现核心价值的产品，投放市场，通过客户反馈逐步完善产品，在这个过程中逐步积累客户、完善产品。

传统创业与精益创业的具体区别如图 7－3 所示。

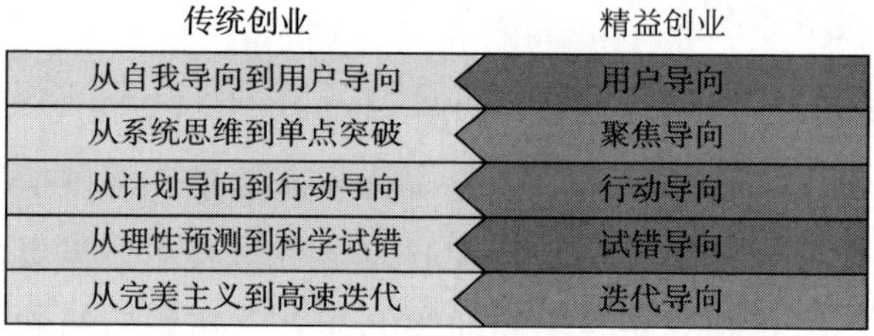

图 7－3　传统创业与精益创业的区别

（二）精益创业的特点

1. 以用户为中心

精益创业的本质是以用户为中心，通过科学试错，快速迭代对用户高度聚焦。精益创业的核心是要在产品设计最初阶段验证两个基本假设：客户的痛点和解决方案。在产品设计的最初阶段，产品制造者们就紧紧围绕这两个基本假设，明确核心需求，给出最小可行化产品，而非等待传统意义上庞杂的巨型解决方案。《精益创业》作者埃里·克莱斯提出，在产品设计的最初阶段，必须明确目标客户的核心需求。

2. 快速

精益创业模式下，所有的创新行为和想法都必须在最短的时间内呈现，抛弃一切暂不重要的其他功能，把极简的功能展现给客户，无论成功或失败，都能够以最快的速度知道结果。

3. 低成本

过往“十年磨一剑”式的长期研发，其最终成果推出后，有可能发现花费了大量人力、物力和时间所开发出的产品，并不是客户所需要的。这种巨大的浪费除了会给创业者、企业带来巨大的经济损失，还对团队的士气造成巨大打击，不少团队成员纷纷出走。而精益创业所采用的“频繁验证并修改”的策略，确保不会在客户认可之前投入过高的成本。

4. 高成功率

虽然创新充满风险，成功系数低，但并非没有套路可遵循。按照精益创业的模式，从“最小可用品”出发，过程中每一次迭代都可以寻找客户进行试用，了解客户对产品的看法，寻找产品的不足和客户希望增加乃至修改的功能点。当一路持续遵循客户的意见进行开发后，项目组不断纠偏的成果就是产品越来越符合客户的要求，而不是开发团队闭门想象的样子。通过持续的“测试—调整”以及快速迭代，创新的成功率能够大大提升。

（三）精益创业的步骤

精益创业是硅谷流行的一种创业方法论，其核心思想是，先在市场投入一个极简的原型产品，然后通过不断的学习和有价值的用户反馈，对产品进行快速迭代优化，以期适应市场。

1. 开发最小可用产品

将创业者或者新产品的创意用最简洁的方式开发出来，可能是产品界面，也可以是能够交互操作的胚胎原型。它的好处是能够被客户直观地感知，有助于激发客户的意见。通常最小可用产品有四个特点：体现项目创意、能够测试和演示、功能极简、开发成本最低甚至是零成本。

2. 收集客户反馈

通过客户反馈渠道了解关键的信息，包括：客户对产品的整体感觉、客户并不喜欢/并不需要的功能点、客户认为需要添加的新功能点、客户认为某些功能点应该改变的实现方式等；获得客户反馈的方式主要是现场使用、实地观察。对于精益创业者而言，一切活动都是围绕客户进行的，产品开发中的所有决策权都交给客户，因此，如果没有足够多的客户反馈，就不能称为精益创业。

3. 快速迭代

快速迭代是指产品与服务要快速地适应不断变化的需求，不断推出新的版本满足或引领需求，快速迭代最大的优点是及时的用户反馈，这样可以快速地调整产品的方向，避免在无用的功能上浪费时间和精力，减少风险。也就是说，真正的迭代必须把每一个迭代周期的成果交给用户，而且每次的成果都是完整可用的。

二、精益创业画布

阿什·慕尔雅（Ash Maurya）基于上述奥斯特瓦德的商业模式画布，根据自己的理论研究和创业经验认为，传统的商业模式画布的设计要素与框架不太适合类似大学生这样没有创业和企业经营经验的群体。他以精益创业理论为指导，对奥斯特瓦德的商业模式画布设计要素和框架进行改造调整，构建了一套新的商业模式设计工具——精益画布（见图7-4）。

<table>
<tr><td colspan="2" rowspan="2">问题：
需要解决的
三个问题</td><td colspan="2">解决方案：
产品最重要的
三个功能</td><td colspan="2" rowspan="2">独特卖点：
用一句简明扼要但引人注目的话阐述，为什么你的产品与众不同，值得购买</td><td colspan="2">门槛优势：
无法被对手轻易复制或者购买的竞争优势</td><td colspan="2" rowspan="2">客户群体分类：
细分目标客户</td></tr>
<tr><td colspan="2">关键指标：
应考核哪些
东西</td><td colspan="2">渠道：
如何找到客户</td></tr>
<tr><td colspan="5">成本分析：
争取客户所需花费、销售产品所需花费、客户开发与维护费用、人力资源费用等</td><td colspan="5">收入分析：
赢利模式、客户终身价值、收入规模与结构、毛利情况等</td></tr>
</table>

图7-4 精益画布

（一）精益画布的构成要素

慕尔雅认为，从初创者的视角，商业模式的设计要素有 9 个方面：问题、解决方案、关键指标、独特卖点、门槛优势、渠道、客户群体分类、成本分析和收入分析。精益画布更适合早期创业者或创业经验缺乏的创业者进行商业模式的思考和梳理。精益画布通过对具体创业机会深入分析与思考，寻找适合的登陆市场和切入点，明确创业项目的独特价值，梳理核心竞争优势打造的重点，探索可能、有利的盈利模式，分析并确定高效接触用户的渠道方式，进而确定创业的战略目标和实施方案。与商业模式画布类似，它也是可视化、结构化和流程化的形式，帮助创业者框定创业思路，模拟论证商业模式的可行性和适用性，从而找到适合的、创新的、可行的创业模式和路径。

1. 问题和客户群体

创业首先要是找到、找准客户的痛点与问题，才能有效解决其问题并满足其需求。问题和客户群体的匹配是商业模式设计的关键。设计商业模式，这一部分主要做：针对目标客户群体，准确勾勒他们最需要解决的 1 ~ 3 个问题并排序；列出解决问题的所有可能方案；找出所有可能的目标客户并进行细分；通过调查、分析，筛选确定细分的目标人群；为锁定的目标客户进行“画像”，详细描述其特征。

2. 独特的卖点

独特的卖点是指为目标客户所提供产品服务区别于竞争者的独特价值，是价值主张所具备且呈现出来的价值特征的高度凝练。独特卖点的设计是商业模式设计最重要也是最难的部分。对于创业者而言，遇到的第一个挑战不是产品销售，而是能打动目标客户的产品服务价值特色设计与确定。因此，独特卖点需要匹配目标客户需求及其行为特征，要精练且有新意，容易让客户产生共鸣并简单易记。在设计独特卖点时，可分步实施、逐步完善，需要注意的问题有：（1）从解决客户问题的角度出发设计独特卖点，获取竞争优势；（2）尽量优化产品设计和技术，避免产品平庸化和大众化；

(3) 专注于产品的最终成效和客户的核心价值；(4) 通过头脑风暴等活动，斟酌选定好的表述方式，具有创意并可高频传播；(5) 聚焦于目标客户付费购买的关注度，通过“灯塔型”顾客进行验证其准确性和吸引力。

3. 解决方案

基于目标客户的痛点和问题，参考独特卖点，快速构建多种可能的解决方案。然后通过 SWOT 分析法和矩阵决策法，选出最优方案。根据最佳方案，快速制作出简单的产品原型，然后开发最小可行性产品进行市场验证。根据市场验证情况和客户反馈，进一步完善解决方案，逐渐对产品进行迭代升级，最终打造出满足客户需求的、受其欢迎追捧的产品。

4. 渠道

渠道是实现价值主张的必要载体和途径。如果创业者无法构建或找到有效的渠道，创业项目很可能不可行，无法保证创业的成功。在创业的初始阶段，创业者要通过各种方式去探索适合的渠道，寻求一切能把产品有效推向目标客户的渠道，然后根据实际情况进行分析筛选。如果商业模式的实施依赖于大规模的客户，创业者选择渠道就更为关键，要尽早、尽快把渠道建立起来并进行市场测试。在选定渠道时，创业者应考虑：(1) 获取客户的成本，首批客户是免费还是需要付费使用产品；(2) 通过发掘内部资源和整合外部资源同时开通渠道；(3) 应亲自接触渠道，并积极参与销售过程；(4) 不一定要过早地寻求销售合作伙伴；(5) 打造口碑产品，让产品具有渠道拓展效应的特征。

5. 收入分析

创业初期的产品是一件最小可行产品，收费是检查商业模式风险的最重要部分，只有将产品真正销售给顾客，顾客愿意为该产品付费，才能真实地检验商业模式的可行性。价格是产品的重要组成部分，产品定价直接影响收入。通过市场实测的方式，分析客户对价格的态度，以此确定收入规模、方式和结构。研究不同产品定价及其方式、客户的反应和态度，根据产品定价的不同策略和不同层次，确定并细分客户类型。总之，可根据顾客付费购买产品的市场实际反馈，进行收入分析，以此设计并验证初始阶段的商业模式。

6. 成本分析

成本分析是分析影响商业模式实施和效率的主要财务方法。成本分析可通过经营过程各支出的分析列表，进行合理的推算和估计。成本分析要尽可能准确，虽然准确预测有时候很困难。成本分析可参考第六章创业所需资金测算的相关内容和方法进行。然后，把收入和成本分析结合起来，计算出投资收益率、盈亏平衡点和盈亏平衡周期，从而帮助设计和完善商业模式。

7. 关键指标

戴夫·麦克卢尔（Dave McClure）提出的“海盗指标组”是一个经常用到的关键指标评估框架。虽然海盗指标是为软件公司设计的，但是它也适用于很多其他行业。依据少数几个关键指标来评估企业经营状况，既能衡量企业的发展，也可以帮助企业更高效地找到目标客户并做好客户价值的管理。关键指标评估框架包括五个方面：（1）获取，是指企业如何获取客户，客户通过哪些渠道方式接触产品和服务，如何把“访客”有效地转换为潜在的目标客户；（2）激活，是指如何给第一次接触产品服务的客户留下极好的体验与印象，并能打动其产生购买冲动；（3）留客，是指企业如何留存已产生消费的顾客，增加其重复购买率，建立客户忠诚度；（4）口碑，是指企业如何通过客户口碑进行自发宣传产品服务，更高效地获取更多客户；（5）收入，是指企业如何让客户认可产品服务价值，愿意付费购买，且能给企业创造良好的利润。

8. 门槛优势

门槛优势，是指企业所设计的商业模式，要能构筑起一定的竞争壁垒，并具有核心竞争优势。奢侈品牌营销专家杰森·科恩（Jason Cohen）曾提出一个有趣的观点：任何可能被“山寨”的东西都会被“山寨”，特别是当别人看到你的商业模式确实可行时。企业真正的优势必须是无法轻易被复制或者购买的。可以从两个方面来理解和设计商业模式：一是商业模式的设计要有一定“入门”难度和条件，以防“后来者居上”，应对被轻易模仿和超越的风险；二是商业模式的设计，要凸显并发挥企业的优势，要形成自己的核心竞争力，以有效应对同行业竞争。门槛优势的来源很多，可以是创业团队、技术专利、市场渠道、客户质量与量级和服务系统等。

（二）精益画布的制作与验证

参照商业模式画布的方法和步骤，利用精益画布的设计框架，快速、简洁地设计出商业模式的原型。设计精益画布时，首先，要实事求是，要从自己的实际情况出发，避免看起来“高大上”并符合逻辑，但很难实施，否则就失去了设计的初衷和意义。其次，设计精益画布，要以客户为中心、以客户为本进行设计，而不是基于“自我”，否则设计的商业模式就失去了针对性和市场的价值性，容易“跑偏”。

精益画布设计出来后，要基于画布进行商业模式中存在的风险进行评估和分析，以改进和优化商业模式。商业模式风险评估，要找出其中风险最高的部分，对其进行三个方面的论证和评估：（1）客户的问题与解决方案是否匹配，客户关键需求和痛点是否得到有效解决；（2）产品服务与市场是否匹配，拟提供的产品服务是否有足够数量的客户支持并愿意付费购买；（3）商业模式的持续性和发展性如何，是否能够支持企业发展和市场的高速扩张。

精益画布的制作，要遵从精益思维与方法。通过精益画布快速构建商业模式原型后，要做系统的内部测试验证和外部市场实测，在测试与验证、实测的反馈中，不断优化和完善商业模式，直到设计出适合自己的、可被开发利用的商业模式。

二维码链接

如何判断创业者的商业模式是否合理

课堂活动

活动一　绘制春雨医生的商业模式画布

春雨医生的疾病数据库是已知世界上最为齐全的，数据库里的所有数据都来源于权威的医典。春雨医生可以通过用户的地理位置来寻找并为用户推荐最合理的医院、医生和药店。用户还可以通过春雨医生免费咨询一些专业的医生。

春雨医生用户群划分如图7－5所示。

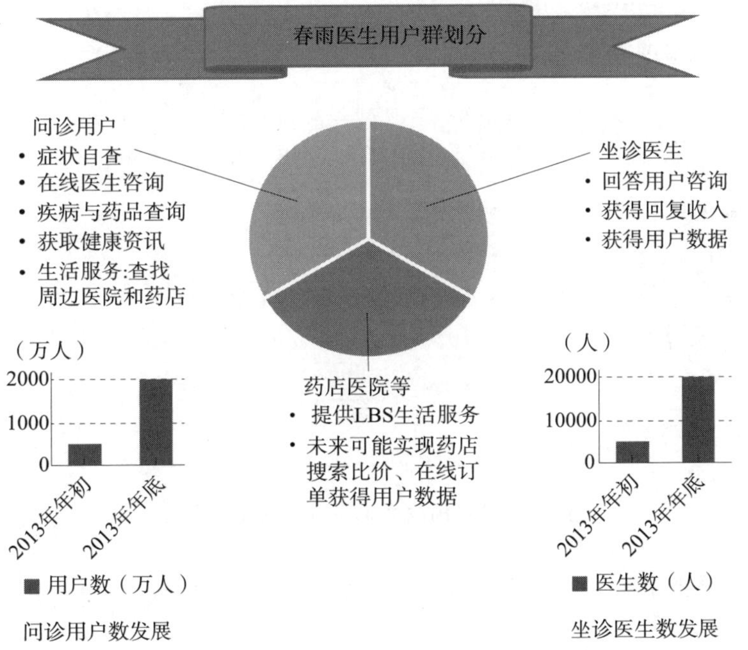

图7－5　春雨医生用户群划分

春雨医生功能构成如图7－6所示。

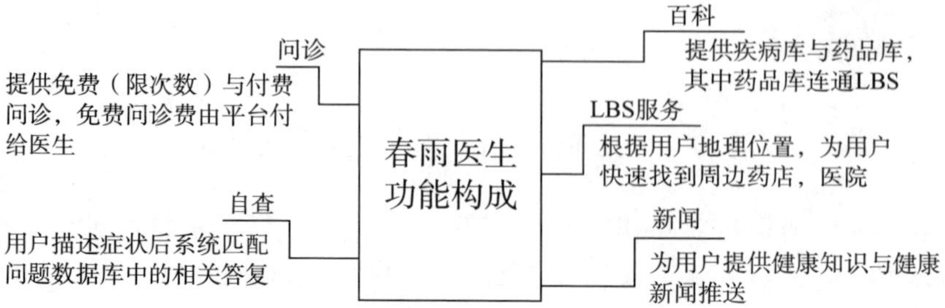

图7－6　春雨医生功能构成

春雨医生未来可能的商业模型如图7－7所示。

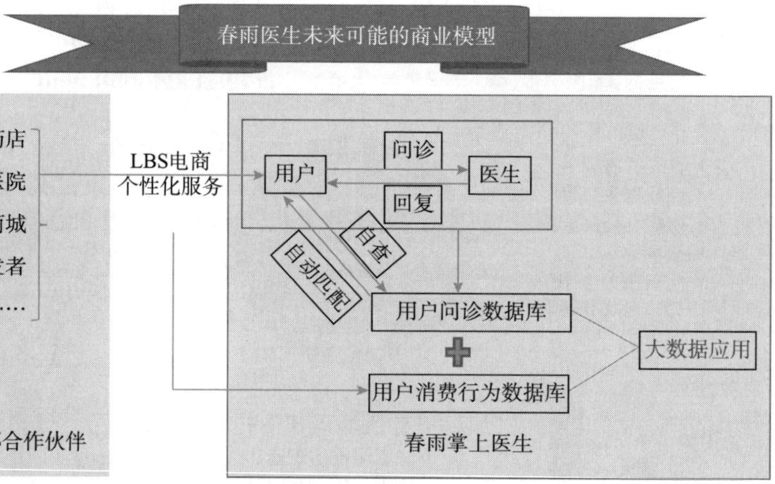

图7－7　春雨医生未来可能的商业模型

请根据以上信息，试绘制春雨医生的商业模式画布。

活动二　评价《万物生》项目的商业模式

广州万物生健康产业公司与华南农业大学食品学院生物炼制实验室、生物质能研究所、天然产物研发中心合作研发出一套富含天然活性成分的产品。项目由天然活性产物领域专家林俊芳研究员带队，由10名教授、工程师、博士、硕士组成的专家研发团队，凭借先进的理念，丰富的经验，将多年研发成果应用于健康产业，公司主营食品、保健品、护肤品三大领域，目前以线上线下两种渠道做营销推广和产品销售。已有两项专利被成功生产应用。

对上述项目进行适用性、有效性、价值性、复制性和创新性等方面的评估，并做逻辑层面的价值逻辑与盈利逻辑的定性检验。

创业榜样

人人湘：一碗米粉的精益创业之路*

2013 年 9 月，“北漂”的湖南人刘正在朋友圈发现家乡的朋友分享了一条点评当地美食的推送：“当时立即触动了我，为何不把家乡最正宗最美味的米粉带到北京呢?”

一种乡情和梦想的浓烈冲动让刘正激动不已，于是他把想开米粉店的主意告诉了李明俊，李明俊又想到了自己的好友傅文涛。一个志同道合的创业团队迅速搭建完成，三个没有开过米粉店的创业者，共同决定要运用产品经验开发出一碗真正好吃的米粉来。

按照开店的常规常识，接下来他们要做的应该是选址、谈房租、办执照、找厨师之类的事情。但这群合伙人一开始做的并不是这些，而是首先看看大家最爱吃什么样的湖南米粉。

他们根据熟人关系找到在北京的湖南人，建了一个微信群，让这群人在群里推荐湖南本地最有名最好吃的米粉店。其实，这个微信群就是产品最早的“种子用户”。

接下来，人人湘的团队拿着“种子用户”推荐的米粉指南，前前后后七下湖南，踏遍三湘四水，到长沙、衡阳、常德、郴州、永州等有代表性的地方，收集品尝最好吃的米粉。回顾这段市场调研的经历，刘正说：“三

---

* 宋振杰. 一碗充满浓郁乡愁的米粉：从人人湘看，如何进行精益创业？［EB/OL］.（2015－04－20）［2022－10－08］. https：//news. newseed. cn/p/1319864.

天内共吃了 40 多家店，100 多种米粉，最多的一天吃了 11 顿、跑了 3 个地市，留了 12 个店老板的电话。几乎每天要吃几十碗。我们一共七下湖南，仅为了一碗极致的米粉。”而傅文涛则“感觉要吐了”。

在不断的试吃、体验过程中，创始人团队对常德、郴州、长沙等不同地方的米粉特色、口味有了初步的判断与把握，经过比对讨论，最终他们决定先将衡阳和郴州的米粉带回北京。

人人湘创业者的可贵之处就是接地气地“学习”，首先自己亲身体验未来的产品，而不是坐在办公室里研究、规划、争论、纸上谈兵。他们并没有相信“种子用户”的直接推荐，马上引进一种大家认可的米粉品种，而是走街串巷，获得了对原始产品的真实体验与感知，强化了自己对产品的直觉与判断。

人人湘的创业团队怀着浓浓的乡愁做出来的米粉，能受到目标用户的喜欢吗？没关系，行不行问问用户就可以了。于是在中关村 3W 咖啡旁边，一家叫“无名米粉店”的小店开张了，这就是“人人湘”最早的产品测试店。

他们把七下湖南吃出来的 20 多种米粉，全部放在测试店里销售，并且不断更换品种，更换产品原料，现场观察测试用户的反应。鱼粉、牛肉粉、排骨粉、剁椒鸡蛋盖饭、牛肉盖饭，甚至还有湖南的宫保鸡丁。

而且，从 2014 年 3 月，人人湘还先后走进汽车之家、凤凰网、百合网、特斯拉、蓝色光标等知名公司，开展各种线下试吃活动，收集“种子用户”的反馈，积累产品迭代的宝贵数据。

创始人刘正说：“活动中，用户会告诉我们哪个口味的米粉好吃，什么原材料好。”基于与用户的长期沟通，人人湘在没有做任何传播推广的基础上积累了大量的用户数据。“这些线下积攒的用户成为线上流量的一大入口。”人人湘在微信公众号上还专门开辟了吐槽专区，让用户不断互动、分享、传播。

3 个月的测试验证了他们之前的想法，确实点鱼粉的用户特别多。最终他们从这 20 多款米粉中选出 5 款作为主推品种。

可以说，用户思维贯穿了人人湘创业的全过程，刘正说：“从人人湘的名字来源到用户制作的攻略，用户推荐好吃的米粉店，整个人人湘产品的设计到开发都是集合用户的智慧和参与来完成的。”

湖南米粉不仅有很多地方特色，而且有很多品种，比如牛肉粉、牛杂粉、排骨粉、三鲜粉、红油粉、原汤粉等几十种之多，如何选择产品品类是个问题。在讨论中，有人提议说主推鱼粉这个品种，赢得了大家的一致同意。

因为鱼粉是最差异化、最有特点的湖南米粉，而差异化则是最锋利的竞争利器。相比其他品种，鱼粉给人的视觉冲击力特别强，而且碗里真的是有一条鱼，特别符合吃货“所见即所得”的心理需求。

在之后的产品设计上，人人湘也始终坚守“多即是少，少即是多”的设计理念，把精力集中在老馋粉、至尊鲜鱼粉、黄鸭叫等不到十款产品的研发与创新上。

人人湘的创业团队从一开始就把米粉当成一款产品去经营，而不是当成一个生意去打理。产品原型出来后，如何深化、优化、改善，最终形成定型产品，这期间，他们还是利用了用户的力量。

正式开业之前，人人湘举办了 3 次产品品鉴会。他们从早期的“种子用户”中精心挑选“铁杆粉丝”，通过这种方式收集到了更多、更细致、更全面、更直观的用户反馈。

比如，在“铁杆粉丝”品鉴的过程中出现了“辣或不辣”的争论，有不少人明确表示不吃辣，特别是一些女粉丝。是保留湖南米粉的辣，还是根据用户需求做出改变？

一方面人人湘并没有放弃辣的口味，原因很简单，辣是湖南米粉的正宗风味，是人人湘的品质所在。坚持本我，清楚自己从哪里来，不做无原则的妥协。另一方面，改良鱼汤，将鲫鱼米粉改为不辣，照顾一大群不吃辣的“粉丝”。他们在保留湖南米粉精髓的前提下，根据市场需求做出调整，找到了平衡点。

另外，在米粉配菜的改良上也是在费尽周折、不断测试、尝试后才定型的。比如为什么配菜是丝瓜而不是白菜？因为白菜本身有味道，丝瓜没有味道，而且丝瓜会吸收鱼汤的味道，白菜则不能吸收汤汁。

实践拓展

商业模式设计、完善、检验与评价

一、设计并创新商业模式，制作出商业模式画布

基于小组选择的创业项目，并根据本章理论方法，设计并创新一个符合逻辑的商业模式，凝练概要并制作自己的商业模式画布，填写在图 7－8 中。

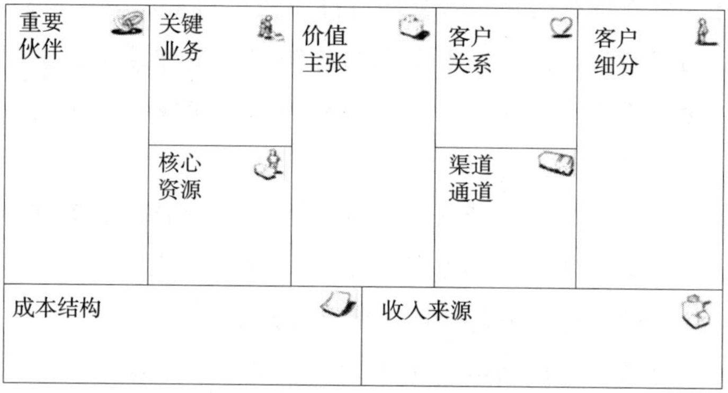

图 7－8　商业模式画布

二、检验与评价商业模式，完善改进商业模式画布

根据本章内容方法，对上述设计的商业模式进行检验与评价。

三、路演展示与比赛

各小组展示并路演自己的商业模式画布，并进行评比，评比标准如图 7－9 所示。

主营业务	模式名称	指标分值									模式点评
		独特价值	不可复制	可操作性	持续稳定	扩展延伸	整体协调	具盈利性	具创新性	总分	
		20	15	15	15	10	5	5	15	100	

图 7－9　商业模式画布评比标准

??? 课后思考

1. 如何理解商业模式的内涵与本质？商业模式主要有哪些要素？

2. 商业模式的价值逻辑是怎样的？

3. 商业模式设计的过程是怎样的？商业模式设计的方法有哪些？

4. 如何使用商业模式画布和精益画布进行商业模式的设计？

5. 商业模式改进完善和创新的方法有哪些？

6. 商业模式评估与检验主要考虑哪些方面的问题？如何对商业模式进行定性的逻辑检验？

第八章　创业计划与创业路演

学习目标

1. 了解创业计划的内涵与作用；
2. 掌握创业计划的主要内容；
3. 掌握创业计划书的构成与写作要点；
4. 掌握创业计划的路演技巧与注意事项。

导入案例

第七届“互联网+”大赛全国季军路演拆解

来自浙江大学的项目“Goprint——多功能智能打印机先行者”获得第七届中国国际“互联网+”创新创业大赛季军，该项目将打印机缩小到了钱包的大小，实现随时随地打印。下面我们将对此项目在大赛中的路演进行拆解，希望能对参加大赛的学生有所帮助。本次路演用时 5 分钟，分为 10 个小模块讲解自己的项目。

1. 自我介绍

路演学生上台后给大家打了招呼随即进行自我介绍，介绍了项目名称、学校、路演演讲者姓名等信息。

2. 痛点

移动办公的人越来越多，纸质材料却难以被取代，如何在外出时获得打印材料成了很多人的痛点。市场调研显示，人们对便携式打印机的需求正在持续增长。相关市场正处于发展阶段，创业机会增多。

3. 视频

讲完痛点后演讲者随即播放了一段介绍产品的视频，用视频介绍产品的好处是能让现场评委直观看到产品外观、原理、应用场景等。

4. 产品优势

播放完介绍产品的视频后，演讲者介绍起这款打印机的优势，最大的优势是将传统桌面和墙面大小的打印机缩小成 A4 纸大小的设备，并且做了竞品对比。

演讲者介绍到此款产品所用技术专利都是自己作为第一发明人申请的，以此论证项目真实性。

5. 背书

通过业界专家、媒体报道等为项目背书。

6. 商业落地

介绍团队成员和项目目前在商业上取得的成绩，展示了厂房、营业执照等，强调项目真实性。

7. 项目进展

介绍项目目前进展情况，首款产品已经上市，并取得良好的成绩。

8. 结束语

用行动告诉大家本科生从宿舍产生的创意能够一步步走下去。

启示

在大学生路演中，展示项目的成功与潜力是至关重要的。开始先做自我介绍，让评委对项目和演讲者有初步认识，接着引出痛点并展示解决方案，演示产品的优势和独特性，以及背书和商业落地的支持，都是为了让观众对项目产生共鸣和信心。同时，介绍项目的进展情况和未来展望，以及鼓舞人心的结束语，都是为了激发观众对大学生创意和创业的热情。在路演中，大学生们应该充分展示自己的创意和实力，向观众传递出“大学生创意可以实现”的信心，激励更多年轻人积极投身创新创业的潮流。

第一节　认识创业计划

一、创业计划的内涵与作用

（一）创业计划的内涵

创业计划，又称“商业计划”（Business Plan，BP），是创业者实施创业活动的系统设想及行动方案。创业计划主要描述创立新企业相关的内外部条件和要素，它包括战略构想、组织架构、行业市场、产品服务、商业模式、营销规划、财务融资和风险评估等内容。创业计划至少要回答三个基本问题：创什么业、靠什么创和怎样创。创业者不一定会写详细的创业计划书，但一定会有相对周密而可行的计划。创业计划按计划目的和周期可分为半年或1年的短期操作计划和1～5年的长期战略计划。

1. 创业计划是创业的蓝图

创业计划是创业者对企业未来发展的蓝图构想与指导思想，描绘其创业理想与愿景，确定企业经营的发展方向与战略目标，是引领其创业行动的纲领。创业计划厘定企业发展的整体规划，树立企业核心价值的“灯塔”，明确创业者创业的“初心”与使命。科学的创业计划，有助于创业者坚定创业选择，有效组织创业资源，合理安排创业活动，克服创业困难，避免迷失方向而误入“歧途”。

2. 创业计划是创业的路线图

创业计划描绘蓝图的同时，也规划了实现创业理想与目标的具体路线图。创业计划是一份实施创业具体行动的操作指南。创业计划是详细解释如何将创业者的愿景转化为盈利且可持续发展企业的一系列具体安排。它包括如何建立团队、定位目标市场、确定用户或顾客需求、进行技术研发、组织产品设计与生产、制订营销策略、开发销售渠道、应对市场竞争、做好客户服务、规划资金筹措与使用和应对经营风险等详细内容。创业计划是一套实现创业目标的具体行动方案。

（二）创业计划的作用

1. 论证构想，规避风险

创业计划制订的过程，实际是创业者厘清方向和目标、分析评估项目可行性与竞争力、梳理各种资源、明确工作重点与难点和评估各种影响因素与风险的系统思考过程。我们可以把创业计划看作一篇论文，其中心论点是创业构想可行而有前景，而计划各部分是围绕论点进行理论与事实的深入论证。制订创业计划，有助于创业者创业激情的理性回归，有助于创业者重新客观审视创业项目，进一步厘清创业思路，规避风险，提高创业成功率和企业效益。

创业是一项系统、复杂的“工程”。创业者需要做好各方面工作的规划与安排，才能有序、高效地推进创业进程。创业者必须具备良好的管理能力，而管理的前提是框定目标、梳理资源，根据创业活动的实际制订出科学合理的行动计划。一份良好的计划，有助于创业者明确思路，统筹安排各项重要工作，将创业活动由笼统的想法转变为可执行的步骤，从而降低创业的风险。

2. 明确思路，指引行动

创业计划是创业者带领团队进行创业的“行路图”。“行路图”在指明方向的同时，还从企业内部的人员、制度、管理以及企业的产品、营销、市场等各个方面详细描绘了实现目标的可行策略、组织模式、工作方法和行动步骤。也就是说，一份好的创业计划，会明确各部分具体工作安排：如何开展技术研发、如何开发产品服务、如何进行营销和如何做好销售工作等。一份合理可执行的创业计划，有助于各职能团队明确其工作职责和目标，明确开展工作的基本思路，指导其制订具体的工作计划，从而开展有效的工作行动。

在开展与推进创业各项工作的过程中，难免出现一些困惑、困难或工作协调问题。创业者在指导和帮助团队完成任务时，可以依据创业计划，分析工作的重点和问题，完善优化工作方法，指引其合理安排工作，提高工作效率、效果。

3. 凝聚团队，整合资源

一份清晰的创业计划，就是一个“创业故事”的基本脚本。创业者可以依据创业计划，构思一个向其他人讲述、展示自己创业项目的“动人故事”。创业计划在企业内部，有凝聚团队的重要作用。首先，创业者在构建核心团队时，要利用创业计划，说服并感染创业活动所需的“关键人物”，为其描绘事业价值与蓝图，分析可行性，以打消未来合作伙伴的顾虑，迅速打造一个匹配创业项目的优势团队。其次，在创业团队管理过程中，创业计划可为团队明确创业愿景与目标，统一思想，团结协作，形成默契和高度凝聚力，为实现共同目标而努力。尤其在创业遇到困难或工作思路出现分歧时，创业计划有助于澄清问题，引导回归“初心”，从而坚定决心，重新构建信任与行动力。

创业计划是整合外部资源的必要材料和沟通载体。创业者在参加创业比赛、申请入驻创业园或孵化基地、融资和申请政府资助或办理创业政策优惠项目时，都需要按要求提供不同形式的创业计划。特别是在融资时，创业计划往往是“先行者”和“信使”，因为投资人或投资机构首先要通过创业计划了解基本信息，而创业者也往往通过邮件或其他方式将自己的创业计划传递给融资对象，以寻求潜在的投资者。另外，创业者在开拓销售渠道、寻求合作与供应商时，有时候创业计划也是谈判的指南和重要砝码。

二、创业计划制订的方法与步骤

创业计划的制订，需要通过明确创业构想、收集相关信息、开展市场调查、分析主要问题、凝练执行概要和论证完善计划等步骤，才能制订出科学、合理、可行的创业计划。

（一）研讨创业构想

创业构想是指创业者在创业前期，对创业目标、模式选择、原则策略、方法步骤、资源条件和团队需求等进行统筹安排的整体构思过程及其结果。创业构想是创业计划的顶层设计和框架安排。（1）创业构想要厘清创业的目的和目标，要做什么项目，明确为谁提供产品和服务，想好如何做才能达成创业目标等。（2）创业构想要通过分析自己的优势和劣势，选定最适合自己的创业模式。比如，是选择独立自创，还是选择合伙共创的模式；是选择自主投资，还是选择融资创立企业；是选择自主开发产品服务、自创品牌，还是选择加盟代理的模式运营企业，等等。（3）创业构想要确定创业的基本原则和策略。创业者在研讨创业构想时，要明确哪些事情可以做，哪些事情不做或不能做；要制订基本的“游戏规则”及其底线；要确定团队组建与管理、企业的组织与经营、产品与市场的开发和财务管理与融资等方面的基本策略。（4）创业构想要规划出合理可行的、服务于创业目标实现的大致步骤与阶段性安排。比如，什么时候注册企业，通过多长时间开发出产品，产品上市销售的计划安排与阶段目标，计划什么时间启动融资、融资目标与期限，等等。（5）在创业构想时，创业者要注意分析创业所必需的资源条件和团队需求。不同的创业项目，对资源条件和团队有不同的要求和需求。创业者要深入分析项目或商机开发需要的资源条件，发挥创造力，利用有限资源整合内外部有利条件，充分发挥团队价值，以保障创业构想的实现。

（二）收集相关信息

在初步框定创业构想之后，创业者需要通过相关信息的分析与验证，以进一步论证、完善和优化创业构想，保证创业构想的合理性和可行性。同时，制订具体的创业计划也需要建立在充分、准确的信息基础上，否则创业计划缺乏必要的制订依据，容易出现主观、片面等问题。

创业计划需要收集的信息主要有：创业优惠政策、行业状况和发展趋势、竞争企业与产品服务、目标市场和顾客、用户偏好和与创业相关的其他信息。首先，收集信息要基于创业构想，围绕创业项目，服务于创业目标。其次，收集信息时要分门别类，突出重点，制订系统的信息收集计划，以利于做出合理判断和创业决策，满足创业计划的信息需求。

收集创业计划相关信息，主要通过政府部门网站、相关出版物、相关媒体机构、市场咨询与调查机构、顾问、竞争对手、行业协会和其他关联方（用户、律师、银行、会计师事务所、广告公司、经销商、供应商、媒体、质量检验部门、储运部门等）等渠道。收集相关信息主要通过网络搜索、市场调查、访谈、参加展览会和直接体验等方式方法。

在收集信息和分析利用时，需要注意信息的信度和效度两个方面。首先，要注意甄别信息的来源，要保证信息的可靠性和准确性，以免造成误导。移动互联网时代，各种自媒体发布的信息需要认真识别，谨慎对待。其次，要注意信息的时效性和适用性。一些过时的、适用于特定范围和场景的信息，需要认真筛选、比较和分析，规避信息陷阱。

（三）调查行业市场

调查行业市场是创业者收集一手信息，通过实践论证与检验创业计划可行性的主要方法手段，是制订创业计划的关键步骤与基础。一方面，创业者通过调查行业市场，深入分析创业项目与市场相关的客观因素，了解创业环境、政策、法规、消费需求和竞争状况等实际状况，进一步论证创业构想可行性，做出科学判断和理性决策。另一方面，通过调查行业市场，创业者可优化调整市场定位、精准细分市场和做出科学营销决策，为技术研发、产品开发与生产特别是营销计划的制订，提供信息和依据。

行业市场调查的内容，主要包括宏观的环境状况、中观的行业状况与微观的竞争对手、消费者状况三个层面的内容。

宏观的环境调查，一般从政治法律环境（指对创业活动有直接与潜在影响的政治制度、法律、法规等，重点是政府管制与重点引导发展的政策、创业政策、税法、专利法、公司法、合同法、财政与货币政策等)、经济环境(指经济制度、经济结构、产业布局、资源状况、经济发展水平以及未来的经济走势等,重点是经济增长率、利率与税收水平、货币政策与分配制度、通货膨胀率、居民可支配收入水平、商业运营基础成本和市场宏观需求等)、社会环境(指社会文化传统、价值观念、宗教信仰、教育水平以及风俗习惯等,重点是人口规模、年龄结构、种族结构、收入分布、消费结构和水平、人口流动性等)和科技环境(指社会整体科学水平、发明创造和技术水平等,重点是科学研究、发明专利、新技术及其应用等)四个维度进行。

中观的行业调查,主要从同行业内现有竞争者(竞争格局、壁垒、优势和退出障碍等状况)、潜在竞争者(威胁、进入障碍和风险等)、替代品(价格、质量和成本等)、供应商(多寡、质量、成本和议价能力等)、购买者(需求、总量、购买力和议价能力等)五个方面进行。具体地,中观行业调查要获得以下问题的准确信息:(1)在过去的三年,本行业销售总额有多少;(2)本行业预计年增长率及趋势如何;(3)在过去三年间有多少新公司进入本行业;(4)本行业近半年和一年有哪些新产品入市;(5)行业内最直接与最大的竞争者是谁;(6)行业竞争者的优势和劣势有哪些;(7)行业内竞争者经营状况、销售增长率和稳定性如何。

微观层面的竞争对手调查,主要通过其网站、自媒体、年度经营报告、主营产品的文献和广告信息、市场演讲等活动、用户/客户反馈和供应商/代理商的信息等渠道获取信息,针对企业文化、团队状况、产品状况、营销策略、客户反馈和经营绩效等方面进行调查,然后对比分析,制订应对竞争的策略和计划。微观层面的消费者调查,主要针对目标市场的消费者进行相关产品服务的消费心理与购买动机、消费行为习惯与购买决策过程、消费需求与购买力以及获取产品服务信息的渠道等方面进行调查,帮助创业者设计与完善商业模式、制订产品计划和营销计划。

行业市场调查的常用方法有文献资料法、实地观测与体验法、抽样问卷与访谈法、座谈讨论法和实验法等。相关内容本书不做详细阐述,如有需要，可查阅市场营销相关书籍。

（四）分析主要问题

创业计划制订的过程，虽然是论证可行性的过程，但还必须从面临的问题、困难和风险的角度思考，分析问题与困难并找出克服的办法，才能最终得出有说服力的可行性结论。

首先，要分析所做的创业项目是否有致命缺陷。比如市场是否足够大并能克服进入壁垒，技术是否能够支撑产品开发与良品率达标，是否有较大不确定性的政策管制风险，客户是否真正愿意付费并具有足够的购买力，是否具有清晰的商业模式保证创业活动的可持续，等等。

其次，要分析创业项目对团队和资源的需求，是否具备必要的核心成员和必需的资源。如果当前团队和资源不足以支撑创业项目的启动，是否有可控的策略与办法来及时弥补。团队和资源与项目在基本匹配的前提下，还需要分析利用当前拥有或掌控的团队与资源，是否可以构建起相对的竞争优势。

最后，要分析创业财务的基本可行性。一方面，要分析财务成本和预期收入，大致评估销售毛利率是否在30%以上。如果销售毛利率低于30%，则需要考虑该项目是否值得做，是否有提高的可能。另一方面，需要大致分析出盈亏平衡点和盈亏平衡周期，以判断项目可行性。通过盈亏平衡点判断团队的成本控制与销售能力，是否能够保证未来可以实现盈利；通过盈亏平衡周期判断资金资源是否可以支撑创业活动的顺利开展。

总之，分析以上主要问题，是反向论证创业构想和创业计划可行性的过程，也是制订创业计划的必要步骤。

（五）凝练计划概要

通过以上创业构想、收集信息、市场调查与问题分析，创业计划基本就“有谱”了，可以凝练出创业计划的执行概要了。创业者无论拟定详细还是简略的创业计划，概要都是必需的内容。

清晰简洁的计划概要需要描述出创业的理想与愿景、战略目标与定位、团队与项目优势、产品与市场策略和发展规划等几个方面的内容。凝练计划概要的主要目的是框定创业思路，因此，它的措辞应尽可能简洁、严谨而条理清晰，同时富有激情；要尽量避免使用专业词汇和术语，以浅显的语言介绍创业计划的核心逻辑和内容。

尽管从形式上看，凝练计划概要先于创业计划，它的撰写却应在完成创业计划之后，因为只有这样，才能形成对创业计划的准确概括。需要注意的是，计划概要并非创业计划的引言或前言或背景。恰恰相反，它是对整个创业计划高度精练的概括，是整个创业计划的精华和亮点，也是创业计划的灵魂。因此，计划概要应包括创业计划的所有关键内容，是对所有内容的精确提炼。

（六）论证完善计划

在完成初步的创业计划之后，需要对制订的创业计划进行论证和完善，以保证创业计划的适用性与可执行性。创业计划论证是对创业计划做最终的分析与评估。论证创业计划时需要论证的内容有：市场定位与目标、目标用户与客户、产品与服务、市场与营销策略、经营管理、团队与组织、财务分析、投资回报和发展规划等。

论证创业计划最好的方法是市场测试，用实践验证计划是否可行。市场测试通常采用将样品投入特定市场进行试用、试卖的方式进行。市场测试根据创业实际采用部分性测试、全面性测试和阶段性测试等策略。

无论采用什么方法论证创业计划，都要论证计划：（1）是否具有可支持性（创业的动机与理念）；（2）是否具有可操作性；（3）是否具有可赢利性；（4）是否具有可持续性。

同时，要验证创业计划以下几个方面的效度：

（1）创业项目的真实效度：是否有详细的、准确真实的市场数据和信息。

（2）创业项目的盈利效度：是否能获得足够的投资收益。

（3）创业项目的可控效度：项目的风险是否可控。

（4）创业项目的行为效度：创业项目的运作行为（企业运营与管理、市场开拓、产品服务开发与提供和产品技术工艺等）是否可规范。

（5）创业项目的成长效度：项目在短期市场扩张和长期战略发展规划上是否具有足够成长空间。

（6）创业项目的资源效度：项目所需的各种内外部资源是否有足够保证。

论证创业计划是为了降低创业风险、提高创业效率和成功率，创业者要有足够的耐心对创业计划进行细致、严谨和深入的推演和实践验证。在此基础上，创业者可修正、调整和完善自己的创业计划，制订出科学合理的创业计划。

三、创业计划书的基本构成

创业计划书有多种分类和形式：从内容详略程度，创业计划书可分为简版和完整版两大类；从内容载体的表现形式可分为电子版和文印版；从不同读者对象可分为股东版、内部员工版和融资版，等等。

一份详细而正式的文印版创业计划书通常由封面、保密要求、目录、摘要、正文（综述）和附录等部分构成。

（一）封　面

创业计划书的封面，创业者可自行选择设计风格和表现形式，通常设计为醒目的彩色版面。创业计划书封面设计一般会考虑融合项目特点及其企业形象设计，以吸引眼球，让读者感受到创业者及其团队的专业素养与用心程度。除了设计，创业计划书的封面通常需要包含项目名称（企业名称，如果已成立）及价值特色、创业愿景与定位（slogan）、标志、核心团队成员和日期等必要信息。

如果尚未注册企业，建议封面不要写拟创企业的名称，而写创业项目的名称。否则，容易让读者产生歧义，误以为企业已经创立，对创业计划阅读重点会产生误导。

（二）保密要求

如果创业计划书涉及核心商业机密，创业者认为有必要规避传播风险的话，可写一份简略的保密要求，声明未经许可或同意，不得转发、复印和公开计划书涉及的相关内容。一般来说，该内容不是必选项，因为读者复制其创意并能将其付诸执行的人甚少。况且，如果能轻易被他人复制的项目，其竞争力和执行性本身就存在问题。

（三）目　　录

详细的创业计划书篇幅一般都比较长，目录有助于引导读者阅读并让读者快速了解整个创业计划的主要内容。制订目录时，需要标明各部分内容标题及页码，要注意确认目录页码与内容的一致性。

（四）摘　　要

摘要，就是创业计划的概要。计划概要在第一节已有详细阐述。需要注意的是，摘要是创业计划书最重要的部分。摘要必须概括出整个创业计划的关键信息，它是读者首先要看且会重点阅读的内容（正文不一定会看，因读者兴趣或允许时间而定）。因此，摘要必须简要而生动。

（五）正　　文

正文是创业计划书的主体部分，是创业计划全面而细致的阐述。一般来说，创业计划书要分别从创业项目（公司）基本情况、核心团队、产品/服务、技术研发、行业市场分析与预测、市场营销策略、竞争策略、生产计划、经营管理与组织计划、融资计划、财务状况与分析预测、项目进展状况与发展战略和风险控制等方面对读者关心的问题进行系统而详细的介绍。创业计划书的正文要求内容全面、数据翔实、重点突出和实事求是，让读者想要了解的信息都能找到对应、具体、使人信服的内容。

（六）附　　录

附录是对创业计划书正文中涉及的相关数据、内容与信息的具体补充，具有补充和备查的作用。附录的内容一般包括已取得的各种资质、专利技术、经营数据、媒体报道、权威评价、客户反馈、专业用语解释、各种合作协议、财务报表、原始数据和市场调查报告等。需要注意的是，附录并不是创业计划书必备的部分，附录内容也不是越多越好，只有对正文的某些内容起到必要的支撑、说明作用，即更有利于创业计划的完整阐释和增强说服力时才需附上相关内容。

四、创业计划书的写作要点

撰写创业计划书，一方面，要基于创业构想，将创业计划转化为可读性强的书面材料，即要忠实反映创业构想及计划；另一方面，要注意内容逻辑与呈现的方式，即要做到专业性和可读性强。下面详细阐述撰写创业计划书的要点和注意问题，以提升创业计划书的专业性和创新性。

（一）计划概要

计划概要，也称执行概要或摘要，是整个创业计划的高度概括与要点凝练，是创业计划的“微缩”版精华。计划概要的写作要点是：围绕创业项目的商业核心价值，简要阐明独特优势（团队、产品技术、资源和模式），用事实和数据论证计划的可行性。

需要注意的是，计划概要并不是正文计划各部分的简单摘录，而要精心设计与组织内容，要精益求精，反复推敲与完善，力求完美。建议在正文计划编制前，先完成该概要，在计划编制后，重新审视和优化该内容，以求论述精准，打动读者。

（二）企业（项目）介绍

这部分是向读者介绍企业或项目的基本情况。需要注意的是，根据企业所处发展阶段，可分为两种情况：处于种子期或创建期的项目创意阶段和处于初创期和成长期的起步发展阶段。两种不同情况，在介绍企业时，其写作要点有所不同。

具体而言，处于种子期或创建期的创业项目，撰写项目介绍的要点是：具体阐述商业创意是如何产生的，该创意是解决哪个群体的哪个“痛点”需求的，是通过什么样的解决方案满足目标顾客/用户的需求的，其价值逻辑、商业逻辑和盈利逻辑是怎样的，目前项目的进展如何，等等。项目介绍要围绕创业项目的可行性和创新性，论证其价值与实现的模式、思路。如果有创意有故事，应用类似广告语的形式凝练出来，阐述创业使命和情怀，以引发读者兴趣和共鸣。

处于初创或成长期的创业企业，撰写企业介绍的要点是：介绍公司的简要发展过程和性质定位，概述公司名称、地址、经营理念、规模及经营范围，详述公司的组织架构、团队状况、产品服务、经营业绩（销售额、利润率、纳税额、市场占有率和增长率等）和竞争优势，简略描述公司发展规划和以往经营得失。企业介绍要围绕其经营状况，重点论证其优势及未来发展潜力。

（三）核心团队介绍

创业的成败关键在于团队。任何创业团队，都至少需要三种核心角色：管理者、技术者和营销者。核心团队介绍的写作要点是：简要介绍核心成员的角色、职能责任分配、股权比例和薪酬体系，详细介绍其背景、经验、资历、能力、业绩和特点优势。通过该部分介绍，要让读者了解并信任创业团队在执行力与凝聚力方面具有优势。

撰写该部分，需要注意三点：一是只需要介绍团队的核心与关键成员，不必面面俱到；二是要围绕创业团队与创业项目的匹配性、胜任性和优势性，即由该团队做该项目最有把握成功；三是团队结构合理，优势互补，股权分配科学，团队权责明确且具有稳定性和发展性。

（四）目标市场分析

目标市场分析部分，主要基于收集的各种信息与行业市场调查的数据进行详细分析与阐述，分析与阐述的核心点在两个方面：一是目标市场有潜力且具有合适的进入时机，二是对目标市场有深入的了解与把握。目标市场分析可从行业市场、细分市场和客户（用户）分析三个方面进行具体分析与阐述。

首先，可简要做中观层次的行业市场分析。通过引用市场调查数据或第三方权威数据，重点从行业市场容量足够大（行业市场具有足够成长潜力）和行业市场处于萌芽期或快速增长期（行业市场处于切入的机会“窗口期”）两个方面进行论证。而宏观的政策、环境和发展趋势等可以略述或略去，因为读者（特别是投资人或评委）一般是行业人士，无须赘述。

其次，要详细描述创业项目（企业）瞄准的目标细分市场。需要注意的是，目标市场要足够明确且细分，而不能笼统地认为可能购买同类产品服务的所有用户都是目标市场。例如产品是智能手机，目标市场要细分到是国际市场还是国内市场，国内市场是全部还是部分区域，目标是哪个年龄阶段的哪个收入群体的细分市场。目标市场要细分到不能再细分为止，要足够明确。在此前提下，将细分市场的容量、竞争情况、主流盈利模式、购买力、购买行为等特征进行深入分析与阐述。

最后，目标市场分析还必须有详细的用户（顾客）分析。这里需要注意的是，有时用户与顾客是分离的，即负责购买的顾客不一定是产品服务的用户。如果用户与顾客是分离的，要分别分析描述其具体特征。详细的用户分析，可通过描述用户的年龄、地域、性别、职业、角色、行为偏好、购买动机、购买力、决策风格和忠诚度等方面的详细信息，也可用给用户“画像”的直观方式来表达。足够详细的用户分析，是产品设计与市场策略的前提，也是目标市场分析深入可信的证明，必须分析到位。

（五）产品（服务）介绍

产品（服务）是创业计划的核心部分。产品（服务）介绍要阐述清楚四个基本问题：产品是什么、解决什么问题、优势如何和反馈评价如何。

首先，要对产品（服务）做出详细、清晰、准确而直观的说明。如果产品（服务）属于高新技术或比较复杂的“虚拟”服务，介绍时尽量避免专业术语，多用通俗易懂的描述方式让读者尽快理解并能抓住其特征。如果有产品原型、照片体验品，将其直观地表达出来是最好的办法。

其次，要阐述清楚产品（服务）是为谁提供并解决其什么问题（痛点）的，即产品（服务）是为何而“生”的。一般可按重要性列出目标用户的三个核心问题（痛点），然后阐述产品（服务）是如何解决、多大程度上解决这些问题的，最后总结出产品（服务）的核心价值点。

再次，要做竞品的深入对比分析，阐明产品（服务）的竞争优势。一般要对行业内“标杆”性的直接竞争产品做性能、价格、用途、体验等方面的深入分析对比。如果没有同类直接的竞争产品，可列出潜在的或替代解决方案的对比分析。

最后，要列出证明产品竞争力的直接证据。如果是高新技术产品，要重点介绍证明技术先进性的专利、政府或权威部门或行业专家的鉴定报告和技术资质认定的相关材料。如果产品（服务）在技术方面没有硬性指标可衡量，可通过用户的反馈与评价，尽可能提供一些直观的、有说服力的证据材料。

此外，根据产品（服务）的性质和经营实际，往往还需要对产品的生产计划、成本控制、质量控制和供应商可控性等方面做进一步的说明。

（六）营销规划与销售计划

营销规划与销售计划是创业计划的重要组成部分，它主要描述产品或服务如何被推向市场并成功销售，主要论证市场可实现性。科学可行的营销规划与销售计划是创业项目成功的关键，是创业活动获得回报的基本保证。因此，创业者应尽一切努力把该部分计划周详并可执行，让读者建立充足的市场信心。营销规划与销售计划是两个不同的内容，下面分别介绍其重点。

1. 营销规划

营销规划要重点从营销策略、营销模式、营销推广、营销手段和营销预算等方面清晰阐述其规划思路与方案。营销策略的选择，对于创业初期、市场切入阶段的创业者来说，往往选择差异化、集中化和阶段化的营销策略，即选择利用特色差异化的拳头产品或服务切入局部、单一细分的市场策略，随着市场成功、品牌和资源的积累，分阶段适时面向全面市场并横向拓展不同产品或服务。营销模式的选择，首先要基于产品（服务）面向的客户（用户）群是“B2B”（面向单位客户）还是“B2C”（面向终端个人客户）来考虑营销模式，然后合理确定体验式营销、一对一营销、区域化分别营销、关系营销、品牌营销、深度营销和网络营销等模式及其组合。营销推广有线上推广、线下推广、付费推广、平面推广、隐性推广、人脉推广、品牌推广、口碑推广等多种方式，可重点考虑一种或几种的组合。营销手段有广告、公关、服务、促销、推销、展会和套餐等可供选择。基于创业者选择的营销策略、模式、推广方式与手段，要尽可能精确测算出一定时间段内的营销预算，通过营销预算可简单评估出营销效率，如果效率较低，就需要完善优化整个营销规划体系。

营销规划的介绍要能回答创业项目如何快速、高效、精准、低成本实现产品服务让目标客户认同并产生购买冲动这一核心问题。

2. 销售计划

销售计划要重点从销售目标任务、销售渠道和销售流程规范等方面进行阐述。销售目标任务的制订，要根据产品服务特点及其定价、销售渠道和团队规模能力进行合理测算，不宜过高或过低。销售目标任务的制定，最好有登陆市场的试销售案例来测算，也就是说，要有基本的客观依据才有说服力，忌从市场规模及其占有率的单纯目标来制订任务。销售渠道主要分直销与代理两种。销售渠道的建立与选址，主要考虑产品服务自身特性、目标客户特点、市场规模、销售成本及经营模式等因素，创业者可选择其中一种或两种并举的策略。销售流程规范是销售管理的核心，是销售计划可行的管理保证。明确而专业的销售流程与规范，可增强销售计划的说服力。

销售计划的介绍要重点论证计划的合理性与可实现性，让读者对销售乃至市场回报产生足够的信心。

（七）生产规划

如果创业项目属于制造业，专业可行的生产规划是必须而且至关重要的内容。这部分应介绍生产条件、技术、原材料供应、生产过程和质量控制等方面情况。由于生产条件和设备投入等问题，目前创业者会选择外包代工的方式进行生产。生产外包情况下，创业者要重点论证生产成本控制、质量控制与产品供应能力等几个关键问题是可以解决的。

如果创业项目属销售型、知识型、研发型或服务型，生产规划部分可以不写。其中如果涉及供货、存储和库存等环节，简单介绍即可。

生产规划的介绍能回答生产成本与质量可控，供应能力能满足市场需求这两个关键问题即可。

（八）赢利模式

赢利模式是指从哪里赚钱，以什么方式赚钱的机制方法。赢利模式非常重要，但在创业计划书中又是极其敏感的内容，属于商业机密的核心。因此，如非必要，此处不宜介绍得过于详尽。赢利模式的阐述做到明确、可行即可。

赢利模式一般重点介绍利润源（指客户与用户，主要分为利润源、辅助利润源和潜在利润源三类）、利润点（指产生利润的产品或服务）、利润杠杆（提高利润率的一系列业务活动）和利润屏障（应对竞争的防范措施）。创业初期，采取单一赢利模式比较现实，后期随着发展实际可随时调整升级为多元化赢利模式。当前赢利模式大致分为：（1）直接客户（产品服务的直接销售）；（2）“产品 + 内容”（产品售卖与增值服务并行，附加服务利润更高）；（3）第三方（平台模式，用户付费很少或免费，第三方

“买单”)；(4)“直接客户 + 第三方”(一方面通过平价销售，另一方面通过第三方付费，如京东商城等销售平台模式)；(5)“客户自助”(通过客户或用户的参与达成其个性化需求的模式，如宜家、直播平台等模式)。

(九) 财务状况与融资需求

财务方面是创业计划的重要组成部分，其主要论证创业活动在经济上可行并有吸引力。财务部分，一般从经营的财务状况及其分析（已经开始经营)、财务预测与分析和融资规划三个方面进行阐述。

1. 财务状况及其分析

如果已经注册企业并运营，可以资产负债表、现金流量表和利润表的形式将过去一段时间的财务状况展示出来，并以简洁的形式概括分析结果。如有必要，可做适当的说明与解释。

2. 财务预测与分析

如果尚未运营，财务预测与分析是重点。财务预测也可以会计表格的形式进行，这样显得清晰而专业。财务预测与分析主要集中于前期投资估算、盈亏平衡点和盈亏平衡周期分析、投资回报率预测等几个方面。这部分内容比较专业，可以找专业人员协助完成。

3. 融资规划

如果创业者有融资需求及计划，融资规划才是必需的。融资规划主要是根据经营规划制订融资需求的数量、融资方式、投资者权益、投资收益、资金安全保证、资金用途和投资退出方式等方面的计划与方案。

由于融资有多种方式与合作模式，创业者需要根据自身实际设计一种或几种备选方案，以提升融资成功率。

(十) 风险分析与控制

任何创业项目都存在不确定性，都有一定的风险。从读者角度来讲，对创业计划会有某些问题或担忧，即存在风险担忧。该部分要从创业项目和团队自身实际出发，客观、实事求是地将涉及的主要风险厘清，重点分析风险的来源与应对策略，让读者认识到风险点找得准，分析到位，风险是可控的。

一般来说，风险会存在多个方面，创业者只需列出主要风险，对其分析透彻，提供必要的备选方案，打消读者的顾虑就可以了。

（十一）附件资料

附件资料主要是对创业计划书中涉及的一些问题的细节和相关的证书、图表进行描述或证明，如企业的营业执照、公司章程、验资审计报告、税务登记证、高新技术企业（项目）证书、专利证书、鉴定报告、市场调查数据、客户反馈、销售数据、主要供货商及经销商名单、主要客户名单、场地租用证明、公司及其产品的介绍、宣传推广等资料、工艺流程图、各种财务报表及财务预估表、专业术语说明等。它与创业计划书主体部分一起装订成册。备查资料只需列出清单，待资金供给方有投资意向时查询。

第二节　了解创业路演

一、路演的内涵与分类

路演（road show）是指在“马路”上进行的演示活动，也有人把它说成“陆演”，指在陆地上的演说。百度百科的定义是：路演是指在公共场所进行演说、演示产品、推介理念，及向他人推广自己的公司、团体、产品、想法的一种方式。

路演最初是证券发行的一种推广方式，指证券发行商将公司优势、经营业绩、产品服务、发展方向与潜力、投资价值等信息向投资者推介的活动。目前，路演的内涵与形式拓展延伸很广，很大程度上已成为展示发布、宣传推广活动的代名词。本书将路演界定为：创业者向投资人（或特定对象，如创业计划大赛评委）介绍展示创业项目，以获得认可与资源的沟通活动。

创业路演从形式上分为两种：一种是传统的线下现场活动，另一种是借助网络平台（如网络直播平台、电视电话会议系统、QQ 群和微信群等）的线上路演。传统的现场路演，目前主要有四种模式：(1)“一对一”模式；(2)“私董会”模式（特定的投资圈及精筛项目对接）；(3) 孵化平台模式（由政府相关部门、投资机构、孵化器、创业服务等机构定期举办的项目路演会或专场路演会）；(4) 创业大赛（创业秀）模式（带有推广和比赛性质）。

二、创业路演的准备

为取得较好的路演效果，充分的准备工作是关键。一般来说，路演前要做好目的、对象、信息、心理、材料、演讲和答辩等多方面的准备。

（一）目的准备

明确目的和澄清需求动机，是创业者做路演准备的第一步。创业者参加路演前，需要明白为何参加这场路演，通过路演欲达成的目标是什么，这是准备工作的前提和基础。创业者参加路演，有的是为了项目融资，有的是为了推广产品，有的是为了推广品牌，有的是为了认识投资人进入创业圈，有的是为了完善创业想法寻找合伙人，还有的是为了获奖……目的与动机，决定着路演的定位、思路与方案。

（二）对象准备

路演前，需要明确路演的对象，即听众是谁。路演的对象分为投资人（一般投资经理还是投资决策关键人）、比赛评委、专家顾问、代理商、合作供应商和创业团队等几类。不同类别的对象，路演目的和要求不同。路演前，创业者需要详细了解路演对象的背景、偏好、思维模式、性别年龄、阅历和职位等信息，以提升路演沟通效果。明确并了解路演对象后，路演者需要以“换位思考”的方式，做好对方想听什么、想要什么、关心什么和可能问什么等内容的准备。

（三）信息准备

路演前，还需要做好各种信息的准备。首先要透彻了解创业计划各个部分的内容信息，特别要注意根据创业进展更新关于企业、项目、产品、市场、财务和团队的相关信息，力求信息准确、及时和到位。其次要做好对路演现场各种信息的了解，如路演时间、地点、时长要求、方式、对象、听众人数、现场条件和环境等细节，以免出现意外情况。

（四）心理准备

路演过程中有时难免紧张和遇到突发状况，充分的心理准备有助于克服这些问题。首先，路演者要建立自信，要对自己、团队、项目和准备有充足的信心。其次，路演者要克服心理紧张与恐惧，把路演当成一次普通的演讲或沟通，通过语言节奏和呼吸调整等方法减轻心理压力，遇到忘词或突发干扰等情况可停顿、回顾或跳过，保持镇定。最后，要对路演效果不好或失败持客观与平和心态。要理解未获得认可或投资，不一定是路演或项目本身不好，有可能是理念不合、行业偏差或投资额度不够等对方的问题。

（五）材料准备

最重要的路演材料是路演的 PPT。路演 PPT 的准备要注意是否是最终版本，是否需要转换文件格式，是否需要备份等细节。路演材料还可以根据路演方案，准备视频、创业计划书、产品样品、演示原型、证据材料和宣传材料等。

（六）演讲准备

演讲是路演的重点和关键。演讲要做好构思故事、撰写讲稿、彩排训练和形象设计等方面的准备。为吸引和打动听众，构思一个好的故事是一个好办法。故事构思可参考著名创业家马斯克的逻辑：首先提出市场问题或用户痛点，然后讲述该问题如果得不到解决带来的糟糕后果，再对比展示该问题若得到解决的光明前景，接着分析解决该问题的障碍与瓶颈并给出解决方案及其优势，最后用事实和数据证明方案是可行的。撰写讲稿要结合执行概要和PPT思路顺序，根据演讲目的、时长和听众来确定讲稿重点与字数，讲稿语言尽量多用易懂的短句，可以适当根据演讲情景进行润色。演讲准备，最重要的是要通过彩排进行多次训练，讲得多了，对内容熟悉了，信心和效果往往就出来了。通过彩排训练，对演讲过程充分打磨、完善，做到时间控制合理，团队分工配合默契，有效应对现场意外状况。需要注意的是，路演最忌讳的是念PPT，这不符合路演的基本要求。另外，演讲者还应做好着装、礼仪等方面的准备。

（七）答辩准备

路演陈述完成后，一般都有与听众的互动答辩环节。答辩环节主要从常见问题和回答策略技巧两个方面做好准备。针对创业项目和路演设计，创业者要尽量准备好一些常见问题的答案，做到心中有数。在回答策略技巧方面要做到：（1）正确理解评委提问：对评委问题的要点有准确的理解，回答具有针对性而不是泛泛而谈；（2）尽量及时流畅做出回答：能在评委提问结束后迅速做出回答，回答内容连贯、条理清楚；（3）回答内容准确可信：回答内容建立在准确的事实和可信的逻辑推理上；（4）特定方面的充分阐述：对评委特别提出的方面能做出充分的说明和解释；（5）对某些刁难问题尽量回避：不宜直接顶回，尽量展示机智、幽默和情怀，也可由团队其他成员配合化解。

三、创业计划路演技巧

（一）讲清楚

路演的最基本要求是把项目讲清楚，重点把以下五个基本方面的情况介绍清楚。

1. 讲清团队及其优势

首先，要讲清楚“你是谁”，这个项目主要由谁来干，即重点介绍核心团队成员及其分工。其次，要讲清楚为何这个团队可以把这件事做成，即讲清团队优势。团队优势可从背景、经验、结构、互补性和过往相关绩效等方面，用实例和数据佐证。介绍团队时，可采用组织架构图、鱼骨图和数据化等直观方式展示在路演 PPT 中。

2. 讲清项目及其优势

如果路演者能清晰回答以下问题，就说明把项目及其优势讲明白了：

（1）为谁提供服务？用户和客户到底是哪个群体？

（2）为目标用户解决的第一痛点是什么？

（3）解决用户痛点的具体方案是什么？如何证明真正解决了？

（4）解决方案的竞争优势和壁垒在哪里，有多大？

讲解这部分内容时，可采用列表对比、SWOT 分析、事实证据等方法。

3. 讲清赢利模式

讲清赢利模式，即要讲清楚项目如何赢利。路演者可从哪里赚钱（利润来源）、靠什么赚钱（利润点）和能赚多少钱（投资回报率）进行概要介绍。讲解这部分最好采用类比成功案例的方法进行说明，既通俗易懂，又能快速获得认同。

4. 讲清成功依据

路演的中心论点和目标是说服听众创业项目是现实可行的，成功的可能性是非常大的。所以，要从创业团队拥有什么、干成了什么和准备怎么干三个方面阐述明白。拥有什么，可从团队软实力与硬实力、拥有的技术专利与成果、可控的资源网络与市场渠道等方面进行介绍。干成了什么，可从产品开发进程、市场开拓业绩、已有运营数据、第三方权威报道和鉴定等方面进行阐述。准备怎么干，可从生产计划、营销策略、销售计划和财务预算等方面讲解。这部分的讲解，可采用演示、例证、数据和方案等方法进行佐证说明。

（二）讲关键

创业成功有三个关键点：人、事、利。首先，创业成功是人干出来的，团队是第一核心要素。因此，要证明将项目做成的团队是可靠、一流的团队，要讲出彰显团队各方面的软实力，这是创业成功的首要关键。其次，创业不能仅靠梦想和激情，不能仅停留在创意和逻辑推演阶段，更需要用实战业绩来证实，即关键是用客观事实证明可以做成。最后，创业要保证财务上可行并具备吸引力。即通过系统化的商业模式设计，聚集核心竞争力，为用户和客户创造最大化价值，以确保利润可持续与最大化。

（三）讲生动

成功的路演，往往是专业而生动的。如何在讲清楚的基础上，把路演设计得更生动，更吸引人呢？可采用讲故事、植入场景、互动等方法。如何寻找、设计故事呢？可从创意来源、市场痛点、创始人经历、典型用户、极端客户、意外事件等方面来构思故事。讲故事应尽可能贴切、简短、富有创意并有说服力。植入场景，是指路演过程中采用真实情景再现或情景模拟的方式，增强路演的直观性和感染力。场景可以是市场痛点解决前后的情景，可以是产品服务的应用场景，可以是销售现场的火爆场面，还可以是用户体验与反馈评价的情景。植入场景可以采用情景剧、魔术表演、真实视频、模拟对话、展示演示和直接连线等多种方式。路演过程中，如果能做到与听众直接互动，而不是单纯地讲解与展示，效果自然会好很多。路演现场的互动，可采用现场提问或调查、产品服务体验、上手操作、扫码、抽奖、促销、共同喊广告语等方法。

需要提醒的是，以上方式方法都是表现形式，切忌现场气氛高涨却没有把计划讲清楚，形式必须服务于内容与目的，避免舍本逐末，甚至弄巧成拙。

（四）答到位

路演最后的问答环节也非常重要，此时听众往往考察创业者的综合素养，挖掘问题的本质，以及进一步深入了解细节，是说服打动听者的最后机会。

现场回答听者问题要注意以下几点：

（1）对问题的要点有准确理解，回答要具有针对性而不是泛泛而谈；

（2）尽可能迅速作答，条理清楚、重点突出并逻辑严谨；

（3）回答尽量准确、充分，有理有据，回答内容宜多用具体的事实、数据和案例；

（4）团队成员在回答时尽量配合默契，发挥各自职能与专业，优势互补。

四、大学生创业路演常见问题

由于大学生创业经验不足，在创业路演时容易出现一些问题。下面对常见问题进行逐一剖析，给出应对的建议和策略。

（一）讲不明白

这是最常见、最严重的问题之一。具体表现是：内容要素不完整，重点不突出，缺乏逻辑，论点不明确，论据没有说服力。路演完成后，听众还不清楚项目是什么，优势在哪里，怎么干。这种问题的根源在于创业者想法不成熟，缺乏深入的逻辑论证与实践探索，计划思路不清晰，路演的准备不够充分，对项目理解不够深入等。

对策建议：系统撰写创业计划书，厘清创业思路，推演并实践商业模式，梳理出清晰的内容及其重点，多次彩排与演讲训练，做好充分的准备工作。

（二）念稿背诵

有些大学生创业者在路演时，不是演讲，而是念 PPT，或念稿，或把准备的演讲稿背诵出来。这种路演，给听众带来不自信、准备不充分、缺乏专业素养和创业精神的不良印象，路演效果不佳。出现这种问题的原因可能是路演者不是主要参与者，缺乏路演常识，没有做好准备，或者没有选对人。

对策建议：选择演讲能力强的团队成员上场，开展系统化演讲训练。

（三）坐井观天

大学生路演时，有的自认为自己的创意属于首创，尚不知早已有之；有的梦想无限美好，故事很煽情，但没有落地的解决方案，自己无力实现，错把创意当项目，异想天开；有的自认为技术、产品世界领先，属于市场空白，没有竞争对手，盲目自大；有的盲目乐观，好像只要自己做，市场唾手可得……这些现象背后，反映的是大学生创业者缺乏创业常识，缺乏对行业、市场和竞争环境的调查了解，缺乏创业实战经验。

对策建议：有自信是必要的，更需要的是去做深入的调研与分析，不要以自我为中心，多去实践与尝试。

（四）拼凑编造

有的大学生路演者，路演的项目不是自己的，甚至创意也是复制别人的，计划纯属拼凑和编造。有的为了包装项目，篡改甚至编造数据，伪造专利成果和证书，无中生有。有的只有虚构的故事蓝图，没有任何实际行动。这些问题多出现在创业比赛中，纯属为了凑数或凑热闹。

对策建议：诚信务实，实事求是，切忌弄虚作假，过度包装。

（五）低级错误

有的大学生路演 PPT 上只有密密麻麻的文字，或者字多图少，或者眼花缭乱的配色和动画，图片杂乱，看不清文字，甚至文字拼写错误……有的时间到了才刚开头，有的数据“打架”，有的基本逻辑不通，有的前后矛盾……这些问题的出现，多是源于缺乏路演、PPT 制作的训练，缺乏系统、充分的准备，缺乏团队之间的配合。

对策建议：通过培训，培养认真严谨的态度，养成精益求精的习惯，加强团队协作。

课堂活动

活动一　计划概要的拟定

对于投资人或评委来讲，他们希望在概要中看到关于项目商业模式的明确论述，以及人员、技术和市场的总体情况，而一个好的概要能让投资人或评委了解这个项目的吸引力。项目概要的核心逻辑是该项目具有创新性和商业价值，团队可信任，把钱投到这个项目上肯定赚钱！

各小组，根据前期自己创业项目的论证情况，拟定一份项目概要。鼓励用图片加关键词的方式呈现。

1. 目标市场与用户分析

____

2. 产品服务与技术研发

____

3. 赢利模式

____

4. 竞品与壁垒

____

5. 营销策略与销售实现

____

6. 团队状况及优势

____

7. 财务分析与融资需求

____

8. 项目进展与发展规划

____

活动二　创业计划可行性评估

创业计划是否可行，可通过以下问题进行简单自我评估：

1. 能否一句话准确描述出创业构想

容易成功的、好的创业想法必须简单而明确。现在试试，你能否用一句自己的语言准确描述出自己的创业构想。如果不能，或者不能很精准地说出来，这可能是你尚未想清楚，创业计划可行性会大打折扣。

2. 是否深入了解行业状况与环境条件

俗话说，隔行如隔山，创业做熟不做生。问问自己，是否具备行业经验，是否对行业现状和发展趋势有深入了解，是否通晓行业企业运作的规律。另外，还要回答是否具备有利的政策环境，是否拥有创业所必需的优势资源和必备条件。如果还不清楚，说明创业计划仍需进一步调查研究与论证。

3. 是否有类似的成功案例或商业模式

有人说："还没有被实施的创业构想往往可能实施不了。"一般来说，未经实践检验的、全新的经营方式或商业模式，成功率比较低。对照创业计划，认真分析，看看自己的创业想法是否有成功先例的"影子"，如果没有可参考的标杆，需要进一步思考现有创业计划的现实可行性如何保证的问题。

4. 是否能灵活适应未来不确定性变化

任何创业计划在实施过程中，都必须面对未来不确定性的发展变化。重新论证一下，目前的创业计划只需做细节、局部的优化调整，能否适应环境的发展变化，能持续多久。如果只能适应半年到一年，就需要对创业计划的顶层设计进行再设计。否则容易导致提前失败，很难实现创业计划的目标。

5. 是否能保证自己全身心、长时间投入

面对创业计划，反复问自己：为了这个创业构想，是否能做到心甘情愿无条件、倾其所有、全身心地投入，无论遇到任何问题和困难，都能长期坚持下去。如果你还有犹豫，或不能保证坚持3年以上的话，就需要对创业计划重新审视和思考。

6. 是否拥有或可能拥有必要的创业资源

创业计划的实施，必须拥有必要的资源（如团队、技术、资金、场地等基础条件）才能开启创业之旅，至少通过自己的努力和创造可以整合到这些必需资源，否则创业计划就是空想而无法真正付诸实施。现在，基于创业计划，简单梳理一下自己目前拥有的人脉网络、资金技术等资源，看看能否顺利启动创业计划。

7. 是否能满足自己的期望与长期发展需求

一方面，创业有各种风险和变数，重新审视创业计划，如果创业失败，自己能否承受。另一方面，如果创业顺利，创业成功带来的回报是否能满足自己的期望，除了金钱，在事业成就感、爱与尊重、经验能力提升等方面是否与自己的生涯规划目标一致，是否能满足个人长期发展需求。如果不能满足或不一致，创业计划可行性就存在很大的问题。

创业榜样

某参赛团队制作项目 PPT 的过程

某高校参赛团队的项目是用大数据技术帮助传统生鲜商家选址。传统生鲜果蔬商家，缺少较科学的选址规划理论指导，在商店位置的选择上不能很好地把握，导致商店地理位置不能合理地辐射到更多社区居民。其中由选址不当带来的店铺空置、盈利困难，甚至濒临倒闭，都造成极大的资源浪费。该项目团队敏锐地捕捉到了此痛点，并开发网站和手机程序，用大数据技术帮助商家选址。

面面俱到，浪费时间

该项目团队第一次制作的PPT是严格按照已写好的创业计划书制作的，他们将PPT分成执行总结、公司描述、产品和服务、公司战略、市场分析、市场营销、网站设计、项目组织与管理、财务分析、风险分析与规避10个模块，每个模块都做了 5 ~ 8 页 PPT，共写了六七十页。PPT 交上去后被指导老师退了回来，理由是内容太多，重点不突出。指导老师告诉该参赛团队，给别人展示 PPT 时一般只有几分钟的时间，在这么短时间内根本无法讲完这么多张 PPT 内容。

精简内容，逻辑清晰

项目团队第二次制作项目 PPT 时推翻了原来的设计，参考过去该赛道上的获奖 PPT，重新设计了一版。这次他们围绕项目实际，重新设计了一版。新版 PPT 只有项目背景、产品服务、项目成果、团队介绍、公司发展模块。项目背景用 2 页点出了市场痛点和项目可行性。产品服务用 2 页说明产品服务内容、具体功能、产品优势。其他模块基本上也都是用 1 ~ 2 页 PPT 说明。指导老师看后比较满意，并提出了进一步改进要求，如美化封面、增加目录、数据可视化等。

经过数次推倒重来，该项目团队写出了一份较为合格的 PPT，参赛队员觉得这个 PPT 不仅仅是给投资人看，更是给自己看的，里面的规划也就是自己项目的未来规划，通过这次历练，他们更加清楚自己的项目，对参赛也充满信心。

实践拓展

撰写简要创业计划书并路演

1. 基于商业模式画布，撰写创业计划（简版）

同学们已经有了项目、团队，评估了风险，论证了资源，设计并验证了商业模式，现在小组根据商业模式画布写一份简版的创业计划（图片 + 关键词的 PPT 即可）

2. 基于创业计划，拟定路演策略，做好路演准备

认真思考并讨论创业计划的路演策略，确保自己掌握创业项目的所有信息，然后凝练出创业计划的各个要点，以此来做路演训练。

3. 路演比赛

现在，各小组同学的“CEO”代表自己的创业团队进行路演展示比赛。路演时间不超过 8 分钟。你们准备用什么样的方式和策略，去打动评委投资人，引起评委投资人的兴趣，进而获得融资机会呢？

4. 路演评估

全部展示后，要求学生将自己的笔记与“演讲评估表”（见表 8－1）进行比较，同时完成对每个演讲的评估。

表 8－1　演讲评估表

评估内容	评分	评论
创意（清晰易懂地描述产品或服务）		
顾客（明确描述初始目标市场及其规模）		
需求（明确陈述并理解问题或机会匹配）		
商业模式（各个要素是明确理解的）		
差异化（已经识别并证实某些与目标顾客共鸣的独特特征）		
团队（团队拥有所需的技能、资源和经验）		
资金（融资计划是合理的，具体数量的资金需求）		

5. 讨论与反思

针对每一个路演，讨论以下问题：

（1）有人能描述产品或服务是什么以及如何发挥作用吗？

（2）谁是目标顾客以及要解决的问题是什么？

（3）这是个好机会吗？为什么？

（4）存在任何情境因素导致你相信这是一个好机会吗？

（5）该产品是独特的或与竞争产品以及其他替代产品有何不同吗？

（6）项目计划如何赚钱？

（7）团队的技能与企业的需求一致吗？

（8）启动新企业需要什么资源？

（9）你觉得信息沟通的方式如何？

（10）在给定时间内，演讲者可以做些什么来改进演讲内容和沟通方式？

（11）之前的评估与运用“演讲评估表”之后的评估，有哪些区别？

??? 课后思考

1. 什么是创业计划？创业计划有哪些作用？
2. 创业计划主要包括哪些内容？
3. 创业计划每部分内容应该如何撰写？
4. 论证与完善创业计划的方法有哪些？
5. 如何做好创业项目的路演展示？

第九章　新企业创办与初创管理

学习目标

1. 了解创办企业的前提条件；
2. 了解创办企业相关的法律法规；
3. 了解创办企业的三种方式：独立自创、联合与并购；
4. 掌握不同企业组织形式的特征及权利义务的区别；
5. 掌握公司创办的前期准备工作；
6. 掌握企业注册的流程及相关注意事项；
7. 了解初创企业的管理特点；
8. 掌握初创企业的基本管理内容与方法。

导入案例

坎坷但稳健发展的创业路

杜宾，某体育学院2010级民族传统体育专业本科生，2014级民族传统体育学专业硕士研究生。2014年9月创立武汉玖星朝阳体育发展有限公司，任公司法人、总经理。公司由武汉泰极会传统文化体验中心、武汉宝宝功夫成长设计室、武汉Baby-Run工作室三家组合而成，因前期三个团队都有一定时期的积累，所以，在公司成立之初，就解决了团队的问题。对于公司来讲，这无疑是最佳优势，之后公司着手来解决成立公司的必备条件、理念、项目及运营模式等。

公司落地之后，便开始了按部就班的市场拓展。在起初进入市场时，可谓处处碰壁，缺乏良好的顶层设计，没有阶段性的细化目标，市场的定位不够准确，宣传途径过于单一，内部体系不够完善等问题蜂拥而至……一时间团队的创业热情受到严重的打击，甚至开始质疑自己，于是大家静下心来好好地分析问题出在哪里。通过分析发现，愿景没有问题，具备可操作性，但是缺乏实际的操作方案，没有很好的执行体系，在营销战略上缺乏经验，并且对于市场定位稍有偏差。之后公司通过股东大会的商议来一一解决问题，从而进入不断发现问题、解决问题的循环模式，通过一段时间的沉淀，公司有了明显的好转。从内部体系来说，通过公司的规章和制度的约束，大家都能自觉地做好本职工作，公司内部结构也更加完善。对于项目和产品来说，也更加人性化，更加具备服务意识，并且政策的具体实施也解决了很多方向性的问题。

公司还逐步引进北京元海太极文化中心先进商业模式，结合港澳台互动联盟，创立武汉泰极会（武昌、汉口）中国传统文化体验中心，向周边地市州辐射。目前涵盖荆州中国少年城等项目，致力于弘扬中国传统文化，促进社会和谐。

经调查，关于文化产业或民族传统体育产业的发展现状，做得最好的是上海地区，其次是北京，之后是港澳台等周边沿海城市。文化产业或体育产业的消费不是刚需，不是人们的第一消费，这直接与个人的经济收入有关。武汉地处中部，是南北文化交融的地方，所以在武汉能够感受到多种文化和谐共处，并且武汉拥有近百所高校，在校生近 120 万人，这说明未来的市场是庞大的。所以，在成立公司之初，团队深知传承比盈利更加重要，把目标指向了未来的 20 年，客户在于培养。目前，公司着力于社会公益和服务，取得了较好的社会效益。

启示

杜宾的创业故事告诉我们：创业，要善于积累经验，依靠团队，寻找商业机会；创业，要做好充分的前期调研，找准项目；创业，需要有凝聚力的创业团队；创业，要有经得起失败的心理素质。

第一节　创办自己的企业

一、创办企业的前提条件

创办企业，对于创业者来说是人生的重大决定。因此，在创办企业前，创业者应认真思考：创办企业的时机是否成熟，创办企业应具备哪些条件，以及何时如何创办等问题。如果没有做好创办企业的准备，或者说创办企业的条件不足、时机不成熟，贸然成立企业会给创业者带来沉重负担，甚至造成企业经营不下去而导致创业失败。下面对创办企业需要具备的条件进行逐一分析，帮助创业者梳理思路，做好创办企业的充分准备。

（一）具备有利的外部环境

创业的外部环境包括：制度环境、政策环境、金融环境、市场环境、科技环境和人文环境等。创业环境直接影响着创业活动的开展。在缺乏基本制度环境和政策环境的情况下，也不可能具有支持创业活动开展所需要的金融环境、市场环境和人文环境，此时很难创办企业，即使创办了企业，也无法保证企业顺利运行。

有利的创业环境是创业活动的“推进器”，可以为创业者提供诸如基础设施、生产条件、启动资金和人才技术等创业所需的要素资源，也可以为创业企业提供生存期所需的财政、税收、信息、公共服务等政策性支持条件。如果具备了这些要素资源和支持条件，创业者就能充分利用创业环境的红利，创办企业将会顺利得多，有利于度过初创生存期，大大提升创业的成功率。

因此，创业者在创办企业前，要通过各种渠道充分调研所处的创业环境，分析外部创业环境对企业开办与运营带来的影响。如果具备有利的外部环境，结合自己的创业项目进一步分析其可控因素与风险如何，大致可以判断出创办企业的有利时机是否到来。

（二）具有坚定的创业决心

创办企业，需要创业者做好充分的心理准备并拥有坚定的创业决心。创办企业意味着创业者将创业想法付诸实际行动，这时创业者需要投入资金、时间精力，需要承担各种社会责任和企业经营不善带来的各种风险。创业者不能仅凭创业者的兴趣、理想、情怀和一时冲动就去注册公司，创办企业容易运营难，经营企业是一项具有高度不确定性、复杂的实践活动。一般来说，企业在经营过程中不可能一帆风顺，会遇到很多无法预料的困难和发展阻力。另据统计，创业企业能坚持 1 年不倒闭的不足 10%，能活过 3 年的企业不足 5%，即创业企业成活率非常低。在遇到经营困难时，如果没有充分的心理准备和坚定的创业决心，很难用良好的心态来应对企业经营的不利局面，也很难坚守创办企业的“初心”，从而无法取得创业的成功。

因此，创业者在决定创办企业前，需要问自己：为什么创业？做好企业经营困难甚至失败的准备了吗？如果答案是天塌下来我也要创办这个企业，那说明你已经具有坚定的创业决心和充分的心理准备了。

（三）拥有确定的市场机会

创业企业必须保证为消费者提供的产品服务能销售出去且有盈利的可能，才能保证企业生存和发展。创业者创办企业前，不能凭主观感觉判断，而必须做深入的市场调研和市场实验进行实践验证，才能确保创业活动的顺利推进。也就是说，创办企业时，需要客观谨慎分析自己的项目是否具有确定的市场机会，从而做出理性客观的决策。

如何判断是否拥有确定的市场机会呢？结合项目实际情况，自问下述问题是否有确定的回答：是否做了客观周密的市场调研，所在行业是否还有市场切入的机会，是否能跨越现有行业市场的壁垒，行业发展是否处于萌芽期和快速增长期，市场容量是否足够大，目标市场是否足够明确、细分，是否能详细描述出目标客户与用户的特征，是否选定了登陆市场并做了小范围的市场实验，是否具有必要的销售渠道，是否拥有第一批“天使顾客”，等等。如果有些问题尚没有确定的、具体的答案，则说明该市场机会对于创业者而言，存在不确定性，这种情况下可考虑稍后创办企业，等待市场机会相关条件成熟后再创办。

（四）开发出好的核心产品

产品/服务是企业满足消费者需求、实现商业价值的载体。创业者创办企业前，最好能开发出相应的产品，至少有产品开发的方案，拥有产品开发与生产的可能条件。产品研发与生产准备情况，影响着企业创办的合理时机。

创业者创办企业时，在产品准备方面，可梳理以下几个问题：产品的价值定位是否明确，产品研发所需要的核心技术是否可获得，是否能清晰描述或展示产品使用的流程、场景及其案例，是否已经开发出可行的原型产品，产品质量与产量是否可控，与竞品相比竞争优势如何，是否能“可视化”地展示给用户，是否有首批测试用户的良性反馈，等等。如果以上问题都是肯定的话，那么就可以考虑注册企业了。

（五）掌控必要的创业资源

虽然创业是不拘泥于资源约束、寻求机会进行价值创造的过程，但创办企业需要具备必要的资源才能进行。创办企业虽然不需要具备所有资源条件时才能启动，但需要具备可以绝对掌控的必要资源，比如必要的启动资金、核心团队、技术和市场等资源。在拥有这些必要资源的基础上，创业者才能整合其他资源，才能推进创业活动的进行。

创办企业除了需要创业者拥有必要的创业资源，还需要掌控一些“独特资源”。这里说的独特资源是指在市场竞争中可以获得相对竞争优势的资源。独特资源可以是团队的经验能力或人脉优势，可以是专利技术，也可以是某项特许经营许可。创业者在创办企业前，需要梳理并核实自己是否真正拥有必要资源和独特资源，以打造企业独特竞争力，提高创业成功的概率。

（六）具有可行的商业模式

具备良好的外部环境、坚定的创业决心、确定的市场机会、好的产品和必要的资源，是不是就可以创办企业了呢？答案是否定的。具备上述条件的同时，还需要对企业商业运营的流程、要素与逻辑进行检验，即商业模式可行性的分析与验证。商业模式检验可参看第七章相关内容。

创业者创办企业前，可利用“商业模式画布”工具，对本企业的商业模式进行再梳理，在逻辑可行性检验的定性分析基础上，尽可能准确地量化分析，以保证项目可获得盈利。

需要说明的是，以上条件并不是创办企业的必然前提，也不是充分条件，而是提醒创业者在创办企业时要注意上述六个方面的问题。如果能满足这些条件，有助于企业的顺利开办及运用发展。

二、选择企业的法律组织形式

（一）企业内涵及常见法律组织形式

企业一般是指以盈利为目的，运用各种生产要素，向市场提供商品或服务，实行自主经营、自负盈亏、独立核算的法人或其他社会经济组织。企业是市场经济活动的主要参与者，在社会主义制度下，各种企业并存共同构成社会主义市场经济的微观基础。

创业者创立企业时，首先要选定拟创办企业的法律组织形式。新创企业的主要法律组织形式有：个人独资企业、合伙企业、有限责任公司和股份有限公司。

1. 个人独资企业

个人独资企业是指依法设立的由一个自然人投资，财产为投资人个人所有，投资人以其个人财产对企业债务承担无限责任的经营实体。当个人独资企业财产不足以清偿债务时，选择这种企业形式的创业者须依法以其个人其他财产予以清偿。

个人独资企业不具有企业法人资格，由出资人对债务承担无限责任。国家机关、国家授权投资机构或者国家授权的部门、企业、事业单位等都不能作为个人独资企业的设立人。

2. 合伙企业

合伙企业是指依法设立的由各合伙人订立合伙协议，共同出资、合伙经营、共享利益、共担风险，并对合伙企业债务承担无限连带责任的营利性组织。

合伙企业分为普通合伙企业和有限合伙企业两种。两者最大的区别在于有限合伙企业有两种不同的所有者：普通合伙人和有限合伙人，其中，普通合伙人对合伙企业的债务和义务负责，而有限合伙人仅以投资额为限承担有限责任，但后者一般不享有对组织的控制权。

合伙企业不具有法人资格，合伙人之间通过签订合伙契约，规定各合伙人在合伙中的权利和义务；合伙人是“人的组合”，合伙人丧亡、破产或退出等都影响到合伙企业的存续。合伙人对合伙企业的债务承担连带无限责任。合伙人原则上均享有平等参与管理合伙事务的权利。除非契约另有规定，每个合伙人均有权对外代表合伙企业从事业务活动。

3. 有限责任公司和股份有限公司

公司是现代社会中最主要的企业形式。它是以营利为目的，由股东出资形成，拥有独立的财产，享有法人财产权，独立从事生产经营活动，依法享有民事权利，承担民事责任，并以其全部财产对公司的债务承担责任的企业法人。

根据《公司法》规定，公司分有限责任公司（包括一人有限责任公司）和股份有限公司两种类型。有限责任公司的股东以其认缴的出资额为限对公司承担责任，公司以其全部资产对公司的债务承担责任。股份有限公司其全部资本分为等额股份，股东以其认购的股份为限对公司承担责任，公司以其全部资产对公司的债务承担责任。

（二）不同企业法律组织形式对于创业者优劣比较

不同企业法律组织形式对于创业者而言各有其优势与劣势。在实际创业过程中，创业者应根据自身资源与能力条件及市场状况作出适当选择。

个人独资企业、合伙企业、有限责任公司和股份有限公司对创业者的优劣势对比，如表9－1所示。

表9－1　各种企业法律组织形式对于创业者的优劣比较

	优　势	劣　势
个人独资企业	手续非常简便，费用低； 所有者拥有企业控制权； 可以迅速对市场变化做出反应； 只需缴纳个人所得税，无须双重纳税； 在技术和经营方面易于保密	承担无限责任； 企业成功过多依赖创业者个人能力； 筹资困难； 企业随着创业者退出而消亡，寿命有限； 资金流动性低
合伙企业	手续比较简单、费用低； 经营比较灵活； 企业拥有更多人的技能和能力； 资金来源较广，信用度较高	承担无限责任； 企业绩效依赖合伙人的能力，企业规模受限； 企业往往因关键合伙人死亡或退出而解散； 资金流动性低，产权转让困难
有限责任公司	创业股东只承担有限责任，风险小； 公司具有独立寿命，易于存续； 可以吸纳多个投资人，促进资本集中； 多元化产权结构有利于决策科学化	创立程序比较复杂，创立费用较高； 存在双重纳税问题，税收负担较重； 不能公开发行股票，筹集资金的规模受限； 产权不能充分流动，资产运作受限
股份有限公司	创业股东只承担有限责任，风险小； 筹资能力强； 公司具有独立寿命，易于存续； 职业经理人进行管理，管理水平较高； 产权可以股票形式充分流动	创立程序复杂，创立费用高； 存在双重纳税问题，税收负担较重； 股份有限公司要定期报告公司的财务状况、公开自己的财务数据，不便严格保密； 政府限制较多，法规要求比较严格

创业者选择企业法律组织形式时，可重点从创立条件、启动成本、团队、权益转让、融资、管理控制和收益风险等方面具体分析其利弊，以作出合理选择。

三、公司注册的前期准备

（一）确定公司的股东（投资人）

股东是公司的出资人，即投资者，注册公司前首先要确定股东。

有权代表国家投资的政府部门或机构、企业法人、具有法人资格的事业单位和社会团体、自然人都可以成为公司的股东。

（二）确定公司的名称

申请企业名称预先核准（核名），是办理企业登记注册的第一步。提交核名前，创业者需要按照法律法规对企业名称的相关规定，预先取好 3 ~ 5 个企业名称待审核。在提交名称时，需要确定好其优先级顺序。

在给企业起名时，要注意企业只能使用一个名称，在登记主管机关辖区内不得与已登记注册的同行业企业名称相同或近似。企业名称一般由四部分构成：行政区划（也可以不使用）+ 字号 + 行业（经营特点）+ 组织形式。其中，行政区划一般放在名称最前面，也可以放在名称中间，但应加上括号，如“中青创想教育科技（北京）有限责任公司”；字号，一般应当由两个以上汉字组成，行政区划不得用作字号，但县以上行政区划地名具有其他含义的除外，可以使用投资人的姓名作为字号；行业，是指所要从事的主要经营项目，如以经营服装为主的，可表述为“商业”“服装”“贸易”等，以技术开发为主的，可表述为“科技”“技术”“科技开发”等；组织形式，是企业组织结构或责任形式的体现，公司制企业一般应表述为“有限（责任）公司”“股份（有限）公司”。

（三）确定公司的地址

创业者企业注册与经营地址的选择包括两个方面：（1）选择地区，指不同地理区域或城市，影响地区选择的因素主要有政治、经济、技术、社会和自然五个因素；（2）选择具体地址，影响具体地址选择的因素主要有交通、资源、消费群体、社区环境和商业环境等。

一般来说，生产性质的创业企业选址要考虑生产条件，即原材料的供应地距离与价格、交通运输是否便利、具备生产水电与环保条件与否、有无优惠政策等；商业性质的创业企业选址应考虑客流量、租金、人群消费能力等。服务性质的创业企业选址要根据具体的经营对象灵活选址，但对客流量要求较高。知识技术型的创业企业（如网络技术、电子科技、媒体制作和广告等）可考虑选在行业聚集区或成熟商务区及相应产业园区。

确定公司注册地址后，按照规定需要准备注册经营地的相关产权证明或租赁合同。

（四）确定公司的经营范围

经营范围是指国家允许企业法人生产和经营的商品类别、品种及服务项目，反映企业法人业务活动的内容和生产经营方向，是企业法人业务活动范围的法律界限，体现企业法人民事权利能力和行为能力的核心内容。2015 年 10 月 1 日起施行的《企业经营范围登记管理规定》规定如下：

（1）经营范围是企业从事经营活动的业务范围，应当依法经企业登记机关登记。

（2）企业的经营范围应当包含或者体现企业名称中的行业或者经营特征。

（3）申请人应当参照《国民经济行业分类》选择一种或多种小类、中类或者大类自主提出经营范围登记申请。对《国民经济行业分类》中没有规范的新兴行业或者具体经营项目，可以参照政策文件、行业习惯或者专业文献等提出申请。

（4）企业的经营范围应当与章程或者合伙协议规定相一致。

（5）企业申请登记的经营范围中属于法律、行政法规或者国务院决定规定在登记前须经批准的经营项目（以下称前置许可经营项目）的，应当在申请登记前报经有关部门批准后，凭审批机关的批准文件、证件向企业登记机关申请登记。

（6）企业登记机关依照审批机关的批准文件、证件登记前置许可经营项目。批准文件、证件对前置许可经营项目没有表述的，依照有关法律、行政法规或者国务院决定的规定和《国民经济行业分类》登记。

部分行业企业常见经营项目的范围表述，如表9－2所示。

表9－2　部分行业企业常见经营项目的范围表述

企业类别	常见经营项目表述
科技类企业	一般经营项目：技术开发、技术推广、技术转让、技术咨询、技术服务；软件开发
房地产类企业	许可经营项目：房地产开发；物业管理 一般经营项目：从事房地产经纪业务
商贸类企业	一般经营项目：销售日用品、文化用品、体育用品、化妆品、服装鞋帽、针纺织品、工艺美术品、珠宝首饰、电子产品、计算机软硬件及辅助设备、家用电器、汽车（不含九座以下乘用车）、汽车零配件、摩托车（不含三轮摩托车）、机械设备、五金交电、通信设备、医疗器械Ⅰ类、新鲜水果、新鲜蔬菜、不再分装的包装种子、化肥、农药（危险化学品农药除外）、建筑材料、矿产品、化工产品（不含危险化学品及一类易制毒化学品）、金属制品、塑料制品、橡胶制品
商务服务类企业	一般经营项目：项目投资；投资管理；企业管理；经济贸易咨询；市场调查；承办展览展示；设计、制作、代理、发布广告；商标代理、版权代理；翻译服务；打字、复印
餐饮、住宿类企业	许可经营项目：餐饮服务、住宿（具体表述用语根据许可内容核定）

（五）确定股东的出资

自2018年10月26日起施行的《公司法》关于有限责任公司股东出资的规定如下：

（1）有限责任公司的注册资本为在公司登记机关登记的全体股东认缴的出资额。法律、行政法规及国务院决定对有限责任公司注册资本实缴、注册资本最低限额另有规定的，从其规定。

（2）股东可以用货币出资，也可以用实物、知识产权、土地使用权等可以用货币估价并可以依法转让的非货币财产作价出资；但是，法律、行政法规规定不得作为出资的财产除外。对作为出资的非货币财产应当评估作价，核实财产，不得高估或者低估作价。法律、行政法规对评估作价有规定的，从其规定。

（3）股东应当按期足额缴纳公司章程中规定的各自所认缴的出资额。股东以货币出资的，应当将货币出资足额存入有限责任公司在银行开设的账户；以非货币财产出资的，应当依法办理其财产权的转移手续。股东不按照前款规定缴纳出资的，除应当向公司足额缴纳外，还应当向已按期足额缴纳出资的股东承担违约责任。

《公司法》规定，注册资本登记制度由实缴登记制变为认缴登记制。工商机关只登记股东（发起人）认缴的注册资本总额，实收资本不再作为登记事项，公司登记也无须提交验资报告。除法律、行政法规及国务院决定有规定的外，取消对公司最低注册资本限额的要求。股东（发起人）可以自主约定出资比例、出资方式和出资期限。

在确定公司注册资本时，需要注意以下问题。

（1）注册资本认缴不等于不缴。如未按约定实际缴付出资，公司和已按时缴足出资的股东可以追究其违约责任。如果公司发生债务纠纷导致破产清算，股东即使未缴足出资，也必须根据其认缴的出资数额承担责任。

（2）认缴数额越大，承担的责任越大。公司认缴的出资金额及出资期限将通过“企业信用信息网”向社会披露，如果超出股东经济实力盲目认缴巨额资本，超过合理期限随意约定过长的出资时间，不仅加大了股东责任，而且影响公司的公信度和竞争力。

（3）门槛降低不代表不需要注册资本。公司设立时，注册资本是公司投资创业的启动资金，在公司运营过程中转换为公司责任、财产的构成部分，“一元钱办公司”只是一个形象的比喻。投资者还是应根据公司从事的生产经营活动，合理选择相符的注册资本规模，以取得交易对象的信任。

（六）确定公司的组织机构

《公司法》对公司的组织机构进行了专门阐述，详情可查阅相应的法律条文，主要参见第 36—56 条，现简要摘录介绍如下。

（1）公司组织结构主要由股东会、董事会和监事会组成。

（2）有限责任公司股东会由全体股东组成。股东会是公司的权力机构，依照《公司法》行使职权。

（3）有限责任公司设立董事会的，股东会会议由董事会召集。有限责任公司不设董事会的，股东会会议由执行董事召集和主持。

董事会设董事长一人，可以设副董事长。董事长、副董事长的产生办法由公司章程规定。股东人数较少或者规模较小的有限责任公司，可以设一名执行董事，不设董事会。执行董事可以兼任公司经理。有限责任公司可以设经理，由董事会决定聘任或者解聘。经理对董事会负责。

（4）有限责任公司设监事会，其成员不得少于三人。股东人数较少或者规模较小的有限责任公司，可以设一至二名监事，不设监事会。董事、高级管理人员不得兼任监事。

《公司法》第 146 条规定，有下列情形之一的，不得担任公司的董事、监事、高级管理人员：

（1）无民事行为能力或者限制民事行为能力。

（2）因贪污、贿赂、侵占财产、挪用财产或者破坏社会主义市场经济秩序，被判处刑罚，执行期满未逾五年，或者因犯罪被剥夺政治权利，执行期满未逾五年。

（3）担任破产清算的公司、企业的董事或者厂长、经理，对该公司、企业的破产负有个人责任的，自该公司、企业破产清算完结之日起未逾三年。

（4）担任因违法被吊销营业执照、责令关闭的公司、企业的法定代表人，并负有个人责任的，自该公司、企业被吊销营业执照之日起未逾三年。

（5）个人所负数额较大的债务到期未清偿。

需要注意的是，公司“法定代表人”是指依据章程确定的董事长（执行董事或经理）；高级管理人员是指公司的经理、副经理、财务负责人。控股股东是指其出资额占有限责任公司资本总额 50% 以上或者其持有的股份占股份有限公司股本总额50%以上的股东；出资额或者持有股份的比例虽然不足50%，但依其出资额或者持有的股份所享有的表决权已足以对股东会、股东大会的决议产生重大影响的股东。

（七）制定公司章程

公司章程是股东共同一致的意思表示，载明了公司组织和活动的基本准则，是公司的宪章。公司章程与《公司法》一样，共同肩负调整公司活动的责任，公司章程对公司、股东、董事、监事、经理具有法律约束力。作为公司组织与行为的基本准则，公司章程对公司的成立及运营具有十分重要的意义，它既是公司成立的基础，也是公司赖以生存的灵魂。

公司章程是注册公司最主要的文件之一，它由股东共同制定，经全体股东一致同意，由股东在公司章程上签名盖章。各工商局网站都可以找到公司章程的范本，创业者可参考制定自己的公司章程。

四、有限责任公司注册流程及注意事项

有限责任公司的办理流程为先登录官方网站下载办理指南和申请表格，根据办理指南准备相应文件，向登记机关提交准备的文件和申请表格，登记机关开始受理，受理成功的，将颁发营业执照；受理不成功的，按照告知建议修改材料，准备再次办理。市场监督管理机关办理流程及申请材料如表9－3和表9－4所示。

表9－3　市场监督管理机关办理流程

办理环节	办理步骤	办理时限	审查标准	办理结果
申请受理	受理	1个工作日	文件证件齐备，符合法定形式	能当场受理或者通过当场补正达到受理条件的，直接进入受理步骤，当场出具受理通知书。根据一次性告知通知书内容进行补正后达到受理条件的，出具受理通知书

续表

办理环节	办理步骤	办理时限	审查标准	办理结果
审查与决定	决定	1个工作日	文件证件齐备，符合法定形式	申请材料齐全，符合法定形式、条件、标准，通过审查，作出准予行政许可决定；申请材料不齐全，不符合法定形式、条件和标准，未通过审查，作出不予行政许可决定
颁发与送达			营业执照，营业执照副本	

表9-4 公司注册申请材料

材料名称	材料来源	数量要求		介质要求	表格及样表下载	其他要求
		原件	复印件			
内资公司设立登记申请书	申请人自备	1份	无	表格类；纸质、电子	官方网站下载	由拟任法定代表人签署
公司章程	申请人自备	1份	无	文本类；纸质、电子	无	全体股东共同签署，其中自然人股东亲笔签字，法人股东法定代表人签字并加盖公章（可容缺后补）
股东资格证件	申请人自备	无	1份	结果文书类；纸质、电子	无	自然人股东提交身份证复印件，企业法人股东提交加盖公章的营业执照复印件
法定代表人、董事、监事和经理的任职文件	申请人自备	无	无	其他：纸质、电子	无	1份（其他类材料），在申请书中的《法定代表人、董事、经理、监事信息表》页签署确认任职信息的可不提交此文件
《住所使用证明》	申请人自备	无	1份	文本类：纸质、电子	无	一般应为产权人签字或盖章的房产证复印件。产权人为自然人的应亲笔签字，产权人为单位的应加盖公章（可容缺后补）

续表

材料名称	材料来源	数量要求		介质要求	表格及样表下载	其他要求
		原件	复印件			
许可项目审批文件	申请人自备	无	1份	结果文书类：纸质、电子	无	法律、行政法规和国务院决定规定设立公司必须报经批准的或公司申请登记的经营范围中有法律、行政法规和国务院决定规定必须在登记前报经批准的项目，提交有关批准文件或者许可证件的复印件
《补充信息登记表》	申请人自备	1份	无	表格类：纸质、电子	官方网站下载	无

第二节　初创企业管理

一、初创企业的管理特点

（一）以生存为首要目标

初创企业管理的首要目标是保证企业的生存。因为初创企业是从无到有，先有生存机会才会有发展壮大的机会，而尽快实现盈利才能保证企业的生存。因此，初创企业的首要任务是将所开发的产品/服务推向市场并实现销售盈利，靠销售盈利找到企业发展的立足点，从而找到适合自己的“生存模式”。

企业在初创阶段，所有的生产运营与管理活动都应围绕“生存第一”法则来进行。一切危及企业生存的做法都应避免。企业在初创阶段最忌讳的是在开始运营的时候就提出盲目扩张目标与计划，不顾实际地上马新项目、开发多元产品甚至多元化经营，同时开发多个市场，追求企业规模，其结果往往是“企而不立，跨而不行”。创业者在初创企业管理方面，容易犯“一切追求规范”的错误，往往会照搬规范大企业在人事、行政、财务和营销等大而全的公司规章制度。殊不知，对于这些管理方面的规章制度，每个企业有自己的实际情况，而大企业的管理制度对于初创企业来说往往只有借鉴价值，而没有实用、适用价值。如果仅仅是生搬硬套，往往会适得其反，不仅做不到，还往往会把初创企业“管死”。

（二）创造并保障现金流

现金流，被称为企业运营的“血液”。任何公司，其现金流一旦出现问题，必然引发企业的“猝死”。即企业可以有暂时亏损，但不能承受现金流中断。因此，初创企业在管理上，要奉行“现金流第一，利润率第二”的原则，要努力实现企业运行过程中不断创造并保障现金流“不断流”。

企业的现金流，包括现金流入和现金流出两个方面。一般来说，企业现金流在一定时期内要求现金流入要大于或等于现金流出，才能保证“不断流”，以免出现现金偿付危机时，不至于因不能及时现金支付而导致企业破产。在财务上，企业现金流的大小直接反映企业的“赚钱”能力，它不仅是企业初创阶段也是成长阶段管理的重点。对于初创企业来说，由于其融资能力有限，一般只能依靠自有资金进行经营活动。初创企业必须充分发挥有限资金的作用，通过各种努力特别是市场销售来创造企业现金流，这一点比成长期企业更困难。因此，初创企业的管理就要求创业者“开源节流”，在现金流管理上尽可能地“保守”。一方面，创业者在现金支出方面要锱铢必较，尽量节约现金和延期支付；另一方面，要全力销售并尽可能缩短回款周期，开拓多元化增收渠道，加速现金周转，以营造企业运行的宽松“现金流”。

（三）创业者参与经营细节

处于企业初创期的创业者，虽然是企业的“老板”，但还做不到只“坐镇指挥”就能实现企业顺利运行发展。在企业初创期，企业各方面都处于开发拓展的前期发展阶段，创业者一方面要履行组织管理职能，另一方面还需要与团队一起做各种具体的经营工作。这是因为，一方面，企业可能缺乏各方面的人才，企业运营各方面还未步入“正轨”；另一方面，创业者往往是初创企业的“最大资源”，在产品技术、市场销售和资源整合等方面需要创业者亲自去做，以取得较好的效率、效果，甚至必须亲自去解决一些不可预知的“棘手”问题。

初创企业的创业者大都有过如此体验：直接参与产品设计，直接洽谈经销商，直接推销自己的产品/服务，亲自采购，亲自处理一些客户订单，甚至装车发货，跑工商、税务和银行，亲自要账，制定公司管理制度，招聘面试和员工培训，等等。这些都是初创企业创业者的常见历程。只有全身心投入企业经营全过程，创业者才能将初创企业经营好，才能使企业顺利成长。

（四）高效有序的“混乱”状态

初创企业在管理上，不可能一开始就做到按部就班、高效有序的系统化、规范化的管理状态。初创企业管理往往采用“充分调动所有的人，做所有的事”的管理方式。这是因为，初创企业团队规模小，虽然有分工，但往往会因公司运营的实际需要，为处理一些紧急而重要的事情随时调动团队成员来“应急”，而无法做到成熟企业分工细致的精细化管理。

初创企业的这种看似“混乱”的管理状态，实际上是一种高度有序的状态。由于企业处于初创期，团队在人员数量、结构上与企业运营不能做到完全匹配，就必须采取这种“临时应急”方式。这种管理充分发挥了团队协作的价值，同时培养了创业所必需的团队精神和凝聚力，体现出“小团队”灵活机动、集中高效的优势。

（五）奉行“顾客就是上帝”

初创企业必须靠口碑和客户体验赢得顾客，这是赢得竞争、取得市场立足点的需要，利用其规模小、服务响应快、离客户“更近”的优势，将“顾客就是上帝”经营理念执行到位。

市场经济条件下，企业经营发展主要靠“顾客”，特别是“回头客”。得客户者得天下，而赢得“回头客”最终靠的是企业诚信。因此，一个企业要经营长久、发展壮大，不论是初创企业还是成长期企业，其管理要始终奉行“顾客为先，诚信为本”的核心价值观。大多数创业成功的创业家，都会始终坚守“顾客就是上帝”的创业“初心”。

二、初创企业的基本管理

（一）组织管理

企业是参与市场活动的实体组织。企业的组织管理是指通过合理设置组织机构，优化运行机制和订立各种规章制度，实现企业内部人、财、物等各种资源的优化配置，提升企业经营绩效的管理工作的统称。

对于初创企业而言，在组织管理模式上一般采用功能部门管理或项目管理的模式。

1. 功能部门管理模式

功能部门管理模式是指根据企业运营实际与管理需要，将公司划分成若干个不同职能部门的一种扁平化、直线型的组织管理模式。这种管理模式是最基本、最简单的企业管理模式，也是初创企业最常采用的一种管理模式。

在企业组织结构设计中，功能部门管理，又称岗位管理，是对各部门设置功能职责、设立各种岗位，并明确其责任权利关系，以形成各部门的相互协作。一般来说，不同性质的企业功能部门的设置会有不同。在功能部门设置时要考虑四个方面：（1）根据企业运营活动需要，按专业化分工原则将工作岗位进行归类；（2）根据企业性质和实际需要，设立不同功能的组织结构；（3）根据不同功能部门特点，设立不同岗位，明确各自职责；（4）订立企业管理制度，以制度形式明确并加强各职能部门的分工协作与联系。典型的生产制造型初创企业的功能部门设置，如图 9－1 所示。

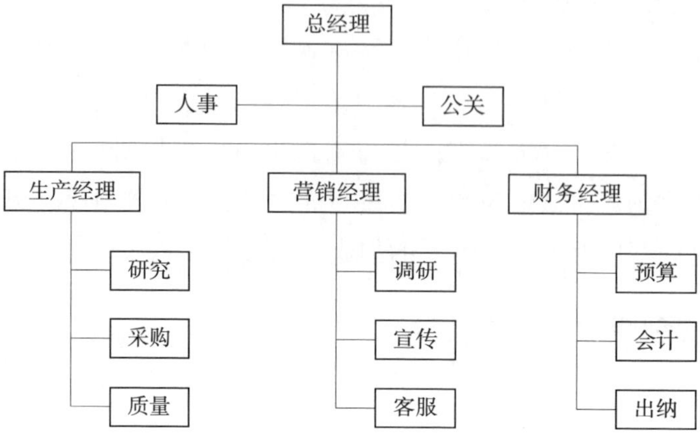

图 9－1　生产制造型初创企业的功能部门设置

功能部门管理模式的优点在于组织结构明确而相对稳定，责权利明确，可避免职责不清造成的执行障碍。该模式的缺点是由于功能职责划分比较清晰，有时候团队需要协作处理某些事情时，会因不同部门职能及实际工作安排而不够灵活高效。

2. 项目管理模式

项目管理模式是指按项目组织与管理方法来构建企业组织管理的一种模式。如果说功能部门管理模式是一种基于平行结构组织起来的管理模式的话，项目管理模式则是基于垂直结构即围绕特定而具体的项目任务组织起来的一种管理模式。

项目管理模式通常运营在企业内部创业中，通常表现为“事业部”的形式。项目管理模式本质上是一种以项目经理负责制为基础的目标管理模式。项目管理本身具有管理目标的确定性、独特性和不可重复性等特点。因此，项目管理模式一般适用于软件外包开发类、服务外包类、商贸类和咨询服务类企业，因为这些企业的业务管理通常可根据客户或产品服务进行有效的垂直分类。项目管理模式在大多数企业中并不常见。在企业的组织结构表现上，如图 9－2 所示。

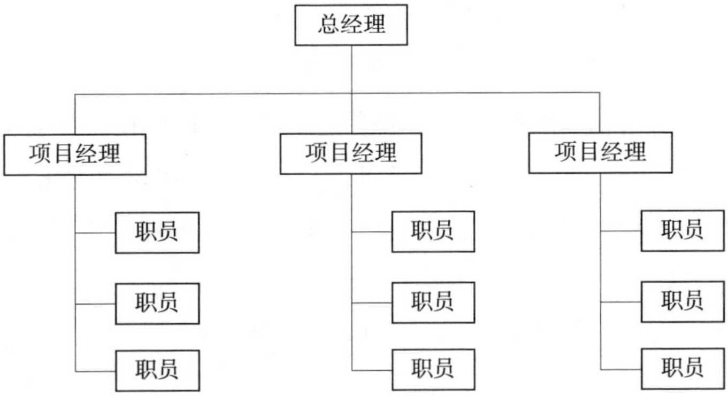

图 9－2　企业项目管理组织结构的表现形式

项目管理活动一般分为项目计划、人员组织、质量管理、费用控制和进度控制五个方面，从项目整体生命周期划分为若干阶段的时间维度、项目不同阶段性质与特点采用不同技术方案的知识维度和项目涉及的人、财、物、信息等项目需求的保障维度进行“三维”管理。

项目管理模式的优势在于，对特定而具体的项目任务实现具有高效性，相对功能部门管理模式更有利于计划组织、质量和进度的控制，可实现针对项目的动态管理、垂直协调与优化。项目管理模式的劣势在于，其更适用于临时性、柔性化的垂直细分任务的管理场景，而不适用于长久性、系统化的复杂管理场景。

在现实的初创企业管理中，有时候会采用功能部门管理模式下的项目管理制，从而发挥两种管理模式的优势，规避其各自的劣势。这种结合后更复杂的管理模式，通常称为“矩阵式管理”模式。由于初创企业采用矩阵式管理模式的情况并不多见，本书不做介绍。

（二）人力资源管理

人力资源是企业发展的根本动力和关键，尤其是对于初创企业而言。处于初创期的企业，其人力资源需求、招聘方法和管理等方面都有其特殊性。

1. 初创企业人力资源管理的特点

（1）重招人，轻培养。初创企业由于规模小，管理不完善，招人特别难。所以，初创企业一般把人力资源管理的重点工作放在招聘工作上，优先满足企业缺人的“刚需”。初创企业的创业者一般会先聘用一个招聘专员，而自己兼任人力资源总监。由于企业处于起步期，囿于成本等原因，创业者往往喜欢招聘“熟手”，渴望“借鸡生蛋”，即入职后马上可以“顶岗”发挥其作用，而没有足够的时间和耐心培养人。

（2）重“多能”，轻专才。初创企业往往人手有限，“一人多用”“一岗多责”是工作的常态。因此，初创企业的创业者最喜欢“一专多能”的人才，希望用最少的人做更多的事，希望员工学习、适应能力强，可以尽快上手独当一面，“实用”是最好的选择。在初创期，创业者一般不会招聘具有大企业经验的职业经理人或极其精细的“专才”。这一方面是因为成本太高，另一方面，职业经理人往往缺乏创新创业精神，与企业起步期的要求不容易匹配，其已固化的工作经验和风格很难适应初创企业的管理特点。

（3）重人事，轻管理。初创企业一般会将所有战略目标和资源都重点集中于解决企业生存问题，往往缺乏系统、规范的人力资源管理与开发体系的建设。在企业初创期，人力资源管理一般只停留在日常招聘退聘、简单工资绩效管理和社保管理等基本的人事管理层面。因为这些人事工作是必须做的，而更重要的人力资源开发、培养和管理则很难顾及。由于企业是初创，其也缺乏足够的人手和资金去专门做人力资源工作。

（4）重绩效，轻制度。初创企业为了降低用人成本及风险，往往采用以业绩为导向的管理理念，采取“低工作、高提成、重奖励”的办法。由于缺乏专门的人力资源管理团队，初创企业在人力资源管理方面普遍缺乏基于长远发展战略的顶层设计和完善、系统的管理制度。对于人才的评价，往往偏重其短期的业绩如何，而缺乏科学合理的绩效考核体系。甚至有些初创企业缺乏必要的硬性管理制度，如劳动合同、重大违纪等相关规定，导致出现劳资纠纷，从而使企业需要付出更大的代价和成本。

（5）重福利，轻规则。一方面，初创期企业由于其自身的“天然劣势”，为吸引人才和留住人才，往往采用“自由文化影响人，用创业激情和人性感染人，用有竞争力的福利打动人”等管理策略。另一方面，企业初创期的管理主要靠创业者本人，具有浓厚的“人治”色彩，而创业者一般具有敢于打破常规、灵活创新和富有活力等特质，因此，初创企业在人力资源管理方面一般不会有太多死板的条条框框。

2. 初创企业人力资源管理要点

为实现初创企业的发展目标，创业者在人力资源管理方面要重视以下管理策略和要点。

（1）明确需求，合理规划。初创企业的创业者，对企业业务定位及发展规划最了解，对用人需求及其标准的把握也最准确。创业者宜从业务层面（如技术研发、产品设计、市场营销和公关客服等方面）、运营现实需要与长远发展等统筹考虑，明确招聘的岗位、人数、要求和薪酬体系，合理规划人力资源需求和人事工作安排，从根本上理顺人力资源工作，以提高人力资源工作的效能。

（2）抓大放小，打造核心。作为企业的主要管理者，初创企业的创业者要明确其在人力资源管理工作中的角色与核心价值。创业者要重点抓中层以上的核心人才，尽快建立起中高层团队。中高层团队的核心人才，是保证初创企业生存与发展的核心力量。在选拔时，要注意数量不需要多，而重在“质”。这类人才，对于初创企业来说，有时候可遇不可求。因此，创业者要把主要精力放在中高层核心人才的猎取、挖掘和公关工作上。而对于普通员工的遴选，可交由人事或部门负责人负责。

（3）管理有度，重在激励。初创企业在人力资源管理方面，首先要建立起关键、实用且适用的基本规章制度。比如基本的薪酬制度、考勤制度、招聘制度、考核制度、培训制度和奖惩制度等，要做到“有规可依”。初创企业虽然具有规模小、管理不够规范和“老板”一言堂等特点，但一个企业组织不能没有基本的规矩，尤其在人力资源管理薪酬和绩效方面不能过于粗放随意，以免给团队形成不靠谱的感觉，而应该明确薪酬和绩效制度，形成确定的利益分配机制，让团队理解并认可“游戏规则”，起到一定的激励作用，以免造成因利益分配不公而闹矛盾甚至起纠纷的局面。

（4）重视沟通，凝聚人心。初创企业的团队建立周期短，来自不同行业、企业，具有不同经验、资历和价值观的人员需要磨合。创业者要根据其特点，通过沟通的方式尽快将其重新塑造为具有共同目标和价值观的团队。创业者要重视有效沟通，尽快增进感情、拉近距离，建立相互信任的机制，消除隔阂误会，让员工有被尊重和重视的感觉，形成团队凝聚力，提高执行力。

（三）财务管理

初创企业一般规模较小，起步阶段产品、业务相对单一，其财务管理相对简单。在财务管理方面，初创企业的创业者注意以下几个方面即可。

1. 尽量规范

财务管理，尤其是记账，是专业而严谨的工作。初创企业的创业者不一定具备财务方面的工作经验和专业知识技能，因此，在财务管理方面，要靠专业的会计人员或机构来做相关工作，以保证财务管理的规范性。创业者在企业起步阶段就要有财务“合法合规”意识，“靠专业的人做专业的事”，在日常记账、发票申领、报税和年终审计等财务工作方面尽量符合相关规定，以免因管理疏漏而造成行政处罚等财务风险。

另外，在财务的日常工作流程和制度方面也要尽量做到细致、规范，避免出现各种不应出现的问题或错误。比如发票管理，要建立发票开具流程规范，避免开错（核实抬头、项目、金额、税率等）、遗失（未用发票、已开发票和发票各联）、寄错（对象、地址电话等）和盖章（勿忘盖发票专用章）等细节问题。

2. 控制成本

成本控制对任何企业都很重要，财务上节约的成本约等于为企业直接创造的毛利润，抵6~8倍的销售额。例如，如果通过财务管理可以节约1万元的成本，按企业毛利润15%~30%来核算，则相当于企业必须靠3万~6万元的销售额才能换来。事实上，初创企业的市场销售难度很大。因此，初创企业的创业者，要有强烈的成本意识，掌握控制成本的原则与技巧。

企业的成本控制管理是个庞大而复杂的系统工作。总体来讲，初创企业的创业者要在成本控制意识、成本控制机制和成本控制措施三个方面入手，尽可能降低成本，提高企业经营的效益。

（1）全员形成成本控制意识。思想意识决定行动，创业者首先要有降低成本、控制成本的意识，才能完成成本控制的目标。要实现初创企业的各种成本控制，不仅要求创业者及其核心团队成员具有成本意识，还要培养全体员工的成本意识与节约习惯。一方面，管理层要避免好高骛远，不要只求面子不计成本，更不宜因急功近利、操之过急而导致成本失控。另一方面，全体员工要建立创新与学习意识，不断改进工作方法，提高工作效率和资源利用效益，达到节约、降低成本的效果。

（2）构建运营成本控制机制。为实现成本控制的目标，创业者在财务管理方面需要建立与之对应的成本控制机制，以有利于企业成本控制的管理落地与持久稳定。成本控制机制主要体现在日常经营的管理制度和激励制度两个方面。管理制度是从操作准则与规定方面建立成本控制的标准，激励制度是从激发员工主动性与创造性来实现企业运营效益。

（3）完善成本控制措施。有了成本控制的意识和机制，还得有具体实施的方法措施。在企业日常运营方面，可通过办公室各种资源共享与重复利用、提高沟通的信息化水平、采用简单实用的办公家具与设备等方法控制成本；在生产方面通过减少流程和环节、采取外包方式、改进工艺与技术、采用节能环保设备和提高原材料利用率等方法控制成本；在财务方面通过聘用兼职会计或代理记账机构、控制预算和支出限额、合理避税和提高资金周转率等方法控制成本；在人力资源方面合理设置岗位及其薪酬体系、控制规模、充分利用兼职与提升工作技能水平等方法控制成本，等等。

3. 管好现金流

初创企业的创业者在财务管理时，需要注意加强现金流的管理。现金流管理主要从“支”（现金流出）和“收”（现金流入）两个方面进行。

（1）做好大额支出管理。创业者要注意做好各种现金支出的管理，特别是大额支出的管理。在现金支出时，一方面要有规范的财务流程规避风险，另一方面要避免不必要的支取或提前支取，尽可能做到延缓支付。比如，可通过与供应商谈判争取分期与更长付款周期。

（2）做好各种收入管理。相对支出管理而言，收入管理更重要，也更难一些。创业者可通过以下方法做好收入管理：尽量收取客户预付金；设置交货后全部收回账款的期限；建立收款流程与催款机制；多用电子支付以提高收款效率等。

4. 准备融资

初创企业往往资金有限，财务压力大。创业者要未雨绸缪，在资金充裕时，做好随时融资的准备，以有效应对财务风险。创业者一方面要做好融资规划和各种材料的准备，另一方面要积极拓展并积累有效的融资渠道，比如有计划地接触和了解投资人、投资机构、银行、基金和政府优惠政策等。

（四）营销管理

对于初创企业而言，营销管理是所有管理工作的重中之重。创业者需要从定价策略、品牌策略、竞争策略和销售策略等方面抓好市场营销工作。

1. 定价策略

初创企业为将新产品顺利推向市场，取得竞争优势和良好的经济效益，合理定价是一个重要影响因素。新产品定价方法主要有："取脂"定价（高定价，谋求短期高利润）、渗透定价（低定价，打开销路扩大市场占有率，谋求长期利益）和满意定价（平价，谋求各方价格满意）。创业者要根据企业战略、产品特性及市场竞争等实际情况，选择最适合的定价策略。

2. 品牌策略

创立与塑造新品牌的过程，是一个"烧钱""烧脑"的过程。初创企业的创业者，在制订品牌战略和策略时，要考虑成本及其可实现性，采用低成本品牌营销策略是较优选择。低成本品牌营销实施方法与步骤是：（1）建立品牌整合营销临时机构（负责品牌策划、形象设计和媒体公关等）；（2）确定品牌的核心价值、传播目标与机制；（3）设计创新的、高差异的品牌识别系统；（4）运用各种广告、公关媒介和促销方式进行“聚焦式”推广传播。

3. 竞争策略

企业竞争策略的选择，主要受行业竞争状况、自身竞争力状况和顾客议价能力等因素的影响。初创企业的竞争策略，主要分“领跑”“挑战”“追随”和“补遗”四种策略。“领跑”策略是指初创企业以“市场老大”的姿态采取正面直接竞争的市场竞争策略。“挑战”策略是指初创企业以行业内市场份额最大的企业“翘楚”为目标，对其发起“攻击”性竞争挑战的市场竞争策略。“追随”策略是指初创企业采取模仿、跟随竞争能力更强企业进行“迂回”、侧面竞争的市场竞争策略。“补遗”策略是指初创企业选择细分市场的“空白”，集中优势资源开发专门市场或特定顾客群体的市场竞争策略。创业者可根据企业实际，选择合理的市场竞争策略。

4. 销售策略

这里的销售策略，主要是指销售方式、销售模式和促销方式的选择策略。销售方式主要分直销和代理分销两种。新创企业的销售方式选择，要考虑产品服务的性质与形态、市场容量与竞争策略、运营模式和产品的利润空间等因素。销售模式主要分为网络销售、电话销售、电视购物、门店销售和混合销售等。销售模式的选择，主要取决于产品复杂程度、定价高低、购买决策流程和顾客消费习惯等因素。销售促销有免费送、打折、买送、特价、秒杀、抽奖、竞赛、免费体验、积分、返券、会员制、赞助、展览和换购等多种多样的方式手段。不同的促销方式有不同的优缺点和不同的适用场景，创业者可结合企业实际，选择并验证应采用哪种或哪些促销方式。

二维码链接

初创企业这样吸引人才

课堂活动

活动一　情景模拟：你如何做参谋

爸爸、叔叔、舅舅三人准备分别出资30万元（现金）、20万元（专利技术折价）、10万元（现金）合办一家服装厂。现请你为他们选择一种企业形式，并为他们顺利办成和经营做参谋。

回答以下问题：

1. 你为他们选择哪种企业形式？为什么？

____

2. 现在，要给服装厂起一个名字，你有什么好的建议？

____

3. 服装厂的选址你有什么建议？

____

4. 公司股份结构如何安排？股东会和董事会你觉得如何安排比较妥当？

____

5. 你认为公司注册过程中应注意哪些问题？

____

活动二　情景模拟：销售技能训练

现在，有一支签字笔，给你10分钟的时间，先进行产品设计、制订营销策略和销售策略、意向客户筛选和制订销售流程与计划等准备工作，然后面向学习小组或班级其他成员，开展你的销售工作。

比一比，看谁的销售业绩最棒！

问题：

在此项活动中，你有哪些心得感悟？获得了哪些销售经验和技能？

创业榜样

落地实践创赛项目

荔枝微课项目是第三届中国“互联网 +”大学生创新创业大赛四强争夺赛的金奖项目。

以问题导向深挖市场潜力

荔枝微课，一个大学生创业团队的项目，在 2016 年 6 月正式上线，9 个月内就获得近亿元融资。

项目合伙人、荔枝微课项目 CEO 黄某和 CMO 陈某，带领最初只有 19 人的荔枝微课闯出了自己的一片天。

“很多企业选择在微信群里授课，为员工培训。”体验并观察着这种微信群的培训方式，陈某发现了问题所在：“一是人数受限，二是内容无法积淀和传播。这就意味着这一市场潜力还很大。”

打造一个平台，使其能最便捷地实现在线教育培训，且能实现分享、评论、打赏等功能的想法在陈某脑海中一直盘旋，而黄某是陈某首先想到的合伙人。

创业需要志同道合之人

学校的创业氛围浓厚，尤其是他们所在的计算机学院，创业学生非常多，有关创业的讲座和课程也多种多样。黄某在校期间就是创业的活跃分子：创办电影 FM 网站等互联网公司，毕业后又创办软件公司。

两人之前就有过多次合作，彼此之间配合也比较默契，创办在线教育学习平台——荔枝微课，两人也是一拍即合。

项目成立之初，资金和办公场地有限，黄某带领团队在广州大学城负责产品研发，陈某则带领团队在深圳负责产品运营策划。两个团队各司其职、精诚合作。

一对一帮助用户成长

对于一个知识分享类平台而言，关键在于能否持续稳定输出优质内容。为了让听众用户从平台获取更多优质内容，荔枝微课推出“双千计划”，即拿出2000万元培训1000个月入10万元的老师，提升他们的讲课能力。在完整接受培训之后，平台退还他们的199元学费。

初心不改

荔枝微课打造了一个开放共赢的生态环境，无论学员或是老师，都能从中受益、共同成长。通过自己的努力帮助别人，并为他们带来积极影响，这是陈某如今工作中感到最满足的事。对于学员而言，荔枝微课为他们带来了成本相对更低、更为便捷的自我增值机会。尤其令陈某欣慰的是，平台上的一些音频类课程成为视障人群珍贵的学习资源。而很多视力受限的老人，也靠着听课丰富自己的生活。

对于讲师而言，荔枝微课给予了他们表达自我、实现价值的空间。在制作课程的过程中，他们也学到了音视频制作等实用性技能，掌握了“微课”这门新兴事物的运营技巧。

伴随学员及讲师一同成长的，还有荔枝微课自身。这种成长并不单是体现在业绩、收支等外在数据的增长上，更在于一种心态上的成熟。在一片浮躁的环境中，不从众，不逐流，荔枝微课找到并坚持属于自己的发展节奏及步伐。

陈某透露，未来荔枝微课将持续深耕产品和内容，为讲师及学员提供有价值的平台。未来综合性、规模性的“大而全”的知识付费平台将会减少，深耕特定领域、面向具体场景、抓住固定受众的“小而美”平台则拥有较大的成长空间。荔枝微课将以平台为根基，深耕垂直领域，打造不同类型的精品内容，完善整个内容生态链条。

实践拓展

创业体验反思与感悟

请团队成员回忆参与体验过的某个真实或模拟的创业活动。运用以下问题激发自己在体验中和体验后对自身的表现、感受及想法进行反思。可以用任何自己喜欢的形式自由地写下反思，不必局限于下列问题，可以发表更多见解。

（1）我在这次创业活动中的表现如何？哪些方面表现特别突出？哪些方面不及期望？我觉得在哪些方面可以做一些改进？

（2）在参与活动期间，我与其他人有过哪些互动？我的意图是什么？我的沟通与参与对这次活动或他人产生了哪些影响？

（3）在活动期间或活动后，我从他人那里得到了哪些反馈？

（4）在这次活动体验中，主要收获有哪些？

（5）从这次反思中，我学到了什么？

（6）现在，关于自己或创业，还有哪些问题没有得到解决？

课后思考

1. 创办企业的前提条件有哪些？创办企业需要了解哪些法律法规？

2. 什么是企业的生命周期？企业在每个阶段的特点有何不同？

3. 创办企业的方式有哪些？如何选择适合自己的企业组织形式？

4. 企业起名、选址与注册有哪些注意事项？

5. 初创企业在管理上有哪些特点？

6. 初创企业应如何做好组织管理、人力资源管理、财务管理和营销管理等方面的管理？

第十章　创业道德伦理与法律法规

学习目标

1. 认识到创业应该遵守道德伦理，承担社会责任；
2. 了解企业创办和经营过程中涉及的法律法规。

导入案例

坦桑尼亚唱响“青年集结号”

热情如火的坦桑尼亚，是人类发源地之一，也是现代世界最不发达的国家之一。

这片土地上的年轻人将自己的梦想、潜力与热情进行碰撞，便迸发出了要为自己、为社区、为国家创造美好未来的时代强音。通过不懈的努力，他们找到了通往这一愿景的钥匙，那便是教育与合作。

第四届中国“互联网+”大学生创新创业大赛，他们通过“青年大会”项目，赢得了无数掌声与赞许。

搭建平台凝聚青年力量

“我们的青年有梦想、有方法、有能力、有抱负，他们是医生、企业家、科学家、首席执行官或部长等，也将是我们国家未来的总统，带领国家创造更美好的明天。但现在，他们需要辅导和指导才能实现和充分发挥自己的潜力。”毕业于达累斯萨拉姆大学的姆巴亚尼·塔莱·勒恩吉玛在第四届中国“互联网+”大学生创新创业大赛国际赛道决赛现场如此讲到。

为了实现培养坦桑尼亚和整个非洲地区的青年与女性创业者、创新者这一愿景，姆巴亚尼和他的团队于2016年发起成立了为青年与妇女教育发展服务的非营利性非政府组织“青年集结号”。

经过3年多的努力与发展，“青年集结号”不仅将这条道路走得越来越宽，也和更多志同道合的伙伴一起搭建起了不同形式且富有成效的新平台。

2016年，该项目团队发起并举办了首场“坦桑尼亚全国青年大会”，来自不同高校、企业、营利性组织与非营利性组织的青年领袖汇聚一堂，互相学习、共同商讨、彼此协作，构建起互利互惠的资源网络，帮助大家在各自的世界中创造能够产生持久积极影响的变革。

此后，“坦桑尼亚全国青年大会”每年都会在坦桑尼亚举办，截至2018年，已有超过7000名来自坦桑尼亚和东非地区的青年参与过这项活动。

青年的声音需要被听见，而“坦桑尼亚全国青年大会”不仅成为坦桑尼亚青年领袖的汇聚平台，更是为他们聚焦社会议题，发挥领导力与创造力，参与善政廉政提供了全面的舞台。

在线教育推动学习升级

当前，许多非洲国家仍面临诸如内战、领导力缺失、腐败、性暴力、虐待儿童、早婚等多种挑战，究其根源都是因为贫穷。而造成长期贫穷的最大因素，莫过于教育薄弱。

不同于大多数发展中国家或发达国家，许多非洲国家的教育水平与普及程度仍十分有限，且教育成本高昂，不仅人民受教育意识不强，即使是完成学业的学生也并没有实际的就业能力。

基于以上种种情况，该项目团队又建立了青年中心和市民中心，并以此为依托，通过与一家智能核心企业合作，共同打造线上学习平台，开展智慧课程学习计划。

这一计划依托互联网与智能手机在青年中十分普及的优势，通过在线课程与技能培训，使在校青年与校外青年都能获得与本地多媒体交互式学习的内容，不仅有助于提升他们对21世纪技能和实用技能的理解，还能提高他们的整体课业学习成绩。

此外，因为坦桑尼亚有着限制怀孕少女继续接受中学教育的规定，这一线上教育平台的推出为年轻女性继续接受教育提供了机会和可能，填补了坦桑尼亚当前教育体系的空白。

截至目前，已有超过2.5万名坦桑尼亚在校青年与校外青年参与这一线上学习计划，在促进民主善政、社区和平与性别平等方面起到了积极作用。

自造血式发展之道

然而，非营利的运作模式为“青年集结号”的运作与发展提出了考验，各项计划与倡议的实施都面临着高额的资金支持。

为了保证自身的可持续运作，避免对外界捐助的依赖，该项目团队在没有任何竞争对手的农村地区开设了一家烘焙店，并取名为英雄面包坊，旨在专注于制作和销售美味的小吃、面包、饼干和蛋糕。

当地农村居民成为面包坊的主要客户，同时也成为“青年集结号”所开展项目的实际受益者。目前，在阿鲁沙孟德斯地区，面包坊的日常客户群已达到1000多人。如此，便使“青年集结号”实现了机构自身与项目及活动参与者的多赢，让坦桑尼亚乃至东非的青年们联结起来，共同为社会、政治、经济等各方面所面临的问题提出创造性解决方案。

启示

该项目成功地将坦桑尼亚（及其他地区）的多个组织联合起来，为共同的愿景一起协作，即创造更多的教育机会。这一实践呼应了农村社区与初创企业的实际社会需求，也为年轻女性提供了学习机会，填补了现有系统的空白，为青年生活带来持久的积极影响。

该项目所提供的产品与服务运用互联网技术，通过与创新型技术企业展开合作学习计划，改变了来自坦桑尼亚国内学校与社区的所有参与者的学习与教学经验。据估计，2019年，有超过4.5万名年轻人通过移动终端设备的网络应用程序参与到这些学习计划中。

该项目充分认识到教育可以使人们摆脱贫困，它不仅使青年（特别是年轻女性）接受教育，改变一个村庄的生活，还可以改变一个国家甚至整个世界的生活。该项目在资源有限的条件下所发起和开展的活动是所有人学习的典范，也是我们创业应遵循的路径。

第一节　创业伦理

一、创业应该遵守的道德伦理

伦理是人与人相处应遵守的道德和行为准则。一个现代企业，伦理道德既是其内在的文明因子，也是其存在和发展的重要条件。

道德伦理作为一种校正人们行为及人际关系的软约束，能使企业人员具有明确的是非观、善恶观，助力企业确立整体价值观和发扬企业精神，还能使企业正确处理自身和社会、生态环境之间的关系。

尤其对于当下的创业者而言，创业是一种社会性活动，是各种利益相关者协同运作的系统，只有对自己、对家庭、对员工、对投资人、对顾客、对供应商以及对社会拥有高度的使命感和负责精神的创业者，才可能赢得人们的信任、尊重和支持。

所以，要成为一个成功的创业者，需要具有高度的使命感和强烈的责任意识。

二、创业应负的社会责任

《中共中央 国务院关于营造企业家健康成长环境弘扬优秀企业家精神更好发挥企业家作用的意见》首次以中央专门文件的形式，明确了企业家精神的重要地位和价值，并用三个“弘扬”勾勒了我国倡导的新时期优秀企业家精神的核心内涵：爱国敬业、遵纪守法、艰苦奋斗；创新发展、专注品质、追求卓越；履行责任、敢于担当、服务社会。

为了践行和丰富新时代企业家精神的内涵，创业者在推动企业爆发式成长的同时，要承担起相应的社会责任，成长为一名优秀的社会企业家。

充分认识到企业伦理道德建设与盈利的辩证关系，认真处理好影响企业生存和发展的利益与道德的关系。

培养良好的企业精神，运用伦理手段调动员工的积极性和创造性，加强对员工的道德教育，提高员工的道德境界。

坚持一流的产品意识，坚持信誉高于一切和坚持一流的服务意识和行动。

在追求经济效益的同时注重社会效益，为社会提供优质产品和服务，积极参与公益活动，履行社会义务和完成社会使命。

在维护和增加企业利益的同时履行对国家的责任和义务，按时、足额上缴利税。

注意企业发展方向，贯彻国家路线、方针、政策，执行国家法律法规，自觉接受国家监督和控制。

第二节　创业法规

一、创业相关法律法规

企业必须在法律法规允许的条件下合法运营，才能保证企业的长久发展。下面将与创业相关的法律做简单梳理，让创业者对此有初步了解，涉及相关法律时可再详细查阅或咨询法律顾问。

（一）企业设立相关法律

企业设立相关的法律主要有《公司法》《合伙企业法》《个人独资企业法》《公司登记管理条例》《企业破产法》等。这些法律法规规范的是企业设立期间的商业行为活动，包括企业创办的条件、企业组织要求和相关法律关系的规范等方面。

（二）劳动关系相关法律

这部分法律主要包括《劳动合同法》《就业促进法》《社会保险法》

《工伤保险条例》《最低工资规定》等。这些法律法规是规范劳动关系的，在企业人员聘用与管理等方面需要注意遵守和合理利用。

（三）知识产权相关法律

与知识产权相关的法律主要有《专利法》《商标法》《信息网络传播权保护条例》《计算机软件保护条例》等。知识产权对企业经营与发展有着重要影响，熟悉这些法律法规，一方面可有效保护自身的知识产权权益，另一方面可有效防范侵犯他人相关权益，以免给企业经营造成麻烦。

（四）商业活动相关法律

有关市场交易等商业活动的法律主要有《民法典》《担保法》《产品质量法》《反不正当竞争法》《反垄断法》《广告法》《消费者权益保护法》等。这类法律法规主要规范与调整经营者之间、经营者与消费者之间的法律关系。了解这些法律，可有效规避企业经营过程中的法律风险，保障各方之间的权益，促进商业活动的顺利开展。

（五）政府宏观调控相关法律

为保证经济平稳运行和社会和谐发展，政府在宏观上通过相关法律法规进行规范与调控。这类法律法规主要有《环境保护法》《对外贸易法》《税法》《金融法》《投资法》等。这类法律主要调整政府与经营者之间的关系，是政府规范与调整经营者行为的相关法律要求与规范。

（六）纠纷诉讼相关的法律

解决纠纷的法律主要有《民事诉讼法》《刑事诉讼法》《行政诉讼法》《仲裁法》《劳动争议调解仲裁法》等。熟悉这些法律法规，有助于在遇到纠纷时，利用法律武器保护自身合法权益。

二、法律法规案例及分析

（一）公司解散纠纷案

1. 基本案情

原告林某某诉称：常熟市凯莱实业有限公司（以下简称凯莱公司）经营管理发生严重困难，陷入僵局且无法通过其他方法解决，其权益遭受重大损害，请求解散凯莱公司。

被告凯莱公司及戴某某辩称：凯莱公司及其下属分公司运营状态良好，不符合公司解散的条件，戴某某与林某某的矛盾有其他解决途径，不应通过司法程序强制解散公司。

法院经审理查明：凯莱公司成立于2002年1月，林某某与戴某某系该公司股东，各占50%的股份，戴某某任公司法定代表人及执行董事，林某某任公司总经理兼公司监事。凯莱公司章程明确规定：股东会的决议须经代表二分之一以上表决权的股东通过，但对公司增加或减少注册资本、合并、解散、变更公司形式、修改公司章程作出决议时，必须经代表三分之二以上表决权的股东通过。股东会会议由股东按照出资比例行使表决权。2006年起，林某某与戴某某之间的矛盾逐渐显现。同年5月9日，林某某提议并通知召开股东会，由于戴某某认为林某某没有召集会议的权利，会议未能召开。同年6月6日、8月8日、9月16日、10月10日、10月17日，林某某委托律师向凯莱公司和戴某某发函称，因股东权益受到严重侵害，林某某作为享有公司股东会二分之一表决权的股东，已按公司章程规定的程序表决并通过了解散凯莱公司的决议，要求戴某某提供凯莱公司的财务账册等资料，并对凯莱公司进行清算。同年6月17日、9月7日、10月13日，戴某某回函称，林某某作出的股东会决议没有合法依据，戴某某不同意解散公司，并要求林某某交出公司财务资料。同年11月15日、25日，林某某再次向凯莱公司和戴某某发函，要求凯莱公司和戴某某提供公司财务账册等供其查阅、分配公司收入、解散公司。

江苏常熟服装城管理委员会（以下简称服装城管委会）证明凯莱公司目前经营尚正常，且愿意组织林某某和戴某某进行调解。

另查明，凯莱公司章程载明监事行使下列权利：（1）检查公司财务；（2）对执行董事、经理执行公司职务时违反法律、法规或者公司章程的行为进行监督；（3）当董事和经理的行为损害公司的利益时，要求董事和经理予以纠正；（4）提议召开临时股东会。从 2006 年 6 月 1 日至今，凯莱公司未召开过股东会。服装城管委会调解委员会于 2009 年 12 月 15 日、16 日两次组织双方进行调解，但均未成功。

2. 裁判结果

江苏省苏州市中级人民法院于 2009 年 12 月 8 日以（2006）苏中民二初字第 0277 号民事判决，驳回林某某的诉讼请求。宣判后，林某某提起上诉。江苏省高级人民法院于 2010 年 10 月 19 日以（2010）苏商终字第 0043 号民事判决，撤销一审判决，依法改判解散凯莱公司。

3. 裁判理由

法院生效裁判认为：首先，凯莱公司的经营管理已发生严重困难。根据《公司法》第 183 条和《最高人民法院关于适用〈中华人民共和国公司法〉若干问题的规定（二）》（以下简称《公司法解释（二）》）第 1 条的规定，判断公司的经营管理是否出现严重困难，应当从公司的股东会、董事会或执行董事及监事会或监事的运行现状进行综合分析。“公司经营管理发生严重困难”的侧重点在于公司管理方面存在严重内部障碍，如股东会机制失灵、无法就公司的经营管理进行决策等，不应片面理解为公司资金缺乏、严重亏损等经营性困难。该案中，凯莱公司仅有戴某某与林某某两名股东，两人各占 50% 的股份，凯莱公司章程规定“股东会的决议须经代表二分之一以上表决权的股东通过”，且各方当事人一致认可该“二分之一以上”不包括本数。因此，只要两名股东的意见存在分歧、互不配合，就无法形成有效表决，显然影响公司的运营。凯莱公司已持续 4 年未召开股东会，无法形成有效股东会决议，也就无法通过股东会决议的方式管理公司，股东会机制已经失灵。执行董事戴某某作为互有矛盾的两名股东之一，其管理公司的行为，已无法贯彻股东会的决议。林某某作为公司监事不能正常行使监事职权，无法发挥监督作用。由于凯莱公司的内部机制已无法正常运行、无法对公司的经营作出决策，即使尚未处于亏损状况，也不能改变该公司的经营管理已发生严重困难的事实。

其次，由于凯莱公司的内部运营机制早已失灵，林某某的股东权、监事权长期处于无法行使的状态，其投资凯莱公司的目的无法实现，利益受到重大损失，且凯莱公司的僵局通过其他途径长期无法解决。《公司法解释（二）》第5条明确规定了“当事人不能协商一致使公司存续的，人民法院应当及时判决”。该案中，林某某在提起公司解散诉讼之前，已通过其他途径试图化解与戴某某之间的矛盾，服装城管委会也曾组织双方当事人调解，但双方仍不能达成一致意见。两审法院也基于慎用司法手段强制解散公司的考虑，积极进行调解，但均未成功。

此外，林某某持有凯莱公司50%的股份，也符合公司法关于提起公司解散诉讼的股东须持有公司10%以上股份的条件。

综上所述，凯莱公司已符合《公司法》及《公司法解释（二）》所规定的股东提起解散公司之诉的条件。二审法院从充分保护股东合法权益，合理规范公司治理结构，促进市场经济健康有序发展的角度出发，依法作出了上述判决。

（二）商标权纠纷案

1. 基本案情

2018年9月5日，刘某某申请注册第33340276号“麦氹记”商标，核定使用商品为第43类，包括餐馆、餐厅、会议室出租等。2020年12月3日，刘某某经公证取证，发现麦氹粉面公司在其经营的店铺招牌、广告牌、菜单等处使用“麥氹雲吞麵世家1920 Mak's Noodle及图”“麥氹”及图标识。星河公司是第13227484号“麥氹雲吞麵世家及图”注册商标的商标权人，申请日为2013年9月11日，麦氹粉面公司于2016年8月1日经星河公司授权许可其使用该商标。刘某某认为麦䒗粉面公司侵害了其商标专用权，诉请麦䒗粉面公司停止侵权、赔偿损失。2022 年 1 月，国家知识产权局对于第 33340276 号商标核定使用在第 43 类的“会议室出租”服务上维持有效，在其余服务上宣告无效。

2. 裁判结果

广东省广州市越秀区人民法院审理后认为，麦䒗粉面公司自 2015 年起使用“麦䒗”作为其企业字号，另于 2016 年经星河公司授权许可使用第 13227484 号注册商标。麦䒗粉面公司的经营具有一定规模，相关公众已对其品牌建立了一定的认知度。依照《商标法》第 59 条第 3 款，麦䒗粉面公司在先、善意使用“麥䒗”标识，不构成侵害刘某某就第 33340276 号享有的注册商标专用权。遂判决驳回刘某某的诉讼请求。

宣判后，刘某某不服，提起上诉。广州知识产权法院审理后认为，依照《商标法》第 7 条第 1 款、第 32 条，刘某某申请注册第 33340276 号商标并获得授权，难谓正当。麦䒗粉面公司在经营活动中使用“麥䒗”标识，无论基于企业字号还是被许可注册商标，在第 43 类餐厅等服务上使用，均具有一定的正当性。刘某某非善意行使注册商标专用权，属于利用商标注册制度恶意行使权利，构成权利滥用，其诉讼请求不能成立。遂判决驳回上诉，维持原判。

3. 裁判理由

本案争议焦点在于滥用商标权行为的认定。

（1）恶意申请取得的注册商标不具有实质正当性。《商标法》第 32 条规定，申请商标注册不得损害他人现有的在先权利，也不得以不正当手段抢先注册他人已经使用并有一定影响的商标。在先权利包括当事人在诉争商标申请日前享有的民事权利或者其他应予保护的合法权益，具体涵盖注册商标权、商号权益、包装、装潢等。商标权是授权性权利，系由商标主管部门依法审查后经核准注册授予的私权。通过行政授权的商标权仅具有推定效力而非终局效力，允许通过相反证据予以推翻。如存在损害他人在先权利的情形，异议人可向商标主管部门申请对已注册商标宣告无效。法律对恶意申请的遏制主要集中在商标授权、确权阶段，对损害他人在先权利的行为予以否定性评价。在侵权认定中应秉持同一立场，通过注册所取得的商标权应当具有实质正当性。若该注册商标系恶意取得，仅享有形式上“合法”外衣，则缺乏权利存在的正当性基础。本案中，麦奀粉面公司的关联公司星河公司是第13227484号注册商标的商标权人，该商标的申请日为2013年9月11日，核定使用服务类别为第43类餐厅、快餐馆等。而刘某某的第33340276号商标与第13227484号近似，使用服务类别相同，损害了第13227484号商标的在先权利。故刘某某的第33340276号商标在第43类餐厅的申请并获授权，难谓正当。

（2）恶意诉讼行使商标权构成权利滥用。商标注册人违背诚信原则行使权利构成权利滥用，其主张侵权的诉求不应得到支持。认定商标权滥用考虑因素主要包括：商标权的取得是否具有不正当性、商标注册人是否不适当地主张权利，具有损害他人利益的主观过错。对于商标注册人恶意行使商标权的行为，经审查认为其构成权利滥用的，应依法驳回其诉讼请求。该案中，麦奀粉面公司在经营活动中使用“麥奀”标识，无论是基于企业字号还是被许可注册商标，均具有一定的正当性。刘某某以恶意取得的商标权主张麦奀粉面公司的使用行为侵害商标权，属于利用商标审查制度的不足恶意行使权利，构成商标权滥用，其诉讼请求不应得到支持。

（3）规制商标权滥用行为符合商标法宗旨。商标法所保护的商标权，应当是依法取得的商标权，而不是依靠商标授权制度存在的缝隙，采取不正当手段恶意申请的商标。法院应加大对知识产权恶意诉讼等行为的规制力度，推进知识产权诉讼诚信体系建设。在审理侵害商标权的案件中，法院有权对商标权正当性进行有限、审慎地审查，在商标权的取得欠缺正当性时，对商标注册人行使商标权进行一定的限制，以此避免恶意注册商标后，商标注册人利用形式上存在“合法”权利基础的商标权滥用权利，规制以保护商标专用权之名来牟取非法利益、扰乱商标市场竞争秩序的行为。

（三）合同法案例分析

1. 合同主体——你在和谁交易

合同主体可以是自然人、法人和其他组织。合同主体常见问题及案例分析如下。

（1）合同主体身份认不清。

案例：认错借款人，十多万元血本无归

甲的朋友乙是A公司的法定代表人。乙向甲借款十多万元，出具了正式的借据，盖A公司公章。事后，乙拒绝还钱。甲把乙告上了法庭。乙辩称是A公司借款，因为上面盖的是A公司公章，他只是以A公司法定代表人身份签的字。法院以起诉主体错误为由驳回了甲的起诉。甲随后起诉A公司，胜诉，但A公司经营亏损，没有偿还能力。乙虽然有房有车，但按照《公司法》规定，公司的股东只以出资额为限承担有限责任，甲的债权最终还是难以实现。

（2）找准交易对象。

案例：谨防中间商欺诈

甲公司是生产厂家，李某以A公司代理人的名义与甲公司签订销售合同，销售合同中列明的买方为A公司，签署人却为李某。甲发货后，A公司以从未与甲签过销售合同为由拒绝支付货款。经调查，李某假冒A公司的名义与甲公司订立销售合同，骗取货物后逃匿，甲公司损失惨重。

（3）缺乏对合同主体资信情况的调查。

案例：与小商人做大生意，损失难以弥补

某公司A计划购买一套设备，多家知名厂家的报价都比较高，A公司难以接受。S公司得知此情况后主动向A公司报出较低的价格，保证按要求的技术水平供货。A公司对S公司虽了解不深，但仍与其签订了供货合同。结果S公司收了预付款后就没有交货。经过调查发现，S公司只是一个小公司，在签订合同前就已经资不抵债。A公司起诉并胜诉，但无实质收获，同时工期拖延，造成难以弥补的损失。

（4）签单消费。

案例：员工签单，公司买单

A公司的中高层管理人员甲、乙两人从2012年4月至2013年5月，在B餐饮娱乐公司进行签单消费，单位名称一栏都注明为“A公司”，消费目的为A公司员工用餐或公务接待等，累计签单欠款共25520.3元。后甲、乙两人离开A公司，B公司知悉后多次向A公司催收欠款，A公司以甲、乙两人并无授权签单消费为由拒绝支付欠款。B公司向法院提起诉讼，法院认定甲、乙两人的签单行为是代表A公司对服务费用的确认行为，其法律后果应当由A公司承担，因此支持了B公司的诉讼请求。

2. 合同标的——交易指向对象

不同类型的合同，其标的也存在区别。明确了合同标的便明确了合同的交易内容。

二维码链接

创业十谈

课堂活动

活动一　被曝光的企业

2023年“3·15”晚会曝光了这样一个不良商家，调查记者前往安徽某食品公司进行探访。在仓库里，堆放着数十吨散发着“泰国茉莉香米”香味的大米。该公司负责人告诉调查记者，这些大米是在安徽本地生产的，与泰国香米并无关系。只需要往大米中滴入几滴香精，就能散发出特有的香味。据该负责人透露，这样的大米每年能够销售1000多吨。

在出售香精的上海某香料公司厂房中，调查记者发现成百上千种原料被随意堆放。大多数原料的外包装上贴着各种代号，无法看出具体的名称。人们靠近一闻，就能闻到一股刺鼻的味道。该香料公司的负责人表示："这些东西味道太大，老鼠来了都能熏走。"

作为一家食品公司，他们是否担起应有的社会责任？有哪些违背企业伦理道德、违法乱纪的行为？

活动二　区分它们之间的不同

大多数创业者的行为是合乎道德规范和法律要求的，然而，有些创业者的行为不道德或不合法，下面定义了四种涉及道德和法律的行为，并分别给出例子（a 到 g）。请把行为种类和相对应的例子搭配起来，在事例的后面标出对应的类型（每一类给出了两个例子）。

1. 道德而且合法
2. 合法但不道德
3. 道德但不合法
4. 不合法也不道德

a. 送给一位外交官价值50000元的礼物以确保与该国签订的一份商业合同能够成功，之后将这笔款项作为免税项目冲销。

b. 明知道1%的轮胎存在质量问题却在各地销售，当消费者购买的轮胎过早磨损时就按行驶的公里数给予补偿。

c. 生产一种汽油添加剂使汽车能多跑10%的路程。

d. 某创业者支付给城市委员会的一个委员10万美元，条件是他投票支持给予该企业在本地建电视光缆的特权。

e. 在报纸上刊登一则消息，虽未明说却误导公众认为州长（在政治观点上与该报纸对立）有意将教育基金用来在报纸上作宣传，以帮助他在竞选候选人的提名时获得本州教师协会的支持。

f. 某人从其他股票经纪人处得到内幕消息，因此净赚了200多万美元。

g. 某公司生产和销售一种能缓解心脏病的药，但并不完全具备政府要求的在生产销售前必须完善的书面报告。

创业榜样

桃醉井冈的项目亮点

桃醉井冈——红色茅坪奔赴小康筑梦工程是第四届中国“互联网 +”大学生创新创业大赛青年红色筑梦之旅赛道的银奖项目并获得公益中国“最具收集影响力”单项奖。

项目简介

“桃醉井冈——红色茅坪奔赴小康筑梦工程”项目在现有的生态、经济环境下寻找突破口，与井冈山市峰源果业种植专业合作社、多个研究院、农科所教授专家团队合作，利用高新技术、互联网、物联网等优势，针对井冈山市茅坪乡黄桃产业种植痛点问题进行研究探索，研发出摘星护桃等三大核心技术，并通过引入顺丰冷链进村、延长销售周期等方式实现黄桃最大程度保鲜。

项目亮点

1. 解决痛点，保证项目运行

针对种植痛点，项目团队在黄桃种植阶段，为村民提供黄桃种植技术的现场教学培训；在黄桃生长阶段，为村民提供一套黄桃树辅助生长系统，提高黄桃存活率；在黄桃挂果阶段，为村民提供生物套袋技术和黏合虫板，做到物理防虫。针对保鲜痛点，项目团队在采取顺丰冷链物流进村的方法，缩短黄桃在配送中的时长，保证黄桃质量的同时，还开发了“桃醉井冈”手机小程序，开启预售平台，让还在树上的黄桃就已经“卖”出去了，真正做到一年 365 天，天天都能卖黄桃。

2. 分配利益，确保农民增收

项目团队初次到井冈山市茅坪乡开展志愿服务活动，就与茅坪乡签订了志愿服务基地协议。

面对村民们提出的种植技术和利益分成问题，项目团队在农业专家的协助下，设计研发出了有助于黄桃增产、提高果品的支撑架，解决了村民对于技术与产量的担忧；就利益分成问题，桃醉井冈工作室与合作社商定，将村民的疑惑分别以合作协议书的方式列明条款，切实满足村民需求。看到项目团队既能提供种植技术支持帮扶，也有明确的利益分红协议保障，村民们最终全部同意加入合作社。

3. 利用网络，增加产品销量

为了打开黄桃销路，项目团队在2018年将互联网营销引进乡村，大力整合线上线下营销渠道，打造“桃醉井冈”超强IP效应，帮助井冈黄桃单价提升70%，成功搭建淘宝、拼多多、微信小程序等线上销售渠道，仅上线一个月，线上销量突破12000笔，成交额50余万元，帮助村民销售了本年度黄桃产量的15%。

项目团队不忘初心，将高校的智力、技术和项目资源辐射到广大乡村地区，精准对接革命老区产业发展需求，全面助力乡村振兴，早日实现全面小康。

实践拓展

践行社会责任　大学生在行动

下面是部分第八届中国国际“互联网+”大学生创新创业大赛中获得金奖的大学生创业项目，这些项目立足我国国情，瞄准社会难题，体现了新时代大学生的精神风貌和社会担当。

“‘渔’杰冰清——护江使者，振兴先锋”项目创始人“科技型渔民”郑冰清坚持向长江人工增殖放流20余年，累计放流鱼苗1.8亿尾，有效推动长江水生生物多样性恢复和生态文明建设。

“智农疆棉——科技捍卫新疆棉，打赢国际‘贸易战’”项目负责人蒋世界大学毕业后，毅然放弃北京互联网企业高薪职位，历时四年在新疆逐步创建昱科集团，率领团队定向科研攻关，提高棉花生产质量，与巴基斯坦等国家和地区建立外贸合作关系，重新打开新疆棉销往世界的通路，提升新疆棉在国际市场的认可度和影响力。

“司莱美克——突破封锁，做震撼世界的中国膜”项目致力于将学校高性能膜层制备先进技术的产业化应用，团队打破了从设备硬件到工艺流程等一系列“卡脖子”技术难题，解决了国内某型号战机雷达反射罩、航空油针器件、装甲高强度涂层等一系列高标准军用膜层制备难题，创造了巨大的社会价值。

这些获得金奖的大学生创新创业项目展现了新时代大学生的精神风貌和社会担当，给我们的创新创业带来了很多启示。

请同学们行动起来，积极参与社会实践和创新创业活动。通过参加创业比赛、社会实践项目、志愿者活动等方式，提升自己的能力和视野，锻炼解决问题的能力和团队合作精神。同时，大学生应该关注社会问题，了解社会需求，寻找创业机会，通过创新和创业来解决社会问题，为社会发展作出自己的贡献。

课后思考

1. 创业对大学生人生发展有什么意义？企业需要承担的社会责任是什么？

2. 企业创立和经营过程中涉及哪些法律法规？

参考文献

［1］汤锐华．大学生创新创业基础［M］．北京：高等教育出版社，2016.

［2］李时椿，常建坤．创业基础［M］．北京：清华大学出版社，2013.

［3］李家华．创业基础［M］．北京：北京师范大学出版社，2013.

［4］李家华．创业有道——大学生创业指导［M］．北京：高等教育出版社，2011.

［5］徐俊祥．大学生创业基础知能训练教程［M］．北京：现代教育出版社，2014.

［6］张福建．大学生创业基础教程［M］．北京：现代教育出版社，2013.

［7］王年军．大学生创业团队的理论与实证研究［D］．武汉：武汉理工大学，2012.

［8］石丹林，谌虹．大学生创业理论与实务［M］．北京：清华大学出版社，2012

［9］刘红燃．创业实务［M］．北京：现代教育出版社，2017.

［10］彼得·德鲁克．创新与企业家精神［M］．蔡文燕，译．北京：机械工业出版社，2007.

［11］张耀辉，朱锋．创业基础［M］．广州：暨南大学出版社，2013.

［12］张延东．大学生就业指导与创业教育［M］．北京：现代教育出版社，2012.

［13］赵伊川，马鹤丹，赵宇哲．创业基础［M］．大连：东北财经大学出版社，2013.

［14］李秋斌．大学生创业指导［M］．北京：北京大学出版社，2013.

［15］孙桂生．从 0 到 1：创新型创业实践方法［M］．北京：现代教育出版社，2017.

［16］张志宏，崔爱惠，刘铁群．大学生创新与创业训练教程［M］．北京：现代教育出版社，2017.

［17］张金山．大学生创新创业案例——走近“挑战杯”［M］．北京：社会科学文献出版社，2017.

［18］陈国梁，王延峰．大学生创新创业理论与实践导论［M］．北京：科学出版社，2018.

［19］孙洪义．创新创业基础［M］．北京：机械工业出版社，2016.

［20］雷朝滋．2016 年度全国创新创业 50 所典型经验高校经验汇编［M］．北京：北京

航空航天大学出版社，2017.
[21] 张宗恩，朱克勇．大学生创业训练教程［M］．北京：现代教育出版社，2010.
[22] 张晓波，李钰，杨奇明．中国区域创新创业报告 2016［M］．北京：北京大学出版社，2016.
[23] 汪怿．创新创业人才开发研究［M］．上海：上海社会科学院出版社，2015.